壹卷
YE BOOK

洞 见 人 和 时 代

李伯重
文集

# 走进史学

李伯重 著

四川人民出版社

图书在版编目（CIP）数据

走进史学/李伯重著.—成都：四川人民出版社，2024.6
ISBN 978-7-220-12679-6

Ⅰ.①走… Ⅱ.①李… Ⅲ.①史学—中国—文集 Ⅳ.①K207-53

中国版本图书馆CIP数据核字（2022）第004866号

ZOUJIN SHIXUE

## 走进史学

李伯重 著

| 出版人 | 黄立新 |
|---|---|
| 策划统筹 | 封 龙 |
| 责任编辑 | 封 龙　李如一 |
| 版式设计 | 张迪茗 |
| 封面设计 | 周伟伟 |
| 责任印制 | 周 奇 |
| 出版发行 | 四川人民出版社（成都市三色路238号） |
| 网　　址 | http://www.scpph.com |
| E-mail | scrmcbs@sina.com |
| 新浪微博 | @四川人民出版社 |
| 微信公众号 | 四川人民出版社 |
| 发行部业务电话 | （028）86361653　86361656 |
| 防盗版举报电话 | （028）86361661 |
| 照　　排 | 四川胜翔数码印务设计有限公司 |
| 印　　刷 | 成都东江印务有限公司 |
| 成品尺寸 | 145mm×210mm |
| 印　　张 | 9.5 |
| 字　　数 | 220千 |
| 版　　次 | 2024年6月第1版 |
| 印　　次 | 2024年6月第1次印刷 |
| 书　　号 | ISBN 978-7-220-12679-6 |
| 定　　价 | 72.00元 |

■版权所有·侵权必究

本书若出现印装质量问题，请与我社发行部联系调换
电话：（028）86361656

# 总　序

　　面对着封龙先生发来的文集校稿，不禁五味杂陈，心潮起伏。从文集所收的第一篇文章《蔡上翔和他的〈王荆公年谱考略〉》发表至今，已是半个世纪过去了。在这半个世纪中，世界发生了巨大的变化，而在整个世界上，中国发生的变化更是巨大。作为这个巨变的亲历者，我也从一个徘徊于史学之门的青年，变成一个被人称为"历史学家"的古稀老人了。

　　在这半个世纪中，我发表了不少学术论文，具体数量没有统计，应该有一两百篇吧。出版的著作，近来做了一个统计，居然有16部，合著、译著尚不在其中（详见附于各书之后的《李伯重著作目录》）。此外，还有不少学术讲演、笔谈、访谈以及史学随笔等文字，也在各种媒体上流传。四川人民出版社提出为我出个四卷本的文集，我欣然接受了他们的盛意。然而问题就来了，要从以往半个世纪发表的各种作品中，选出哪些作品来呢？我经过反复考虑，为挑选作品制定了两条标准：第一，挑选各个时期中那些比较有代表性的作品；第二，挑选那些目前读者不太方便获得的作品。根据这两条标准，我选出了62篇作品及一部专著，由此分别构成了四卷本文集。这四卷的内容大致如下：

　　第一卷《走进史学》，共收文章14篇。这些都是我早期的作品，这些作品显现了我在一种非常艰苦的条件下，是如何努力探索走入史学之门的。

第二卷《发展与制约：明清江南生产力研究》，是我的博士论文。1981—1985年，我在厦门大学就读时，在恩师傅衣凌先生指导下攻读中国经济史博士学位。我所作学位论文，题为《明清江南工农业生产六论》，完成于1985年春，并于当年夏通过了由经济史学泰斗吴承明先生主持的论文答辩，取得博士学位。自厦大毕业后，我对论文继续加工，增益修润，于1988年写成此书初稿。承台湾"中研院"刘石吉先生将书稿推荐给台湾著名的学术出版社联经出版事业公司，联经公司请了台湾"中研院"院士刘翠溶先生进行审阅，刘先生对拙稿做了精心审查，提出了很多非常精辟的意见，我根据这些意见做了修改。出版之前，承蒙先家父李埏先生惠题书名，并承吴承明教授和日本科学院院士斯波义信先生惠赐序文。傅衣凌先生、李埏先生、吴承明先生、斯波义信先生、刘翠溶先生和刘石吉先生都是著名的中国经济史学家，此书有幸得到他们的指教，实为学术史上的一段佳话。我对他们的指教一直深为感激。如今，其中傅衣凌先生、李埏先生、吴承明先生已经驾鹤仙去，斯波义信先生、刘翠溶先生和刘石吉先生也都进入了耄耋之年。重新刊出此书，也可以表达我对他们的感激和思念。此外，因为此书在国内不易获得，借此机会收入文集刊出，可以使更多学者读到。

第三卷《江南之外：中国史论集》，所收是一些我在江南经济史研究之外的作品，共16篇。我从1978年到厦门大学攻读研究生开始，就一直主要做江南经济史研究。但是如苏东坡诗"不识庐山真面目，只缘身在此山中"，要更好地研究江南，就必须对江南之外的情况有更多的了解。因此，在江南经济史之外，我也写了若干关于经济史理论和中国整体或者中国其他地区经济史的文章，并且翻译了一些相关的著作。这些作品，有助于年轻学者开阔眼界，从而把所研究的问题放到一个更大的视野中进行讨论。

第四卷《新视野，新历史：讲演、书序与书评》，选收了各种题材的文章32篇，包括我近年来所作的一些学术讲演、书序与书评。我在做经济史的研究时，也密切关注中外学界的新动向，力求从中获取新的知识，扩展自己的视野。由于新知识的启迪，我也不断产生新的看法。把这些新看法讲出来或者写出来，以便能够和学界内外人士进行交流，以检验这些看法是否有问题。其中的讲演，主要是面向经济史学界之外的朋友。书序与书评虽然主要是面向经济史学界中人，但学界之外的朋友也可能会感兴趣。不论是界内还是界外的朋友，如果对历史有兴趣，希望这些文章能够有助于他们更多了解中文史学领域的一些新进展，从中获取一些新的知识。

总而言之，这部文集虽然所收作品有限，但也从一个方面反映了我半个世纪的学术生涯的情况。我的学术生涯并非独特，因为和我一辈的许多学者也有着类似的经历。2017年，我接受了作家、书评人许金晶先生的采访。他采访的对象除了我，还有莫砺锋、陶思炎、胡星亮、钱乘旦、俞可平、马敏、罗钢、庄孔韶和葛剑雄九位学者，连同我总共十位，都是新中国建立学位制度后，文科各个专业方向的第一位博士。许先生和《大众考古》杂志编辑孙海彦先生将这十位学者的采访录编成《开山大师兄：新中国第一批文科博士访谈录》一书，于2019年由江苏人民出版社刊出。读者倘若有兴趣和时间，不妨读一读此书，从中可以看到我们这一辈学者所走过的治学之路，也可以看到每一位学者的人生之路是和国家的命运紧密联系在一起的。没有改革开放，这十位学者的命运就完全不同了，也很可能就没有这十位学者了。不仅是学者，每个中国人的个人命运都和国家命运紧密联系在一起。这一点，也是我在重读这本文集校稿时的最大感想。

文集所收的作品写作于不同的时期，在这些时期，由于当时学术环境的限制，这些作品在所论的主题、行文表达方式乃至所用词语等方面都有不同之处。这些不同是由中国史学在这半个世纪中发生的变化所致，因此可以作为中国学术史演变的一个见证。为了使今天的学者（特别是青年学者）能够更好地认识和体会新中国史学的变迁历史，文集对所收作品尽可能保存原貌，除了对原文中的错别字和标点符号进行了更正之外，基本上没有做出更多的改动。这一点，在此对读者作一个说明。

四川人民出版社和封龙先生及其同事在文集的编校和出版工作方面投入了大量的精力，力求做到精益求精。因为他们出色的工作，使得文集能够以现在这个面貌和读者见面。在此，我对他们深表谢忱。

2024年4月29日于燕园

# 目 录

蔡上翔和他的《王荆公年谱考略》/ 001

北宋方腊起义 / 008
    一、北宋王朝的黑暗统治 / 008
    二、血泪斑斑的"花石纲" / 016
    三、新安江上的革命风暴 / 022
    四、势如破竹的胜利进军 / 029
    五、汹涌澎湃的革命高潮——攻克杭州 / 035
    六、北宋王朝的反攻倒算 / 040
    七、方腊起义的历史意义 / 055

评野心家、阴谋家吕后 / 062

通鉴标点正误七十条 / 073

唐代奴婢的异称 / 086
    一、与"奴"字有关者 / 088
    二、与"婢"字有关者 / 091
    三、与"隶"字有关者 / 092

四、与"童(僮)"字有关者 / 095

五、与"贱"字有关者 / 099

六、与"仆"字有关者 / 101

七、家人 / 104

八、青衣 / 105

九、苍头 / 107

十、与"厮"字有关者 / 108

十一、竖 / 109

十二、臧获 / 110

十三、私白（阉奴、阉儿、阉童）/ 111

**唐代社会等级的划分与命名 / 114**

一、等级划分的原则 / 115

二、等级的命名 / 118

**唐代部曲奴婢身份浅析 / 123**

一、唐代部曲奴婢的主要等级特征 / 123

二、唐代部曲奴婢等级内部的等第与集团 / 134

三、唐代部曲奴婢等级与其他社会等级的关系 / 144

## 唐代部曲奴婢等级的变化及其原因 / 151

一、唐代部曲奴婢等级的变化 / 151

二、唐代部曲奴婢等级变化的原因 / 160

## 论封建社会中的个体经济 / 168

一、封建社会中个体经济的涵义与内容 / 168

二、封建社会中个体经济的二重性 / 175

三、个体经济在封建社会中的地位、运动与作用 / 180

## 父亲把我培养成材
## ——深切怀念先父李埏先生 / 188

一、《诫子书》/ 188

二、"两司马" / 195

三、与郭沫若先生商榷 / 198

四、"文化大革命"灾难中 / 201

五、"我的大学" / 205

六、《北宋方腊起义》/ 210

七、"评法批儒"与"围攻杨荣国"事件 / 212

八、"要做老鹰,不要做鸽子" / 215

**永久的思念**
——追忆韩国磐恩师 / 223

**哲人虽去,教泽长存**
——深切缅怀衣凌恩师 / 241

**良师难遇**
——回忆吴承明先生 / 262

**附录:谈中国经济史的研究与写作** / 270

**李伯重著作目录** / 285

# 蔡上翔和他的《王荆公年谱考略》

《王荆公年谱考略》(以下简称《考略》),清人蔡上翔著,是一部编年记述王安石生平、为王安石及其变法辩护的著作。全书二十五卷,另有杂录二卷、附录一卷,共二十八卷,约三十万字。本书问世后,曾先后出过好几种不同的版本。1959年,中华书局上海编辑所以清嘉庆九年(1804)初刻本为底本,以1930年燕京大学国学研究所排印本为参校本整理出版。最近,上海人民出版社又重新出版。这部书,不仅为我们研究王安石变法过程中的儒法论战提供了许多有价值的史料,而且它本身就是我国封建社会儒法斗争的产物。我们可以通过它更深刻地了解到历史上儒法斗争的实质,同时也可以看到作者蔡上翔那种可贵的反潮流精神。因此,对它有必要加以简要的评介。

王安石(1021—1086),是北宋时代一个进步的政治家。熙宁元年(1068),宋神宗召他入朝,次年任他为参知政事(相当于副宰相),不久又任他为宰相。1069年,他辞去宰相之职,但他创制的新法仍在施行,直到宋神宗死。王安石在执政期间,积极倡议变法革新,针对当时的腐朽统治进行了一系列改革。在当时的历史条件下，这些改革是具有进步意义的。列宁曾对王安石作过肯定的评价，称他为"中国11世纪的改革家"。宋神宗的年号叫作"熙宁""元丰"，所以过去的人们把王安石的这次变法改革称为"熙丰变法"。

王安石变法以及围绕变法而展开的激烈斗争，是北宋社会中的一场政治斗争。由于王安石的新法触犯了大地主阶级的利益，因此遭到他们的强烈反对。宋神宗一死，以司马光为首的保守派上台，立即把新法完全废除。北宋以后的大地主阶级和北宋保守派一样，害怕和仇视变法革新，不允许人们对其统治有丝毫触犯，因此力求变革旧制度的改革家王安石，便成了他们眼中的"异端"；而且为了"惩戒"人们"效尤"、镇压要求革新的社会力量，他们把王安石当作攻击的靶子，加以诬蔑丑化。那些自封为孔门正统的理学家，从宋代的程颢、程颐、朱熹以至明清的周德恭、钱大昕等，都"辗转造作语言"，歪曲事实，把诬蔑攻击王安石的种种无稽之谈搜罗起来，塞进史籍，以掩盖事实的真相，从而使王安石长期蒙受恶名。历史的真面目，完全被颠倒了。

蔡上翔（1716—1810），字元凤，别号东墅，江西省金溪县人，是清代乾隆、嘉庆时期的进步学者。他愤于王安石的被诬，竭数十年的精力，搜集了大量史料，加以详细考证，"扫除浮说"，去伪存真，最后写成这部《考略》。据《江西通志》和《抚州志》载，他自小就是一个具有独立思考精神的人。在那个八股文盛行的时代，他却嗜好柳宗元、王安石等人的作品。他一生中仅在中年时做过几年知县，此后便回到家乡，集中全力修撰《考略》。直到1804年他已达八十八岁的高龄时，这部作品才告完成。在写这部书的时候，他"所阅正史及百家杂说不下数千卷"，搜集了极为丰富的史料，然后"因年以考事"，以事系年，即采用编年形式，把各种有关的史料逐年逐月地编排起来，互相对照，加以考证，弄清事实，使王安石的一生如实地重现出来。蔡上翔不像当时乾嘉学派许多人那样繁琐考据，相反，他对史料进行考证的目的是把被歪曲的历史真相搞清楚，以此来为王安石辩诬，为王安石翻案。他是本着"考其事而辨其诬"的精神来撰写这本书的。

蔡上翔指出，历来对王安石的种种攻击，"出于无稽者什八九"，不过是一些"挟私好胜之徒"炮制出来的谰言。例如，被称为"荆公两大公案"的《辨奸论》和"闻杜鹃"两件事，就是那些理学家捏造谣言攻击王安石的典型例子。这两个政治谣言对王安石极尽诬蔑丑化之能事，被奉为反对王安石的主要"根据"。

蔡上翔运用大量史料，对这两大"公案"进行了深入细致的分析，"因其伪而辨之"，给那些谣言制造者和传播者以淋漓尽致的揭露。他证明：所谓《辨奸论》，原来是南宋理学家邵伯温冒北宋著名文人苏洵之名而炮制出来的一篇作品。这篇作品不仅把王安石丑化为一个"囚首丧面""不近人情"的怪人，而且又胡诌一通"见微而知著"的话，由此推断出王安石必定是个"阴贼险狠，与人异趣"的"大奸慝"。邵伯温还凭空捏造出一个苏洵与王安石因文人相轻，"遂相恶若仇敌"的故事，并冒苏洵的朋友张方平与苏洵的儿子苏轼之名制作了《老苏先生墓表》和《谢张太保撰先人墓表书》作为伪证，妄图以此证明《辨奸论》的可信，好让这篇文章能够立住脚。蔡上翔首先抓住伪《辨奸论》本身，仔细分析了它的各个方面，指出它不仅"年岁不合"，而且"事实亦异"。同时又指出这篇东西在文字上"支离无据""杂乱无章",系"作伪者心劳日拙"、剿袭拼凑而成。冒张方平与苏轼之名炮制的两篇文字,更是漏洞百出,与伪《辨奸论》"辞句皆同",如出一辙,其"为邵氏赝作"无疑。至于所谓苏洵与王安石"交恶"一事,更是无稽。

邵伯温又捏造说:他父亲邵雍从前在洛阳天津桥上听见杜鹃叫,就预见到政治上将发生变乱。十年之后,果然出现了王安石的变法。邵伯温制造这个谣言的目的是十分明确的,一方面为了把他父亲邵雍吹嘘成一个能够"见微而知著"的"先知先觉"的"上智"者,另一方面则力图以此攻击王安石变法是一场违反"天道"的灾祸。这样的谣言,一看就知道是十分荒唐的。可是到了南宋理学家朱熹手中,却被大大加工了一番,说得煞有介事。对于这个谣言,蔡上翔引用许多前人的诗指出:尽管过去诗人们常用杜鹃的啼声来"寄情思归",但从来没有人说杜鹃叫而有什么"不祥"。南北各地都有杜鹃,洛阳有杜鹃,更是史有明文的。即使邵雍确实在洛阳听见杜鹃啼声,也是很平常的,毫无可大惊小怪的地方。蔡上翔辛辣地讽刺邵伯温、朱熹等人说:"岂未闻前事乎?""以偏方一鸟之鸣,遂卜天下治乱盛衰之运,妄言之而姑妄听之,可矣;必求其说则非也。"

在为王安石辨诬的过程中,蔡上翔愤怒地抨击那些搞"阴谋诡秘"的理学家,指出这些"有同鬼蜮"的人,是使王安石遭"世人积毁"的罪魁祸首。他说:"予考后来极毁安石学术者,程门弟子杨中立也。程门弟子录《二程遗书》,无非诋毁安石之言。"他特别指出,朱熹是使王安石"得谤于天下后世,固结而不可解"的主要人物。朱熹编的《名臣言行录》,表面上打着"公正"的幌子把王安石收进去，实际却对王安石"无一好语"，而所有"诋毁丑恶"的谰言却"靡不毕载"。种种无稽之谈，"一经《名臣录》采入，于是元人修史，皆以大贤所录为可信，亦遂尽笔之于史。自是后人读史者，只知国史为可信，而不知杂出于纪载私书"。蔡上翔指出：朱熹不仅搜罗谣言，而且还煞费苦心地进行加工，把那些过于明显露马脚的内容删去，以免谣言被识破。蔡上翔严厉地谴责朱熹说："夫删之则似既知其妄矣，顾为之代覆其恶，吾诚不能为造谤者解也，吾尤不能为代覆其恶者解矣！"

宋代地主阶级为着维护其统治的需要，在思想意识领域内，把孔孟之道进一步发展成更加严密的思想体系——"理学"（又称"道学"），作为其维护统治的思想武器。王安石变法前后，正是"理学"逐步形成并在思想界取得统治地位的时代。当时，在统治者的大力提倡下，大多数知识分子都追随在程颐、程颢等人之后，形成了一股潮流。王安石处在这样的情况之下，独树一帜，提倡"新学"，反对"理学"，积极变法革新，对大地主阶级的统治进行改革。这当然招致了大地主阶级及其代言人的仇视。王安石生前死后一直被他们"肆为诋毁"这是毫不奇怪的。宋代以后，随着地主阶级的愈加没落，"理学"也愈加猖獗。理学家竭力维护陈旧腐朽的统治秩序，反对革新。他们把地主阶级新兴时期的代表人物商鞅、秦始皇和提倡变法革新的王安石等进步的历史人物统统打入十八层地狱，目的就是禁止人们效法这些人。很明显，直到清代，对于王安石及其变法的态度，不仅是一个学术上的争论问题，而且直接间接地反映了人们对旧制度是维护还是变革的态度，是一个具有现实意义的政治问题。

蔡上翔生活的时代，是封建社会日薄西山的时代。这时，新的社会力量和新的思想已经萌动了。新生事物的代表人物，在思想意识领域中对死保旧事物的"理学"展开了批判。进步文学家曹雪芹通过他的不朽作品《红楼梦》，以巨大的艺术力量揭示了封建社会必然灭亡的命运，与此同时，进步学者蔡上翔则通过其《考略》一书，大力为实行变法革新的王安石翻案，歌颂变法活动，在客观上起到号召人们起来改变当时不合理的旧制度的作用。曹雪芹的《红楼梦》与蔡上翔的《考略》同时出现，决不是偶然的巧合，而是一个新时代行将到来的气息和先声。曹雪芹和他塑造的贾宝玉、林黛玉是反潮流的，蔡上翔和他为之翻案的王安石也是反潮流的。曹雪芹用贾宝玉、林黛玉的形象表明了自己对封建礼教的叛逆，蔡上翔则针对理学家把王安石诬蔑为"狂惑丧心之大恶""古今第一小人"的滥调，热情歌颂王安石是"一代伟人""宇宙不常有之人"，从而宣告与当时被尊为"正统"的程朱理学实行决裂。《红楼梦》为人们描绘出一幅"礼教吃人"的场面，深刻地控诉了封建制度的不合理；《考略》则在为王安石翻案的过程中，力图通过批判程朱理学而"使公道以明，人心以正"。在那个令人窒息的时代，这种敢于向传统势力作斗争的反潮流精神，是十分可贵的。在那个时代，只有反潮流的伟大作家才会塑造出反潮流的伟大艺术形象，也只有反潮流的进步学者才能撰写出反潮流历史人物的优秀传记。

当然，由于时代和阶级的局限，蔡上翔虽然有比较进步的观点，但他还没有而且也不可能彻底摆脱旧传统势力的束缚。因之，《考略》一书在若干方面也存在着严重缺点。例如，孔子编定并为后世儒家奉为镇压"乱臣贼子"的理论根据——《春秋》，曾被王安石斥为"断烂朝报","不使列于学官"。这本来是王安石尊法反儒思想的表现，但蔡上翔却说"今人以'断烂朝报'之语为荆公之罪，亦甚冤矣"，力图证明王安石"特不信《传》耳，非不信《春秋》也"。可是，人们"不能舍《传》读《春秋》"，那么，说《传》不足信，不就是等于说《春秋》也不足信吗？从这种拐弯抹角的说法可以看出，虽然他对王安石否定《春秋》的做法实际上是赞同的，但是他却不敢公开反对孔子编定的儒家经典。甚至最足以表现王安石革新精神的"三不足"之说，蔡上翔也说是那些"狃大人侮圣言之小人"强加给王安石的。可见，蔡上翔在为王安石辨诬的过程中，一方面批判程朱理学，另一方面却又一再表白王安石和他自己都是真正的孔子门徒。这种相互矛盾的态度，不仅使得《考略》在一些问题上陷于前后抵牾、难以自圆其说的困境，而且使得尊儒反法的思想能够在书中找到庇身之所，以致本书仍然存在若干不符合历史事实的地方。此外，尽管蔡上翔在主观上反对当时盛行的"考据钉饾之学"、力求把考据作为辨诬的手段和工具，但是由于思想上的局限，仍未能完全摆脱乾嘉学派的琐屑考据之风。这就使得本书在一些地方轻重失宜，详略不当，或罗列现象而未深入实质。总之，由于未能与孔孟之道实行彻底决裂，所以，本书也存若干错误缺点。但是，正如毛主席在《纪念孙中山先生》中所说的那样："这是要从历史条件加以说明，使人理解，不可以苛求于前人的。"

# 北宋方腊起义

## 一、北宋王朝的黑暗统治

公元1120年,浙西的新安江上兴起了一场狂飙式的革命风暴。数以百万计的革命农民,揭竿而起,在起义领袖方腊的领导下,英勇地向敌人展开猛烈进攻。革命战争,像风驰电掣一般,很快便席卷两浙,震撼全国,给北宋统治东南的黑暗势力以沉重的打击。它的伟烈丰功,它的悲壮事迹,是我国农民革命史上光辉灿烂的一章!

毛主席指出:"中华民族不但以刻苦耐劳著称于世,同时又是酷爱自由、富于革命传统的民族。以汉族的历史为例,可以证明中国人民是不能忍受黑暗势力的统治的,他们每次都用革命的手段达到推翻和改造这种统治的目的。在汉族的数千年的历史上,有过大小几百次的农民起义,反抗地主和贵族的黑暗统治。"[①]方腊领导的农民起义正是这样。他们一举起义旗便明白宣言:起义军是不能忍

---

[①] 毛泽东:《中国革命和中国共产党》,《毛泽东选集》第2卷,人民出版社,1991,第623页。

受北宋的黑暗统治而奋起反抗斗争的。我们从北宋一朝的历史也可以清楚看出，北宋王朝残酷的经济剥削和政治压迫，当时阶级矛盾的发展，势必要导致这样一场激烈的阶级大搏斗。

北宋的阶级矛盾一开始就相当尖锐。北宋建立后不久，国子博士李觉向宋太宗赵光义指出当时的土地占有状况说："地各有主，户或无田产。富者弥望之田，贫者无卓锥之地。有力者无田可种，有田者无力可耕。雨露降而岁功不登，寒暑迁而年谷无获。富者益以多畜，贫者无能自存。"①可见土地兼并已很严重。但是在北宋时期，正如南宋人王明清说的，"田制不立"，"不抑兼并"，②一任贵族、官僚、地主掠夺农民的土地，因而以后更趋集中。到11世纪中叶，即号称"承平"的宋仁宗赵祯时，"势官富姓，占田无限，兼并冒伪，习以成俗，重禁莫能止焉"，③土地掠夺到了非常严重的程度。王安石变法前夕，据当时的执政者估计，全国的已耕土地中，"赋租所不加者十居其七"。④这就是说，百分之七十的土地被享有封建特权不纳赋税的"官户""形势户"所占有，而自耕农民和中小地主才有百分之三十的土地。公元1069年，王安石执政。他看到在旧制度之下，普遍都是"富者财产满布州域，贫者困穷不免于沟壑"⑤的贫富悬殊状况，已给王朝造成了严重的政治经济危机。因此，他施行一系列新法，企图抑制兼并，改良一番。但是，当时的

---

① 李焘:《续资治通鉴长编》卷二十七，文渊阁《钦定四库全书》本。
② 王明清:《挥麈录·挥麈余话》卷一，《四部丛刊续编》影宋钞本。
③ 脱脱等:《宋史》卷一百七十七《食货志》，中华书局，1977，第4164页。
④ 脱脱等:《宋史》卷一百七十七《食货志》，中华书局，1977，第4166页。
⑤ 王安石:《临川先生文集》卷六十九《风俗》，《四部丛刊》影印明嘉靖三十九年抚州刊本。

问题已非改良所能解决,他不可能获得成功。不久,顽固派司马光等人上台,取消新法,复辟旧制度,"品官形势之家"就更加猖狂地兼并土地了。到12世纪初年,甚至朝廷也专设官府("西城括田所"),公然在京师邻近地区,强夺农民以至中小地主的土地。这说明,北宋的土地问题已经恶化到何等程度!

在这种情况下,广大农民的处境当然越来越悲惨。他们丧失了土地,大多数不得不沦为地主役属的依附农民——"客户"。(北宋户籍制把户口区分为主户和客户。前者包括地主、自耕农民、手工业者、商人等)据北宋官府的记载,北宋初年的客户约当主户的三分之一;中叶,增到二分之一左右。从其他有关记载看来,实际要大得多。例如邓州五县,赵普说:"三分居民,二皆客户。"①公元1052年(皇祐四年),李觏说,当时的客户,"盖多于主户"。②稍后,吕南公说:"大约今之居民,客户多而主户少。"③《元丰九域志》说,四川各州的客户,占总数的百分之四十到七八十。还有人说,四川一家地主往往役属客户三五百家,多的到千家以上。④可见客户的数量是很大的。客户实际就是地主占有的农奴。他们和地主有"君臣之分",受地主"鞭笞驱役,有如奴仆",要迁移必须有地主的"凭由",甚至女儿出嫁也要得到地主的许可。地主买卖土地,客户也随契更换主人。地主的地租剥削是非常沉重的(一般是

---

① 李焘:《续资治通鉴长编》卷二十七,文渊阁《钦定四库全书》本。
② 李觏:《直讲李先生文集》卷二十八《寄上孙安抚书》,《四部丛刊初编》影印江南图书馆藏明成化刊本。
③ 吕南公:《灌园集》卷十四《与张户曹论处置保甲书》,文渊阁《钦定四库全书》本。
④ 韩琦:《安阳集》卷九;《宋会要辑稿》刑法二。

除了地税和种子，主客分成：客户自己有耕牛的对分，用主人耕牛的交六成七成）。地租之外，客户还要承受地主的各种科派和无偿劳役，其困苦可想而知。

主户中的农民，景况也极悲惨。当时的户籍制度规定，农村主户，依财产多少分为五等：第一等户是大地主，一般称为"上户"，在主户总数中不到百分之十；第二、三等户是中小地主，一般称为"中户"，约占主户总数的百分之十几；第四、五等户是农民，一般称为"贫弱下户"，约占主户总数的百分之七十以上。北宋王朝的国家赋役和地方科差，全由下户以及中户担负。（上户多属官僚地主的"官户"和恶霸地主的"形势户"，拥有封建特权和势力，是赋役所不及的）赋役和科差的名目是如此繁多，数额是这样沉重，不用说贫弱下户无力交纳，就是中户也难以承担。例如，在号称最为富饶的江南地区，有所谓"身丁钱米"（即人头税）。对于这项苛税，任何贫弱下户，即使一贫如洗，也得交纳。农民由于交纳不起，竟普遍出现"溺婴"的悲惨现象，把自己初生的儿女活活淹死。又如差役，被轮派充役的，即使是中户人家也多被弄得倾家荡产。役户们为了规避，有的自杀，有的逃亡，有的把田产无偿地奉献给拥有免役特权的"巨室"。又如，盛产茶叶的四川，因为科索太重，甚至经营茶叶的"园户"也哀叹地说："地非生茶也，实生祸也！"[①]诸如此类的记述，在北宋文献中是多不胜举的。清朝史学家赵翼概括地指出：宋朝是"财取于万民者，不留其有余"。[②]实际情况确实是这样。

---

① 脱脱等：《宋史》卷一百八十四《食货志》，中华书局，1977，第4501页。
② 赵翼：《廿二史札记》卷二十五《宋制禄之厚》，光绪三年（1877）刻本。

在这样的残酷剥削下,农民普遍贫困化了,一般自耕农民都处于每况愈下的境地中。他们终年劳苦,男的不问寒热,不避风雨,天天起早贪黑,在田地里辛勤劳动;女的采桑育蚕,绩麻纺线,一丝一丝地积攒起来,一寸一寸地织成布帛。但总是纳不完的科差,还不清的债,"春债未毕,秋债复来。历年浸深,负债益重",好像掉进了泥潭,越陷越深。每到收割的时候,"公私之债,交争互夺;谷未离场,帛未下机,已非己有"![1]一年辛苦,到头来仍不免"妻子冻馁",一家人挣扎在死亡线上。他们当中,许多人被债主"评取物产及妇女",[2]弄得家破人亡;许多人被债主"役身折酬",[3]沦为债主的"私属"客户。这就是北宋贫弱下户和客户越来越多的原因。

有许多农民,不堪忍受封建统治者的压迫剥削,被迫起来反抗斗争。从宋初爆发王小波、李顺起义起,农民的武装暴动就此伏彼起地不断出现,而且随着土地的集中和农民的贫困,越来越多。在号称"承平盛世"的宋仁宗朝,群臣中已有人惊呼:"细民聚而为盗贼,不能禁止。"造反的农民"处处蜂起","一年多如一年,一火强如一火"。[4]面对这样日趋激烈的阶级斗争,北宋统治者不是采用"让步政策",而是日益强化他们的统治。他们集中了历代的统治经验,进一步加以发展。一方面,加强思想上对人民的麻痹、控

---

[1] 司马光:《司马文正公传家集》卷四十八《乞省览农民封事劄子》,乾隆六年(1741)刻本。
[2] 脱脱等:《宋史》卷三百一十六《吴奎传》,中华书局,1977,第10320页。
[3] 《宋刑统》卷二十六,法律出版社,1999,第468页。
[4] 李焘:《续资治通鉴长编》卷一百四十一、卷一百四十五,文渊阁《钦定四库全书》本。

制,大力提倡理学,宣扬孔孟之道。那些道貌岸然的理学家代表大地主阶级的利益,把体现封建统治秩序的"纲常伦理"说成是永恒不变的"天理",把人吃人的阶级压迫说成是"天命"(所谓"死生有命,富贵在天"),要人们"存天理,去人欲""正心诚意",消灭一切反抗压迫的念头。他们公然宣称:"饿死事极小,失节事极大!"要人们死也不要反抗。另一方面,北宋王朝不断扩充军队,把宋初二十万左右的禁军、厢军,逐步增加到一百几十万人,用每年全部税收的六分之五养活军队。为什么养这么多的军队呢?他们知道,农民已极端贫困,若再遇到天灾,便很可能起来造他们的反。因此,每逢水旱,他们便到灾区去募兵,把强悍的丁壮募走,剩下老弱妇孺,饿死也无法反抗。若还有人反抗,那就用这里募来的兵去镇压那里的人民。宋代官方文献《两朝国史志》写道:这样一来,"向之天下失职犷悍之徒,今为良民之卫矣(以前全国失业反抗的人,现在成了保卫地主的人了)"。①

但是,阶级斗争是不以人的意志为转移的。孔孟之道和庞大的禁军、厢军,都不能消灭阶级矛盾。相反,随着经济剥削和政治压迫的日益残酷,阶级矛盾只能是日益加剧。北宋后期,除王安石变法革新那个短暂时期外,阶级矛盾一直是在扩大着和加深着。特别是宋徽宗赵佶做皇帝以后,剥削压迫残酷达到了极点,更加激化了阶级矛盾。12世纪初叶是北宋王朝阶级矛盾最尖锐的年代。

赵佶是公元1101年登上皇位的。他是导致北宋灭亡的亡国之君。他搜罗一批凶残险狠的人作为自己的心腹爪牙,如被当时人痛

---

① 马端临:《文献通考》卷一百五十二,中华书局,1986,第1327—1328页。

斥为"六贼"①的蔡京、王黼、童贯、梁师成、李彦、朱勔，就是他极为宠信的将相臣僚和宦官。这些人之外，又有很多大大小小的鹰犬，遍布朝廷内外，构成压在农民头上的黑暗势力。蔡京这个奸相，为了满足赵佶以及他自己的欲望，居然提出一个恶名昭著的口号——"丰亨豫大"。②这无异公开宣告：要榨尽全国民脂民膏，括尽一切社会财富，大搞骄奢淫逸的罪恶勾当。蔡京的儿子蔡攸，无耻地向赵佶进言："人主当以四海为家，太平为娱。岁月能几何，岂徒自劳苦！"③赤裸裸地暴露了这伙民贼没落、腐朽本性。在这股黑暗势力的统治之下，北宋的朝政空前恶化了。官僚人数膨胀了十倍，军队猛增到一百六十多万人，种种奢侈浪费庞大得不知其数。这就是北宋人叫作"三冗"的冗官、冗兵和冗费。宋朝的财政制度是"量出制入"，即按照支出的需要来规定收入的数量，因此，随着官俸、兵饷和浪费的增加，加重了租税赋役。据记载，北宋此时的租税赋役，不是十倍几十倍，而是成百倍地加大。如田赋，虔州会昌县从原额十多文钱，增加到两千二百多文；④茶息钱总额，从宋初的三万缗，增加到四百多万缗。⑤增加赋税还不足，就进行公开掠夺，如"盐钞"（官发兑盐的票据），"和买"（官府的征购）之类都成了无偿的"白著"。至于赋税以外的剥削，那就更为严重了。在赵佶和"六贼"的表率下，贪污聚敛之风弥漫全国。州县肆

---

① 脱脱等：《宋史》卷四百五十五《陈东传》，中华书局，1977，第13359页。
② 脱脱等：《宋史》卷四百七十二《蔡京传》，中华书局，1977，第13724页。"丰亨豫大"是一句用来歌颂皇帝有德，国家富强，提倡大讲排场，大肆挥霍的反动口号。
③ 陈邦瞻：《宋史纪事本末》卷十一《蔡京擅国》，文渊阁《钦定四库全书》本。
④ 马端临：《文献通考》卷五，中华书局，1986，第61页。
⑤ 李心传：《建炎以来朝野杂记》甲集卷十四，文渊阁《钦定四库全书》本。

无忌惮地加重科索；官吏因缘为奸，恣意敲诈勒索；高利贷者利用人民困苦，乘机重利盘剥。不能想象，农民在这种沉重的压榨下何以为生！这就不可避免地使阶级矛盾迅速地普遍激化。人民反抗的呼声在各处响起来了：

打破筒，泼了菜，便是人间好世界！①
（打倒童贯，打倒蔡京，便有好日子过！）

在统治阶级中有人慑于农民的反抗斗争，也向赵佶惊呼："……（百姓）家财荡尽，赴水自缢，客死异乡；孤儿寡妇，号泣吁天者，不知其几千万人！闻者为之伤心，见者为之流涕。生灵怨叹，皆归咎陛下。……万一有垄上之耕夫〔陈胜〕，等死之亭长〔刘邦〕，啸聚亡命于一方，天下响应，不约而从，陛下何以枝梧其祸乎？……""山雨欲来风满楼"，北宋王朝已处于农民起义的前夕。但是，这还是泛指全国的一般形势，没有说到那更为严重的两浙路。

两浙路（即今江苏省南部和浙江省）是北宋经济发展水平最高，也最富饶的地区。北宋首都开封的庞大开支，皇室、贵族、官吏、禁军的巨额消费，很大部分是取给于这一路，因而这一路一向被称作他们的"东南财赋之区"。大运河把开封和两浙路连接起来。他们把这条沟通南北的大动脉作为一支大吸管，源源不绝地吮吸着两浙人民的血汗。米麦，每年要漕运六百多万石；"上供钱物"，四百多万贯匹两；各种杂项税物和贵族官僚的纲运，多到无

---

① 吴曾：《能改斋漫录》卷十二《打破筒，泼了菜》，文渊阁《钦定四库全书》本。

北宋方腊起义　　015

法计算。两浙人民被榨取得贫困不堪,和美丽富饶的江南适成尖锐无比的对照:"吴盐胜雪",滨海农民却家家淡食;鱼米之乡,贫弱下户却以糠秕充饥。可是,这还不是苦难的顶点。公元1105年,统治者给两浙人民带来了更大的灾殃。罪恶的"花石纲"进一步把广大农民推进了水深火热的深渊。古人说"上有天堂,下有苏杭",对于被压迫的人民,两浙已成了人间地狱!但是,也正是这罪恶的"花石纲",最终激起了两浙农民的轰轰烈烈的革命斗争。

一首惊心动魄的革命史诗,一幅鲜血染红的革命图卷,就从这里向我们展开。

## 二、血泪斑斑的"花石纲"

公元1105年初冬,大运河上一片忙乱。

河水缓缓地向南流去。河上的"纲船",一只紧接着一只,像一条看不见首尾的长蛇,正蜿蜒逆流北上。密密麻麻的纤绳,有如无数的触须,从船上伸到两岸的纤夫群中。筋疲力尽的纤夫们,腰都要折断了,汗如雨淋的额头几乎触到了地上。他们抑制着胸中的怒火,艰难地移动着沉重的步子。每只船头都插有一面簇新的旗子,在寒风中哗啦啦地飘舞着,时时翻展出几个金色大字——"苏杭应奉局"。

在这些船里,满载了奇奇怪怪的东西——孔洞嶙嶙的大石、枝叶扶疏的修竹、经冬不凋的奇花、北国罕见的珍木等,上面一一挂着皇帝"御物"的标志——"黄封帕";旁边守护着凶神恶煞的官吏和禁军。这些官吏和禁军,"倚势贪横,陵轹州县",肆意胡作非为。沿河的茶楼酒肆,都紧锁门楣,空无一人。只有离岸稍远的田野里，一些正在耕耘的农民，不时投来愤怒的一瞥。为了让运送这些"御物"的船只通过，跨河的斗门、桥梁、城垣、民房，全都拆除了。颓垣、败壁、瓦砾，就好像刚遭过什么灾难的一片废墟。这番景象，就是"花石纲"开始不久后大运河上的一个片断。

假若我们沿着运河向南看去，看到它的尽头——两浙地区，那景象就更悲惨！

州州县县，无数劳动人民被迫爬到悬崖绝壁之上，或深入江河湖海之中，凿石头，运石头，捕珍禽异兽，移花卉草木，只要官吏们认为哪里有"奇珍异品"，不管多么困难危险，也要"百计取之，必得乃止"。官府"程限惨刻，无间寒暑"，多少老百姓因此而断折肢体，死亡相继。在缺少奇花异石的地方，官吏们便科派人户出钱去购买交纳。一只白鹤，"有至百余千者"。弄得许多人卖儿卖女，家破人亡。贪残的官吏，甚至搜寻到人家户里。他们率领"健卒"，任意冲入百姓家中，看见一株树木、一块石头，便指为"御物"，要主人加意看守；如若稍有不然，便加以"大不恭"的罪名，捉将官里去，恣意勒索。他们总是"黄封"了人民的财物之后，故意迟迟不去搬走，以便进行敲诈，或寻找加罪的借口。到发运搬走时，成片地拆毁房屋、推倒墙壁，搞得许多人家不蔽风雨、无法安身，不少城镇乡村弄得残破不堪。①

这真是一场弥天浩劫！

当然，这还不是这场浩劫的全部情况。它为害所及，比上面的叙述要残酷得多、广泛得多。这里，有必要再从黑暗统治集团方

---

① 这里所描述的景象，系根据《青溪寇轨·容斋逸史》《宋史纪事本末·花石纲之役》等有关记载，可参看。

面，进一步加以揭露。

赵佶是制造这场浩劫的罪魁祸首。他一登上皇位，便派他宠爱的大宦官童贯到苏州去"访书画奇巧"。不久，又命童贯在杭州设置"明金局"，大量强征"名工巧匠"，制作"牙角、犀玉、金银、竹藤、装画、糊抹、雕刻、织绣"等奢侈豪华物品，做得"曲尽其巧"。造作局所需要的钱财、物料，全都科派给老百姓，致使"民力重困"，苏杭一带受到很大的骚扰。赵佶的宰相蔡京是一个最善于逢迎、投机的"巧伪人"。（他在王安石变法时，混入新党；司马光上台，转入旧党，并成为恢复旧法的急先锋。宋哲宗"绍述"新法，他又钻进新党）他看到赵佶专意于骄奢淫逸，便投其所好，千方百计地迎合助长。苏州富商朱冲和儿子朱勔是当地有名的刮削能手。蔡京很"器重"他们，把他们引入朝廷，给以高官厚禄，叫他们"取浙中珍异以进"。赵佶见了极为嘉许，便让他们在两浙肆意搜刮。公元1105年冬，更在苏州设置了一个"苏杭应奉局"，"命朱勔总其事"，于是"搜岩剔薮，幽隐不置"，[①]大肆掠夺，开始了贪残暴虐的"花石纲"。前面叙述的两浙和大运河上的景象，就是这时出现的。接着，蔡京、童贯之流，一方面各自修建穷奢极侈的楼台园池，同时怂恿赵佶，大兴土木，在开封皇宫北面，建造"延福宫"，开凿"景龙江"，掘"曲江池"，垒"万岁山"。这些建筑，规模都异常宏大。延福宫里，"殿阁亭台相望，凿池为海，疏泉为湖"；在人工造作的"怪石岩壑"之间，移栽了各种各样的"嘉花名木"，养着成千成万的"文禽奇兽"；简直弄得"幽胜宛若天成，

---

① 陈邦瞻：《宋史纪事本末·花石纲之役》，文渊阁《钦定四库全书》本。"搜岩剔薮，幽隐不置"的意思是找遍深山老林和江河湖海，任何偏僻的地方都不放过。

不类尘境"。曲曲折折的景龙江上，殿宇对峙，奇花珍木栽遍了两岸。平地垒起的万寿山（又叫作"艮岳"），更是异想天开。周围十多里，峰峦起伏。山上无数的堂、馆、亭、阁，山下若干的池、沼、洲、渚，上上下下都有远道搬来的各种花石。一块"高广数丈"的大石，从太湖运来摆在万寿山的最高峰上。赵佶一伙居然恬不知耻地给这块石头取了一个称号，叫作"昭功敷庆神运石"。（"昭功"是昭示成功；"敷庆"是广布喜庆；"神运"是神力所运。民贼的语言和人民的语言就是这么不同！从人民来说，应读作"昭罪敷祸民运石"）赵佶本人还亲自作了一篇《艮岳记》，夸耀他用百姓白骨堆成的万岁山。可惜这篇罪恶的记录没有保留下来，使后人少了一篇绝妙的反面教材。

不能想象，这样巨大的土木之功，要劳多少民、伤多少财！当时有人说，从两浙运送花石竹木的费用，"每物必十倍其费"。事实上，决不止此。例如，一根竹子，就"无虑［少不了］五十缗"。①（等于当时第四等户一家的全部财产）运河漕运的"挽舟之卒，所支口券米岁无虑若干千石，计工无虑若干万夫"。②耗费之巨，可想而知。朱勔的"苏杭应奉局"，被人称为"东南小朝廷"，侵占王朝财赋"类以亿巨万计"。朱勔本人，更是"势焰熏灼"，把皇家库藏当作自己的"囊中物"，一取就是"数十百万"。③这些经费是北宋王朝取之全国各路的，所以两浙的浩劫，不仅延及运河流域，延及

---

① 汪藻：《浮溪集》卷二十四《朝散大夫直龙图客张公行状》，文渊阁《钦定四库全书》本。
② 程俱：《北山小集》卷三十五《吴江回申讲求遗利状》，文渊阁《钦定四库全书》本。
③ 脱脱等：《宋史》卷四百七十《朱勔传》，中华书局，1977，第13684页。

首都开封,而且间接延及全国了。

蔡京、朱勔之流以及他们的爪牙,乘进行"花石纲"搜刮之机,更大肆掠夺民产。朱勔一家,在短短的时间内,就强夺民田三十万亩,陡然成了一个大官僚地主。他的田产,"跨连郡邑",每年收取租谷多达十万石。他的"甲第、名园,几半吴郡"。①他的服膳器用,比皇帝还要讲究。当然,这些田产地业和财物都是强取豪夺来的。这里可以举一个例。《宋史》记载说,朱勔的家住在苏州的孙老桥。一天,他忽然宣称:皇帝下诏,把桥东桥西的土地房屋,全都赏给了他,限居民在五天之内一齐搬走。那里住有居民好几百家。苏州官吏——朱家豢养的豺狼——派人强行驱逐,弄得无家可归的男女老幼布满街头,到处都是哭声。这是何等残忍的暴行!

更为厉害的是,朱勔的那个"东南小朝廷"公开招权纳贿,卖官鬻爵。遍布两浙的大小官吏无不是"邪人秽夫",卑鄙无耻的坏人。他们争先恐后地奔走于朱家之门,奴颜婢膝地事奉朱勔(所谓"侯门奴事")。平江府长洲县知县陆棠,"专一管勾〔办理〕朱勔家事",为朱勔百般搜刮。他一见"良民妻女稍有姿色者,必多方钩致;百姓田园号为膏腴者,必竭力攘夺"。他以很高的租额强迫农民承佃朱家霸占来的土地。农民"稍不承认,即枷项送狱〔关进监牢〕。既承之后,永无脱期。至破家荡产,卖妻鬻子,犹监锢不已〔还关着不放〕"。②知县如此,知府也一样。这个府的知府叫胡直孺。他"纵朱氏请求,益肆掊敛"。老百姓都管他叫"朱家

---

① 王明清:《玉照新志》卷四,文渊阁《钦定四库全书》本。
② 李光:《庄简集》卷八《论曾纡等札子》,文渊阁《钦定四库全书》本。

奴"。①不言自明，这些"朱家奴"之为朱勔搜刮，也正如朱勔这个"赵家奴"之为赵佶搜刮一样，不光是为主子效劳而已，也是为了他们自己。他们无恶不作，刮尽锱铢。在他们的魔掌下，连"中家"也不免破产，农民的遭遇就更不用说了。

《宋史》说："两浙多官户。"②这就是说，一般官僚都以两浙为他们的"安乐窝"。在"东南小朝廷"这片乌云笼罩之下，两浙的官户就更多了。上面说到的，从朱勔到陆棠，都是官户。但是，不仅是"东南小朝廷"的大小官僚，以外的其他官僚也有不少到两浙来夺取田产，成为这一路的官户的。如蔡京，他不仅在开封建造华丽"邸第"，"用漕船以运花石"，③而且还在两浙霸占了农民的大片田地。单是一个"永丰圩"，便有水田近千顷（十万亩），由此可见一斑。应该顺便指出，官户的疯狂掠夺，使破产农民越来越多，纳税应役者越来越少。但是，依宋朝制度，一县一乡的同等户的负担总额，却是只能增加、不能减少的。因此，尚未完全破产的农民，便被摊派越来越重的赋役负担（所谓"田归官户不役之家，而役并于同等见存之户"）④。其趋势，非弄到全部农民破产不止。这时，加上"花石纲"的残暴压榨，全部农民破产的时刻已经到来。

黑暗的"东南小朝廷"，血泪斑斑的"花石纲"，沉重的赋役，残暴的官吏，像一座座大山，一齐向两浙农民压来。从公元1105年起，几年之间，日日夜夜，民贼们在拼命榨取农民的血汗，残害农民的生命，农民在死亡中挣扎。到公元1120年之际，农民再也不

---

① 李光：《庄简集》卷九《论曾纡等札子》，文渊阁《钦定四库全书》本。
② 脱脱等：《宋史》卷一百七十五《食货志》，中华书局，1977，第4236页。
③ 脱脱等：《宋史》卷四百七十二《蔡京传》，中华书局，1977，第13725页。
④ 脱脱等：《宋史》卷一百七十七《食货志》，中华书局，1977，第4298页。

能忍受了。残酷的压迫剥削已经把广大农民逼迫到这样的境地——"不是战斗，就是死亡；不是血战，就是毁灭。"①

## 三、新安江上的革命风暴

公元1120年初冬，农民革命的风暴终于在浙西的新安江上兴起了。

新安江是浙西的一条名川。它从黄山山脉的崇山峻岭中蜿蜒东出，横贯两浙路的睦州，在睦州建德县合信安江，更东北流，成为著名的富春江、钱塘江。新安江两岸尽是林壑优美、风景秀丽的丘陵山地。那里的气候温和，雨量充沛，很早以来就以盛产竹、楮、松、杉、桑、麻、茶、漆等优良经济作物而负盛誉。特别是位于新安江中游的睦州属县青溪（今浙江省淳安县），经济作物不惟产量多，而且质量好；它的漆是远近闻名的。勤劳淳朴的劳动人民，在幽僻的山间水边，开垦出一片片漆园、茶园，年复一年，把自己生产的漆、茶等产品，沿新安江输送到县里州里，无偿地交给官府，廉价地卖给商人。在交售之余，倘能多少买得一点盐米，借以维持艰难的生计，那就是十分幸运的了。

但是自从"明金局""应奉局"设置以来，连这一线生机也完全断绝。"造作局岁下州县征漆千万斤，官吏科率无艺"，"州县征敛无度"，②漆园农户倾家荡产都不够应付，还谈得上什么生计？

---

① 乔治·桑：《扬·瑞日卡》序中语，转引自《马克思恩格斯选集》第1卷，第161页。
② 曾敏行：《独醒杂志》卷七，文渊阁《钦定四库全书》本。"明金局""应奉局"，有些宋人记载作"造作局"。

再加"花石纲"的骚扰，使许多"中家悉破产，或鬻卖子女以供其须"，①更何况贫弱下户！新安江上的"漆楮林木之饶"，把青溪县造成一个"民物繁庶""巨商富贾多往来"的"大邑"，②可是生产漆楮林木的劳动者却挣扎在死亡线上。他们对朱勔，对大大小小的"朱家奴"，痛恨极了！他们希望有一个力量，能够率领他们诛灭这伙民贼，消除这些苛政，让大家过一种没有贫富的平等生活。但这个力量在哪里呢？

当时沿江沿海一带，盛行着一种宗教，叫作"明教"（有的地方称为"牟尼教"，有的地方称为"四果"，北宋朝廷和官府则把它诬蔑为"魔教""妖教"）。明教的主要教义是"二宗三际"。"二宗"指"明、暗"两种互相斗争的势力；"三际"指斗争中的三个阶段——"初际、中际、后际"。在"初际"阶段，"明、暗"势均力敌地对立着；到了"中际"，即当前的那个不平等社会，"暗"超过了"明"，压迫着"明"；经过反复斗争之后，"明"终将战胜"暗"，明暗又各复原位，不再相欺压，这就是"后际"。"明"，是这个宗教所向往、所崇尚的理想，它象征平等、正义和光明。教义要求信徒站在"明"的方面，"劳身救性"，与"暗"斗争；鼓励信徒拿起武器，和敌人作殊死搏斗，说杀死敌人就是"度人"；"度人多者，可以成佛"。信徒彼此之间，强调节俭互助。"一家有事，同党之人皆出力以相赈恤"；③对很贫苦的人，"众率敛财以助，积微以至小康"。别人的东西，用起来不分彼此，叫做"一家"；过路的

---

① 脱脱：《宋史》卷四百七十《朱勔传》，中华书局，1977，第13685页。
② 方勺：《青溪寇轨》，《学海类编》本。
③ 李心传：《建炎以来系年要录》卷七十六，文渊阁《钦定四库全书》本。

人,即使不相识,也供给食宿。他们不吃肉,不喝酒(因此,统治阶级诬说他们是"吃菜事魔"),不会宾客,不敬神佛祖先,不崇儒尊孔,只拜日和月,死了裸体埋葬。①特别值得注意的是,他们把九百多年前农民黄巾大起义的革命领袖张角奉为"教祖"。据说,信徒即使被敌人处以"汤镬"(煮死)的酷刑,至死也不说"角"字。这个宗教,从它的教义教规显然可见,是反映和适应广大贫苦农民的愿望、要求和斗争需要的,和当时统治阶级鼓吹的孔孟之道和佛道迷信等根本不相容。它把自己看作光明,把阶级敌人及其统治者看作黑暗,强烈地表现了对黑暗统治势力的仇恨和对劳动人民之间的阶级友爱。它宣告:"如是法平等,无有高下!"相信自己的斗争是正义的,光明的。它以张角为"教祖",这不只是革命传统的因袭,实际是对革命斗争的强烈向往。神秘色彩的宗教帷幕已遮掩不住它那鲜明的阶级实质。这就难怪信奉这个宗教的绝大多数都是贫而无告的劳苦大众,而北宋王朝则把它看成洪水猛兽,残酷地加以镇压。当时的记载说:"吃菜事魔,法禁甚严。有犯者,家人虽不知情,亦流远方[刺配到远地];财产半给告人,余皆没官[官府没收]。"赵佶在对农民敲骨吸髓的同时,极力使用麻醉人民的欺骗手法。他不仅尊崇孔孟,提倡理学,还崇尚道教,以不可数计的冗费赏赐道士和修建庙宇,命令道士册立自己为"教主道君皇帝"。但是对于明教,却是那样严刑峻法。这说明,农民的宗教和民贼的宗教,"有完全不同的性质";明教"乃是农民和平民的要求之直接表现"。②因此,在花石纲等苛政之下,明教不惟没有被统治

---

① 庄绰:《鸡肋编》卷上,文渊阁《钦定四库全书》本。
② 参读《马克思恩格斯全集》第7卷,第403页。

阶级的血腥镇压所消灭,反而"事者益众",大大发展了。通过明教的活动,农民看到了自己的力量,组织了自己的力量,只等一个领导者"振臂一呼",就要"揭竿而起"了。

新安江流域一向是明教最活跃的地区。尤其是上游,从青溪县城溯江西上那一段,"路皆鸟道萦迂,两旁峭壁万仞,仅通单车",是进行秘密活动的好场所。在"山谷幽险处",这里那里,隐蔽着若干明教据点。其中最重要的一个叫"帮源洞"(宋时口语常把地势险峻的山区称为洞)。帮源洞"深广约四十余里",东距青溪县城约七十里。这里常常聚集着许多不屈服于黑暗统治、进行反抗斗争的人民(即旧史所谓"群不逞往往囊橐其间")。①这个"洞"的明教首领叫作方腊。他对人民的苦难,怀有深厚的同情;凡到这里来的,都给以"赈恤结纳",把他们团结起来。在他的领导下,帮源洞不惟是明教活动的重要据点,而且成了革命活动的中心。革命斗争的基本力量在这里凝聚、形成、发展和壮大。

方腊,据《桂林方氏宗谱》的记载和传说,原是歙州人,后来到了帮源洞,在恶霸地主里正方有常家当雇工。他很早就神往于那一代代相传下来、长老们津津乐道的"文佳皇帝"的革命故事。那故事说的是,四百多年前唐朝永徽年间,睦州有一个女英雄叫作陈硕真,领导受苦的农民群众起来造反,举行武装起义,曾攻克睦州,震动了唐王朝。后来虽然失败,但她的斗争故事,却一直在广大群众中流传着。在离碣村不远的梓桐洞,她的遗迹"天子基""万年楼",也被人们珍重地保留下来。她的称号"文佳皇

---

① 杨促良:《通鉴长编纪事本末》卷一百四十一《讨方贼》,《掔经室外集》本。

帝"，在传说中始终是非常响亮的。方腊深深为这些故事所感动，而且随着北宋王朝的统治越来越黑暗腐朽，陈硕真的英雄形象在他心中也就越来越高大。①据说，方腊的妹妹方百花，也是一个怀有强烈反抗精神的女英雄（后来的人们称她为"百花公主"）。他们兄妹曾拜一位"汪公老佛"做老师，共同学习武艺。（这位"汪公老佛"大概是一个不寻常的人物，在后来的起义军中做了方腊的军师，和方腊兄妹一起冲锋陷阵。②从人们称他为"汪公老佛"这一点推测，他也可能是一个明教中人）方腊很能干，从他的老师那里学到了很多东西。

方腊一家的雇工生涯已经是够困苦了，但是在赵佶、童贯、朱勔这伙大吸血鬼的黑暗统治下，他家的遭遇就更加悲惨。童贯、朱勔的爪牙，州县的贪官污吏，自从"苏杭应奉局"设置以来，就像凶狠的饿狼，常常窜到新安江畔的村庄里，掠夺茶漆竹木，寻找奇花异石。方腊家种了几株漆树，因此被"造作局屡酷取之"，方腊也"数被困辱"（多次遭受打骂逼迫）。他和周围的贫弱下户常常被赶到深山老林里去，搬奇花，运怪石，许多人都家破人亡。大家痛苦极了，痛恨极了！每天夜晚聚集在明教的"斋堂"中，诉不尽的辛酸，说不完的仇恨。他们向教祖张角祈祷，希望光明赶快战胜黑暗，早日结束这人世不平的苦难！

但是，天上的教祖沉默不应，人世的苦难却越来越深。公元1120年，这一带遭到了干旱，农民们饭都吃不上了，知州张敬言反而下令向农民预征三年的租赋。官吏的催索急于星火，家家户户

---

① 脱脱等：《宋史》卷四百六十八《童贯传附方腊传》，中华书局，1977，第13659页。
② 据北京历史博物馆在淳安收集的传说。

都无比愤恨("比屋致怨")。方腊家和许多人家一样,茅屋被拆毁了,田园被糟蹋了,酷吏们又打又骂,眼看一切生路都已断绝,再忍受下去就只有死亡。这时张角的形象、陈硕真的形象,在他眼前出现了。他们的榜样给了他无穷的力量。他决心像他们那样,奋起和黑暗的统治势力决一死战。他有许多可共患难的朋友和徒众。一天晚上,他把他们都召集到一个漆园里来。

那是公元1120年十一月二日(宣和二年十月初九)的夜晚。漆园里人影幢幢,中间的一块空地上,一堆柴火正在燃烧。一会儿,方腊出现在火光中,人们都向他聚拢了来。他压抑不住悲愤的心情,振臂一呼,向大家慷慨激昂地说道:

"国和家本是同一个道理。假如一家之中,子弟成年劳苦耕织,有了些粮食布帛,父兄却全拿去挥霍浪费,稍微不如意,还要鞭打虐待,死也不管。做父母的这样对待你们,你们甘愿吗?"

"不!"大家坚决地回答。

方腊接着说:"挥霍浪费剩下的,又全都拿去奉献给辽夏。辽夏依靠我们的财物,更加富实了,反而进一步来侵犯欺侮我们。这时父兄又叫子弟去抵抗。子弟的力量不能支持,父兄便无所不至地百般责骂。可是,每年对仇敌的财物,却照样送去,从来不因为他们的侵犯欺侮而停止过。大家想一想,甘愿不甘愿?"

"岂有此理!"大伙异口同声地回答。

方腊讲着讲着,热泪充满了眼眶:"现在,赋税徭役又多又重,贪官污吏拼命压榨勒索,粮食布帛全拿去还不够供应。我们靠着活命的,只有漆楮竹木了,可是也都被他们征收,一点也不留给我们。唉!……再说,他们除了荒淫奢侈、大兴土木、求神拜庙、豢养军队和收罗花石等大量消耗之外，还每年贿赂辽夏两个仇敌以百万计的银子和丝绸。这些，都是我们东南老百姓的膏血呵！西北两个仇敌，得到这些财物，越发轻视我们，年年不断地来侵扰。朝廷给他们的奉献却不敢取消，宰相们还认为这是使边疆安宁的好办法！只有我们老百姓一年到头勤劳辛苦，老婆儿女冻着饿着，一天也吃不饱。大家看，应当怎么办？"

大家义愤填膺地说："你说怎么办就怎么办！"

于是方腊又继续说："我们东南的老百姓，很久以来就被剥削得够痛苦了。这几年来，征集花石的骚扰，更叫我们无法忍受下去。大家如能起义反抗，四面八方必然闻风响应。十天半月，就可以集起上万的人。……一两月内，江南各郡全可以一齐攻下。朝廷得到消息，不可能立即想出办法，派出大兵。估计他们商议对策要一个多月；调集军队、筹办粮饷，非半年不可。这样，我们起兵已经将近一年了。那时候，大局已定，就没有什么可顾虑的了。况且，每年给西北辽夏两个仇敌的百万财物和朝廷军政费用的千万开支，多数都是我们东南出的。我们既然占有江南，他们就必然要更残酷地榨取中原，中原人民受不了，一定会起来暴动。这么一来，他们腹背受敌，即使有伊尹、吕尚那样的人，也不能替他们想出什么办法。我们只要守住大江以南，减轻老百姓的负担，让老百姓生活宽裕，各地岂会不来拥戴我们？这样，十年之内，就可以统一全国了。不这么办，那就只有一条死路，白白死在贪官污吏手里。请大家考虑，这样做好不好？"

"好！"大家齐声高呼。

方腊的这番话，表达了广大劳动人民的强烈的革命意志和坚定的胜利信心，说出了千千万万受苦受难的农民的心里话。这番话义正词严，是中国农民革命史上一篇光辉檄文。它多么鲜明，多么响亮，多么有力量！现在读起来，还觉得它虎虎有生气。多少年来，封建统治阶级都把农民看作渣滓，把起义者诬为"盗贼"，把革命叫做"犯上作乱"；农民的无数可歌可泣的革命事迹及其记载，无不被篡改、歪曲或湮没了。但是，这篇起义宣言，却流传下来，真是农民革命史中不可多得的文献。

方腊一讲完这番话，农民群众就一齐拥到里正方有常家，愤怒地把这个恶霸土豪揪出来，控诉他的罪状，给他以应有的惩罚：处死了他，没收了他的财帛，焚毁了他的庄院。然后，大家去到帮源洞，准备展开更大规模的斗争。[①]

一场轰轰烈烈的起义烈火就这样烧起来了！农民的"盛大节日"来到了！

## 四、势如破竹的胜利进军

方腊起兵这一振奋人心的消息，迅速地传遍了四面八方。新安江沸腾起来了。广大农民欢欣鼓舞，奔走相告，纷纷拿起了锄头镰刀，举行武装起义。"造反！造反！"的吼声，到处响彻云霄。方腊派出人员，四下联系，宣告已在帮源洞升起了起义的大旗。于是四处的起义农民，成群结队地奔向帮源洞，不到十天工夫，就汇集了几万武装农民。方腊立即组织部署，设置了各级将领，把越来越多

---

① 杨仲良：《通鉴长编纪事本末》卷一百四十一《讨方贼》，《掣经室外集》本。

的起义农民组织成为声势浩大的战斗部队。战士们都头裹红巾,勇气百倍。武器缺乏,就从附近的竹林山上砍来毛竹,做成犀利的竹枪竹箭。不习惯战阵,就日夜操演,积极地进行战斗训练。[①]人人都急切地盼望着,赶快打到睦州、杭州,把民贼全部杀掉。

青溪知县陈光和城里的官吏豪绅们,听到农民起义的消息,吓得惊慌失措。眼见这样迅速壮大的起义军,要用县里的那点厢兵去镇压,只能是自取灭亡。他们慌作一团,成天龟缩在城里,接二连三地向上级官府告急求援。睦州知州张徽言也计无所出。提点刑狱张苑和通判叶居中还想顽抗,"欲尽杀乃已",下令要杀尽一切起义农民,但火已燎原,怎么扑灭得了呢?他们这样做的结果,反而是迫使更多的农民起来加入起义军,革命力量更加发展壮大了。

革命形势越来越好。阴历十一月初一那一天(公元1120年十一月二十三日),方腊庄严地宣布:废除北宋王朝的黑暗统治,建立农民的政权。他"自号'圣公',建元'永乐'",[②]以这个月为正月。这一措施鲜明地反映了起义农民坚决和北宋王朝决裂,推翻北宋封建统治的要求,大大增强了广大农民的斗争意志和胜利信心。但同时,也使得北宋统治者感到问题严重,不能小看。于是,一场血战就不可避免了。

北宋两浙路制置使陈建在杭州闻讯,知道局势危急,马上差遣兵马都监蔡遵、颜坦率领精锐禁军,开往青溪,妄图直趋帮源洞,一举消灭农民革命政权。两浙是北宋的"江南财赋之区",是赵佶和"六贼"骄奢淫逸的主要财源之地。为了保护他们的贪囊,镇压

---

① 见《宋史·童贯传附方腊传》以及北京历史博物馆的调查材料。
② 脱脱等:《宋史》卷四百六十八《童贯传附方腊传》,中华书局,1977,第13659页。

人民的反抗，他们在这里派驻了禁军镇守。这些禁军，装备精良，训练有素，和"无弓矢介胄"的方腊起义军相比，似乎优势是在他们一边。因此，蔡遵、颜坦一心以为这是一个屠杀农民、邀功请赏的好机会，便立即点齐兵马，大摇大摆地向青溪扑来。一路上，并未遇到抵抗。十二月十四日（宣和二年十一月二十二日）傍晚，"顺利地"越过青溪，到达县西六十多里的万年镇（今淳安县威坪镇）。这里离帮源洞已经很近了。

沿途的农民，早已把宋军的情况报告给起义军。方腊和起义军将领们商量之后，决定采取诱敌深入的计策，把敌人引到息坑，聚而歼之。息坑在万年镇东南约二十五里，是一块宽广约四五里的地方。它一面是悬崖绝壁的息岭，一面是奔腾急流的新安江，是一个"山谷幽险处"，形势非常险要。方腊选中这个地点，四面埋伏了起义军，只等宋军窜入。

当天傍晚，暮色苍茫的时候，因长途跋涉而疲惫不堪的宋军，在万年镇上安下了营，扎好了寨，正在埋锅造饭。突然响起一阵呐喊声，营寨前面忽然出现了头裹红巾的起义军。蔡遵、颜坦得报，命令立即出击。他们看到起义军回头跑，便直追。追呀，追呀，一直追到息坑。这时，夜幕高张，漆黑如墨，起义军突然不见了。宋军找不到前进的方向，正踌躇间，喊声四起，山上无数的火把映得江水通红。蔡遵、颜坦情知中计，急令退兵，但为时已晚，已经落在起义军的天罗地网中了。

起义军向宋军反复冲杀，他们的竹枪竹矛比宋军的钢刀钢枪似乎更锋利！宋军被打得不成行列，一片混乱；死尸满地，活的四下鼠窜逃生；所余无几的少数宋军，跟着蔡遵、颜坦且战且退。但退路在哪里呢？满山遍野都是起义军。最后，蔡遵被起义军击毙，颜坦也只有拔剑自杀。起义军全歼了来犯之敌，获得了巨大的胜利！

这是初战。这一仗的胜利，对此后的斗争关系非常之大。它消灭了北宋在两浙常驻禁军的主力，使宋军在下一阶段里丧失了战争的主动权，由优势转入劣势；反之，在起义军方面，则保卫和巩固了根据地，取得了下一阶段的主动权，由劣势转入优势。尤其重要的是，这一巨大胜利使两浙广大农民更清楚地看到：北宋统治者是可以打败的；自己受压迫、受剥削、受奴役的地位是可以改变的；因而更多地、更广泛地奋起投入革命的洪流，大大发展了革命力量。北宋官方文献记载说，这一役后，"贼日益众"，[①] "势愈猖獗"。[②] 可见起义军此后的迅速发展壮大，使阶级敌人惊惧到何等程度！

是什么原因造成息坑大捷？不是别的，是起义军士气的高昂，方腊指挥的正确，阵地和战机选择的适当。起义军士气之高是敌人也不能不承认的。稍后不久，宋朝江南东路转运副使曾升向赵佶上奏说："访闻贼徒虽多，全少器械〔武器〕，惟以人众为援。本路所遣兵马，各持器械，而贼徒独以数百人，前后奋拳，辄困官兵。"[③] 还说，起义军中有不少"童子妇人"，作战时都在前面。由这些话不难看出，起义军作战是何等英勇！男女老少齐上阵，赤手空拳打败了"各持器械"的"官兵"，士气之高当然不是北宋官兵所能比拟的。其次，方腊指挥这一战役非常巧妙。他不早日进取青溪，而

---

① 李埴：《皇宋十朝纲要》卷十八，抄本。
② 《宋会要辑稿》兵十之十六。
③ 《宋会要辑稿》兵十之十六。

待敌人之来，使敌人既骄惰，又疲乏，而自己则从容部署，以逸待劳。当敌人来近的时候，又不失时机地把又饥又累的敌军诱到选择好的地方，利用黑夜，加以围歼。显然，这样周密的作战计划只有充分了解敌情，才能制定出来。而这样做，在方腊是并不难的。因为两浙人民都恨透北宋封建统治者，人人"思乱"，早就"欲食其肉"。他们就是起义军的无数耳目和哨兵。

息坑大捷，不是偶然的奇迹，完全合乎农民革命战争的必然逻辑。

息坑之役是整个这场革命战争的序幕。它的巨大胜利，使阶级敌人闻风丧胆，使广大农民信心百倍。在这种大好的形势下，起义军便趁此序幕初启、敌人措手不及之际，迅雷不及掩耳地向北宋统治的要地勇猛进军。息坑之役才一结束，方腊立即统率两万起义大军，进取青溪。

青溪知县陈光，一听到宋军被歼的消息，便一溜烟逃走了。城里的大小官吏和地主豪绅也慌忙四出逃命，跑个一空。起义军胜利地进入了青溪县城。接着，又乘胜直趋建德。

建德是睦州首府，也是两浙路的一个战略要冲。新安江从西面流来，在州城下与从南面经衢州（今浙江省衢县）而来的信安江汇合，再向东北流去，直抵杭州（下游就是富春江、钱塘江）。据有建德这个地方，可以沿富春江东下，夺取杭州，直捣北宋在两浙的统治中心；可以西溯新安江，夺取歙州（今安徽省歙县），进入淮南；可以南沿信安江，夺取衢州，控制南部和进入江南东路（今江西）。方腊以建德为攻取目标，从当时的战争形势看，是完全正确的。

睦州知州张徽言，听到起义军快要到来的消息，原想据城固守，等待救援。但他下面的睦州通判叶居中、建德县丞曹央、县尉童淑，都是死硬分子，对农民造反恨得要死，决心要和起义军较量一番。当起义军接近城垣的时候，童淑竟妄图凭借坚城，突然出击，把起义军"击溃"在城下。他率领城中宋军，一哄而出。但才一出城，便陷入起义军的重重包围之中，被打得落花流水，一千多名宋军完全被歼，城中北宋官吏尽成了瓮中之鳖。十二月二十三日，起义军振旅入城。群众痛恨宋朝官吏的苛虐残暴，主动把叶居中、曹央等一伙贪官，捆绑押送到起义军前。起义军根据群众的愿望，立即把叶居中、曹央当场处决。只是漏了张徽言，这个民贼已经乘夜潜逃了。

起义军攻占睦州，大长了广大农民的志气，大灭了宋廷的威风。方腊乘胜分兵，势如破竹地连克寿昌、分水、桐庐、遂安等县，消灭了睦州四周的敌人。起义军每到一地，人民都大开城门，热烈欢迎，并纷纷裹上红巾，加入战斗行列。起义的烈火越烧越旺了。

为了巩固根据地西面的后方，以便东向夺取浙东平原，方腊于克复睦州之后，便回师西征，向江南东路的歙州挺进。

歙州是江南东路的重镇。那里驻有宋东南将郭师中统辖的禁军。郭师中早已设防，企图堵住起义军西进的去路。但是和睦州一样，歙州处处都有农民的武装力量。方腊起义军一到，马上便得到他们的积极配合，于是一战便把郭师中部消灭于歙州城下，连郭师中本人也丧了命。歙州人民早已不堪忍受官府的黑暗统治，这时便在城内一呼而起，杀掉州官、县尉，打开城门，迎入起义军。公元1121年一月十一日，起义军克复了歙州。接着继续攻下歙州所属婺源、祁门、绩溪、黟县，歙州全部被占领。接着，方腊便率领大军折回睦州,进取杭州。

这时,起义军已扩大到近百万人,浩浩荡荡,顺江东下。沿途宋朝文武官吏和土豪劣绅逃窜一空,广大人民"夹道以迎"。[①]新城、富阳解放了。一月十五日左右,起义军前锋方百花部,进抵杭州城下。著名的杭州之役于是展开。

假如说,息坑之役是这场革命战争的序幕,那么,杭州之役就是这场革命战争的高潮了。这个高潮出现在钱塘江边,它是这么雄伟,这么壮丽,使得那排山倒海、万马奔腾的钱塘大潮也相形失色。杭州,这座劳动人民的双手和智慧建造起来的名城,多年以来浸透了劳动人民的鲜血眼泪,成了一个罪恶的渊薮。如今,农民革命的怒涛,已经席卷到了城下,猛烈地冲击着它的城垣,发出了震天撼地的声响。这座名城即将得到革命的洗涤,多年沉淀的污浊即将被一扫而光。这个美丽的城市,即将在革命人民的手中获得新生。

## 五、汹涌澎湃的革命高潮——攻克杭州

"东南形胜,三吴都会,钱塘自古繁华!"这是北宋词人歌咏杭州的一句话。诚然,杭州的山川是雄伟的,景物是秀丽的,市井是繁华的。因此,它是北宋两浙路的首府,东南政治经济文化的重心。北宋王朝在这里常驻大臣、重兵,设有极为庞大的官僚机构。之外,难以数计的大官僚、大地主、大商人,都把这里看作他们的"销金窟""安乐窝",纷纷跑来这里,拼命地巧取豪夺,纵情地荒

---

① 《富阳县志》。

淫享乐。特别是从朱勔的"东南小朝廷"统治之后，这繁华的钱塘更成了这伙寄生虫吸血鬼们的天堂。他们太迷恋这个"天堂"了，不唯活着的时候在这里穷奢极侈，而且死了之后还想在这里继续享受。蔡京这个大民贼是福建仙游人，既"建第钱塘，极为雄丽"，[①]又在杭州临平山圈了一块坟地，把他父亲葬在那里。[②]他们一心以为，可以安安稳稳地永远在这里"流连于歌舞嬉游之乐"了，[③]但是，出乎他们的意料，当他们好梦正酣的时候，农民起义军的滚滚怒涛已经向他们冲来了。

这时，在杭州的两浙路主要官僚是制置使陈建、廉访使赵约、知府赵霆等人。陈建是一个荒淫无耻的酒色之徒，赵约、赵霆是贪财黩货的大赃官。他们都在杭州城里建有豪华的"府第"，拥有无数的钱财，过着糜烂的生活。当起义军驰骋于新安江上的时候，他们以为未必能够骤然就到杭州，这个都会大概也还可以安然无恙；等到起义军连战皆捷，势如破竹，以雷霆万钧之势顺流而下富春江的时候，他们还以为杭州是"金城汤池"，可以固守顽抗。因此，方百花的军旗已经在杭州南关外面飘扬了，这伙民贼，除赵霆看到势头不对，悄悄地"弃职潜逃"外，都还在城里。当然，他们之所以错误估计形势，也并不是没有他们的"根据"。杭州城确实不易攻取，它的"罗城"（外城），"自秦望山，由夹江亘江干，泊钱塘湖、霍山、范浦，周七十里"，[④]规模很大，而且地形利于防守。里面又有不少士卒和粮秣，长期固守并非全不可能。假若起义军来

---

① 王明清：《挥麈余话》，《四部丛刊续编》影宋钞本。
② 陆游：《老学庵笔记》卷十，文渊阁《钦定四库全书》本。
③ 罗大经：《鹤林玉露》卷一，文渊阁《钦定四库全书》本。
④ 顾祖禹：《读史方舆纪要》卷九十，中华书局，2005。

了,屯兵于坚城之下,旷日持久,一旦北宋朝廷的援军赶到,里外夹击,胜负之数还是不可知的。方百花大概也是出于这样的考虑,所以没有立即进攻,而是暂时占据城外高地,监视敌人活动,等待方腊的大军。

很快,方腊的大军到了,于是对杭州城展开全面攻击。城内敌军凭借高城深池和精良武器顽抗,战斗十分激烈。据说,方百花就是在攻城的激战中牺牲的。由于起义军的英勇作战和巨大优势,宋军的顽抗终于被粉碎了。公元1121年一月二十日,即阴历当年除夕的那一天,方腊振旅入城,克复杭州,获得胜利!

陈建、赵约两个大赃官,听到起义军已经入城,吓得要死。自知罪不容诛,连忙取一条绳索,把自己捆起来,跑到方腊的大帐门前,哀求饶命。但是,"民怨深矣",[1]方腊坚决地处死了他们。起义农民和城中广大受压迫的人民,严厉地镇压了许多贪官污吏,焚烧了曾令人民备受苦毒的官署和"府第"。愤怒的群众跑到临平山,"发掘蔡氏父祖坟墓,露其骸骨,加以唾骂"。[2]北宋在这个地区的一百五十年的统治及其权威,统统被起义军摧垮了。

人民多么欢快啊!多少年的元旦元夜,都是在悲惨的呻吟中度过;这一年的元旦元夜,不忧公人债主的欺压勒索,扬眉吐气了。他们"观灯饮犒连日",[3]欢庆杭州的解放,欢庆农民起义军的伟大胜利!

辉煌的杭州战役,在中国农民战争史上,是非常令人鼓舞的。

---

[1] 韩元吉:《南涧甲乙稿》卷十九,文渊阁《钦定四库全书》本。
[2] 曾敏行:《独醒杂志》卷七,文渊阁《钦定四库全书》本。
[3] 曾敏行:《独醒杂志》卷七,文渊阁《钦定四库全书》本。

方腊领导的农民起义军，从攻克第一个城池青溪，到占领两浙路首府杭州，为时才一个月。在这一个月里，方腊的战斗历程主要是，往复攻取横贯两浙路的新安江、富春江、钱塘江一线，这以外的地方，方腊一时还来不及去占领。但是，由于方腊大军的节节胜利，四处农民都风起云涌地起来组织武装力量，响应配合方腊，打击宋朝统治。因此，当新安江、富春江、钱塘江全归方腊大军掌握的时候，其他地方的革命烈火也烧得很旺。根据不完全的记载，重要的有以下这些。

方腊打出起义的大旗后，仙居人民闻风而动，仅仅几天工夫就组成了一支上万人的起义军。这支起义军在吕师囊的指挥下旗开得胜，第一次战斗就全歼了县尉徐默成率领的仙居宋军，解放了仙居县城。接着，又接连攻下黄岩、天台等地，人马号称十万，直逼台州，吓得台州知州赵资道鼠窜逃遁。

霍城的富求道人领导当地人民积极响应方腊，配合方腊大军，在短短的时期内解放了东阳、义乌、武义、浦江、金华等地。在东阳之战中，击毙了以勇武著名的反动地主武装头目申屠大防；攻克武义时，又全歼了项德部的宋军。

洪载部起义军，据说发展到四十万人，曾攻下松阳，杀死县丞梅熔。随后又全歼赵育才部宋军，围攻遂昌城。

此外，在苏州，有石生领导下的农民起义。

在归安，有陆行儿起义。

在剡县，有仇道人起义。

在方岩山，有陈十四公起义。

在兰溪、灵山，有朱言、吴邦起义。

在江南东路的婺源、开化一带也有农民起义。

……

可见,两浙路大部分地区和江南东路东部地区,已经处处升起了义旗,革命的烈火迅速地猛烈地燃烧开去。在这个时候,方腊大军一举攻克杭州,自然使"东南大震",摇撼北宋王朝的全国统治根基。北宋王朝遇到了空前危机。

革命的形势虽然大好,但是革命的道路还很长。北宋王朝,作为全国性的统治者,控制着广大地区,仍是一个不可忽视的力量。要推翻它,就得更迅速更猛烈地发展革命势力,采取巧妙的战略战术,夺取更大的胜利。这是摆在农民起义军面前的重大问题,方腊必须立即作出决策。

这时,在方腊军中,有一个叫作吕将的人,建议采取如下的战略:"直据金陵(今南京),因传檄尽下东南郡县,收其税赋,先立根本,徐议攻取之计,可以为百世之业。"[1]他认为,宋朝既失去杭州重镇,必然要全力来争;起义军必须夺取金陵,控扼长江天险,才能巩固东南。方腊没有采纳这个意见,而是执行了另一种方针——分路出击。一路往北,进击秀州(今浙江嘉兴);一路往南,进击睦州以南地区。这一路于攻克处州(今浙江丽水)后,又分数路:东攻越州(今浙江绍兴);南攻温州(今浙江永嘉);西攻江南东路的信州(今江西上饶)。方腊亲率大军留驻杭州。

往南进攻的起义军获得了一系列的胜利。二月中旬,先后攻克婺州、衢州、处州(今浙江金华、衢县、丽水),以及这些州的

---

[1] 曾敏行:《独醒杂志》卷七,文渊阁《钦定四库全书》本。

属县。战斗是相当激烈的。各州县的宋军和各地的地主武装极力顽抗,但由于这些州县的起义农民已组织起来,配合南下的起义军作战,而南下起义军的兵力又集中,所以守敌都被击溃。衢州城的迅速攻克,就是由于城中马荣率领群众响应城外起义军,使宋军腹背受敌,不支而败的。处州城有宋军两万精锐部队扼守,起义军英勇进攻,城中人民开门接应,宋军便告瓦解。不少县城都是当地农民武装在起义军到来前后,乘势攻取或与起义军共同攻取的。但是,起义军在连克三州之后,兵力分散了,同时越州、温州和信州相距较远,进攻的起义军不能彼此照应,各州城防又相当坚固,越州敌军还拥有火炮,因此,不能快速攻克。

向北推进的起义军共分两路。东路约六万多人,由方七佛率领,沿太湖东侧北攻崇德,进取秀州。大概是由于出发较迟,二月八日才到达秀州城下(这时距攻克杭州已经二十天)。宋朝知州宋昭年、统军王子武已作好据城顽抗的准备,因此起义军屡攻不能克。西路起义军不是北进主力,进到宣州,也屯兵城下,不能继续前进。

这就是起义军攻克杭州后二十多天的军事形势。这个形势表明,起义军虽然攻克了六州五十二县,取得了很大胜利,但由于兵力分散,攻势已经受到顿挫。特别是向北进攻的方七佛军,阻于秀州,这就给了北宋王朝时间,使它的援军能够渡过长江,进入两浙。这样一来,战争就出现了一个转折点。

## 六、北宋王朝的反攻倒算

方腊起义沉重地打击了两浙的地主阶级以及北宋王朝在这个地

区的统治。两浙各地的封建统治者和豪绅地主当然不会束手待毙，他们一面拼死和农民起义军作斗争，一面向北宋朝廷发出一个又一个的急报，呼吁赶快派大军来镇压。这时宋朝君臣正忙于两件事：一件是大兴土木，造万寿山；另一件是与东北新兴的金朝联合，准备夹攻辽朝。执政宰相王黼是著名的"六贼"之一。他"铺张太平"，自兼应奉局"提领"，大搞花石纲，专一引导赵佶穷奢极侈。两浙路关于方腊起义的奏报送到朝廷，他生气极了，讨厌这种消息会惊扰赵佶和他们一伙的迷梦，动摇赵佶对他的宠信，因此一直瞒着赵佶。他认为方腊的起义军不过是一些全无器械的"草寇"，只要州县镇压得法，或能诱骗招安，便毫不足虑，因此还申斥两浙官吏大惊小怪，"张皇生事"。哪知农民起义如急风暴雨，势不可当，一下便连克睦州、歙州，逼近杭州。北宋淮南发运使陈遘急向朝廷呼吁求救，赵佶这才知道局势严重，下诏派宦官谭稹和步军都虞候王禀领兵前往镇压。谭稹等尚未出发，又得到杭州被起义军攻克的消息。于是赵佶"大恐"，改派大宦官童贯为"宣抚使"，谭稹为"制置使"，刘延庆为"都统制"。率领禁军及陕西六路蕃汉兵十五万人同时南下。①这批宋军号称"劲兵"，是宋朝为了与金朝夹攻辽朝，刚集中到开封，正准备开往河北去的。之外，又加上东南诸路兵，总共数十万人，②一齐向两浙进发，开始反攻倒算。这是北宋王朝的孤注一掷。北宋统治者虽然出动了这样大的兵力，但他们的内心是十分惶恐的，因为起义军的迅猛发展，进军如此神速，胜负之数正未可预料。童贯从开封出发的那天，赵佶穿了便服，亲

---

① 《宋会要辑稿》兵十之十六。
② 曾敏行：《独醒杂志》卷七，文渊阁《钦定四库全书》本。

自去送行。他握着童贯的手，忧心忡忡地说："东南的事情尽交付给你了。你不得已的时候，干脆就用我亲笔手诏的名义去执行吧。"①可见他是多么色厉内荏啊！

历史上，"所有一切压迫阶级，为了维护自己的统治，都需要有两种社会职能：一种是刽子手的职能，另一种是牧师的职能。刽子手镇压被压迫者的反抗和暴动。牧师安慰被压迫者……使他们放弃革命行动，冲淡他们的革命热情，破坏他们的革命决心"。②赵佶、童贯一伙正是这样做的，而且没有比他们做得更露骨的了。童贯带兵出发后，赵佶一方面杀气腾腾地下诏给他，要宋军赶快占据润州（今江苏镇江）、江宁府（今南京），"前去捉杀"，加重赏格，说："尚虑赏轻，诸色人未肯用命掩杀"。③另一方面，又下诏说：近来"狂寇窃发"，有些"无知之人"，被迫胁从，有的官吏受到牵连，都是由于没有办法，情节是很可同情的。凡是属于这种情况的，以及"凶贼眷属"和"贼中徒伴"，只要能规规矩矩地受招安，或者报告敌人行动，把敌人捕捉送来，那就特加"免罪，一切不问"；其中"稍有功绩"的，都从优推赏。④接着，还出一道"御笔"说："过去收买花石竹木各种东西，都是由朝廷事先发下钱，命令州县官吏们依照私价购买。多次下令而且严立法禁，不准强迫。最近才知道，贪赃官吏多借此机会违法干坏事，甚至于骚扰。现在限这个命令到时，一切收买花石和各种制作供奉之物，以前设置的奉应局等机构和官吏，全部废止，限十天结束，官吏、钱物、匠人

---

① 《皇朝编年纲目备要》卷二十八。
② 列宁：《列宁全集》第21卷，第208页。
③ 杨仲良《通鉴长编纪事本末》卷一百四十一《讨方贼》，《挈经室外集》本。
④ 《宋会要辑稿》兵十之十六。

一律拨归原处。以后若还敢借供奉之名科扰百姓，就以违'御笔'论处！"①看，多么慈善的一副面孔！童贯以为农民是可以欺骗的，居然派了个"钦差"把这道"御笔"送往杭州。杭州农民起义军看到后，无比愤怒，立刻把它撕个粉碎。

当然，宋朝统治者对军事镇压与政治欺骗两手，是以前者为主的。童贯率领的宋军一渡长江，主力便急趋杭州。在苏州，石生部的起义军曾激烈抗击，但未阻住。二月十七日（正月二十八日），王禀所率京畿禁军、鼎澧枪排手和熙河蕃汉兵抵达秀州城附近。龟缩在城中的知州宋昭年、统军王子武闻讯，立即出动。宋昭年登城固守，王子武简选精壮，出城配合王禀军夹击起义军。方七佛猝不及防，没有作"围城打援"的准备，只好且战且退；退到今嘉兴、海宁、崇德之间方圆十里的一片原野中，被敌军四面包围。战士们英勇奋击，白刃肉搏。经过一天的血战，六万起义军只剩下两万多人，突围转移到杭州。

秀州之役的失利，对起义军的影响是不小的，因为这么一来，杭州失去了屏障，暴露在敌人的攻击面前。但是敌人要进攻杭州，还有很大困难。方腊率领着驻在杭州的起义军，加上自秀州撤回的起义军，合起来近十万人，还是一个很大的力量；而且从秀州到杭州，敌人每走一步都要经过激烈的战斗，不是可以长驱直入的。因此，秀州之役后半个多月，宋军才逼近杭州。

当然，杭州起义军方面也有困难：粮食不足，武器缺乏，兵力不能很快集中起来。在这种情况下，要和宋军决战或固守杭州都很

---

① 杨仲良：《通鉴长编纪事本末》卷一百二十八，《掣经室外集》本。

不利。这时，吕将向方腊建议：迅速地把起义军主力转移，保存力量。但是方腊没有采纳。他决计坚守杭州，以待援军。

从当时的形势看，吕将的意见无疑是正确的。北宋王朝利用刚集结起来并作好战斗准备的庞大武力，如此迅速地投入镇压农民起义的反革命战争，是方腊初料所不及的。当时宋军远道而来，非常害怕起义军截断他们的后路。童贯一过长江，便依赵佶"诏旨"，部署兵力防守镇江、金陵等地。在秀州战役之后，宋军抵达杭州之前，太湖西路的起义军连续攻克宁国、旌德（今安徽同名县），吓得北宋"都制诸路军马"刘延庆（地位仅次于童贯、谭稹的大将）赶快退守金陵。可见宋军的弱点是不小的。他们利于速战速决，而不利于旷日持久。方腊在战略战术上没有注意到这一点，结果让宋军相继到达，包围了杭州城。虽然英勇的起义军奋力作战（"势张甚"）[1]，使敌人"不能少挫其锋"，但"食少人众"，[2]无法长期坚守。经过六天的奋战之后，方腊派方七佛率领两万起义军继续留在城内，牵制敌人，自己则率大军突围转移。三月八日，方七佛军也突围出城了，王禀等军进入杭州城。在这场杭州保卫战中，起义军视死如归，奋勇杀敌，使敌人付出了极大的代价。方七佛的两万战士，突围出城的只有一千多名，其余全部壮烈牺牲，"无一降者"，而敌军死者却倍于起义军。起义军的英勇悲壮，永远令人钦敬景仰！三月二十一日，方腊又率起义军反击，与宋军战于杭州城外，没有攻克。此后，战线就南移了。

方腊率领起义军继续与宋军在杭州以南地区作战。同时，起义

---

[1] 王称：《东都事略》卷一百一十一《张确传》，文渊阁《钦定四库全书》本。
[2] 曾敏行：《独醒杂志》卷七，文渊阁《钦定四库全书》本。

军其他部分也继续攻击两浙州县。仙居县被吕师囊部起义军攻克；台州被起义军数度围攻（后与黄岩均被攻克）。起义军的力量还很大。童贯怕起义军西出江南东路，于是分宋军为两路：一路由王禀指挥，从杭州向西推进，指向睦州；另一路由刘镇指挥，从宣州南趋歙州，堵截起义军西进的道路，并与王禀军相呼应，图谋夹击起义军根据地，最后会师帮源洞。两路战线，战斗都非常激烈。王禀军经过十七天的战斗才到达富阳；差不多一个月才到达睦州。刘镇军在歙州的潘村，被起义军数万夹攻，几乎全军覆没。宋军刘光世部从衢州向婺州推进，被起义军掩击，将官叶处厚也溺水而亡。童贯看到"累月无功"，没有办法，于是下令：只要砍人头来交，就给以赏格。宋军士卒得令，便恣意屠杀人民，"凡力能所加者皆杀之"，"偶出遇往来人亦皆杀之"，"或入民居，全家杀之"。①宋朝士大夫和理学家们所称颂的宋王朝的"深仁厚泽"，便是如此！与此同时，童贯又以赵佶的名义，宣布"罢御前纲运，禁搬载花石入京"；免除两浙民户三年欠交的赋税；罢免朱勔父子弟侄；"赦天下"。大耍欺骗人民的伎俩。最无耻的是，一方面出重赏捉拿方腊："生擒或杀获为首方十三，白身（平民）特补横行防御使，银绢各一万匹两，钱一万贯，金五百两。"②另一方面又"降诏招抚方腊"。③公开地大耍反革命的两面手法。

当然，他们对农民的血腥镇压，使得他们高举"罪己诏"的一手，丝毫也掩盖不了紧握屠刀的另一手。农民从身受的深重苦难

---

① 曾敏行：《独醒杂志》卷七，文渊阁《钦定四库全书》本。
② 杨仲良：《通鉴长编纪事本末》卷一百四十一《讨方贼》，《宛委别藏》本。
③ 脱脱等：《宋史》卷二十二《徽宗纪》，中华书局，第407页。

中，清晰地看出了他们的凶残本性，是决不会掉进他们威胁利诱的圈套的。同时，广大农民群众在斗争实践中，与起义军结下了深厚的休戚一致的战斗情谊，因此，在屠刀和重赏的面前，仍然不顾生死，大力支援起义军。宋人记载说：在起义军从杭州向南转移的战斗中，"沿途均有村民策应"。[1]由于起义军的英勇顽强和广大农民的积极援助，宋军每前进一步都付出了血的代价。四月十二日，宋军进至桐庐港，起义军与之激战，给宋军以沉重打击，使宋军"伤亡惨重"。[2]后来王禀得到战舰的增援，水陆并进，起义军才向睦州转移。宋军继续推进，围攻睦州城，久攻不能下。最后用火药炸倒城垣，起义军避免伤亡过大，才放弃了睦州。

可是，赵佶、童贯等的屠杀和重赏，对地主阶级则是一个有力的号召和鼓舞。两浙土豪和宋朝官吏，一直和农民起义军进行着拼死的斗争，现在，他们复仇的凶焰就更加厉害了。他们收集残兵败将，组织地主武装，配合宋军，袭击农民起义军，屠杀农民。历史又一次证明了这条真理："一到决定关头，他们就会用暴力保卫自己的特权"；[3]他们"在遭到第一次严重失败后，就以十倍的努力、疯狂的热情，百倍增长的仇恨来拼命斗争"，以图"恢复他们被夺去的天堂"。[4]四月十一日，宋军进迫新城。当地土豪徐韶，率领已经纠集起来的部众，头裹青巾，乘机伏击方腊的起义军，[5]因而使宋军得以迅速窜据新城，进攻睦州。

---

[1] 曾敏行：《独醒杂志》卷七，文渊阁《钦定四库全书》本。
[2] 曾敏行：《独醒杂志》卷七，文渊阁《钦定四库全书》本。
[3] 列宁：《列宁全集》第4卷，第242页。
[4] 列宁：《列宁全集》第28卷，第235页。
[5] 《杭州府志》卷四十二。

更为严重的是南面的战局。南面力量最强的起义军是洪载带领的一支（号称四十万人）。这支起义军攻取了若干地方，但进攻处州属县龙泉、遂昌，却始终没有攻下。松阳攻下了，又得而复失，原因就是洪载指挥失宜和地主武装的顽抗。松阳土豪叶淳、叶天麟父子，丽水县土豪梁将、梁惠弟兄等，都"尽倾其家资"，募集兵卒，据险拒战。① 洪载是一个混入起义军中的异己分子。在连战不利的情况下，听到宋军就要到来的消息，马上产生了动摇。地主阶级分子间上观和洪载的朋友范渊，乘机先后去说服他接受"招安"，他便变节投降了。② 后来贿赂童贯，还做了宋朝的"美官"。③ 他部下的起义军战士们，痛骂他的卑鄙，纷纷散去加入别支起义军，这支力量便瓦解了。宋军于是乘势攻占处州、衢州、婺州和睦州的属县。由此可见，洪载的这一叛变，对这次农民起义的危害是十分严重的。它使方腊的起义大军不惟丧失南面的回旋余地，而且受到宋军的南北夹击。方腊之所以不能不向西转移，这是一个重要原因。

这时候，另一支起义军正向曾一度攻克过的江南东路信州（今江西上饶）围攻。洪载叛变投敌后，衢州、处州等地的地主武装，如江山县土豪邓昌时、邓熹父子的武装，遂昌县土豪徐仲的武装，张宪的武装等，都依宋军的调遣，赶往信州，配合城内守军，夹攻起义军。起义军受了损失，解围而去。于是，方腊西进靠南的一条道路断绝了。

---

① 见《处州府志》卷十二；韩元吉：《南涧甲乙稿》卷十九《处州东岩梁氏祠堂碑铭》，文渊阁《钦定四库全书》本。
② 间上观事见《两浙名贤录》；范渊事见《浙江通志·武功三》。
③ 韩元吉：《南涧甲乙稿》卷十九《处州东岩梁氏祠堂碑铭》，文渊阁《钦定四库全书》本。

西进还有一条偏北经歙州的道路。但歙州已落入从宣州而来的宋军刘镇手中，这条道路也被阻绝了。

这样，从整个战略形势看，方腊的起义军已经陷于敌人的大包围圈中。敌人从四面向睦州压来，睦州也很难固守。因此，经过激战之后，四月十六日，方腊率军向青溪转移。五月七日，王禀率领下的宋军窜入青溪，起义军退入根据地帮源洞。王禀继续前进，驻于帮源洞前面，刘镇则率军占据帮源洞后面。起义军保卫根据地的悲壮战役开始了。

五月十二日（宋宣和三年戊子）拂晓，刘镇军首先向帮源洞的门岭进攻。门岭是帮源洞的西侧门户。方腊亲率几万起义军，在这里堵击敌人。由于有叛徒作向导，刘镇军从小道迂回进入。起义军英勇抗击，激战至夜。传说，方腊的老师和军师汪公老佛就是在这一战役中牺牲的，方腊本人也奋战到战马死，宝刀失，战士也牺牲了很多。起义军的鲜血染红了战地，当地人民至今还称呼这地方为"血污岭"。后来，宋军不断增援，方腊不得不放弃门岭。宋军"且战且进，鸣镝纵火"，大肆烧杀抢掠。与此同时，王禀也率军从帮源洞的东面攻入。于是，更激烈的战斗开始了。起义军和农民群众这时还有二十多万人，虽然粮尽械缺，大多疲病负伤，但一见敌人，便都一跃而起，投入战斗。这是一场惊心动魄的大搏斗，这一天是一个悲壮日子。起义军许多战士，赤手空拳和宋军肉搏血战，前面的在敌人屠刀下英勇牺牲了，后面的又立即冲上来继续战斗。他们抛头颅、洒热血，虽然"流血丹地"，[①]还是奋战不休。敌

---

① 杨仲良：《通鉴长编纪事本末》卷一百四十一，《掣经室外集》本。

人漫山遍野地纵火焚烧，使一万多间房屋和无数老弱妇孺全化为灰烬。从清早战至黑夜，从黑夜战至天明。在火光中，在血雨里，起义军的英雄浩气，震撼山岳，回荡在新安江上。

五月十四日，方腊和起义军的少数将士，与队伍失去联系，只得退到山谷深处，准备歇息一下，然后裹创再战。宋军四面合围，寻找他们的踪迹。一个名叫詹太和的遂安县地主和一群土豪，熟悉山路，自任向导，带领韩世忠部，辗转找到方腊所在的崖洞口。①方腊部下勇将八大王听见敌人来了，不顾身上箭伤，提刀出洞格斗，力竭被俘。方腊和其余将士因寡不敌众，也都落入敌人的魔爪之中。这时，起义军除牺牲和突围出去的以外，还有七万人。他们在吕将的指挥下，继续与宋军苦战。最后，全部壮烈牺牲，吕将宁死不屈，拔刀自刎。战役结束，革命人民的尸体"相望百余里"。②

公元1121年十月七日，方腊为了解除千千万万农民的苦难，献出自己的头颅，从容就义于北宋首都开封。方腊虽然牺牲了，但他依然活在广大农民的心中。当地农民不顾屠杀的危险，在他被俘以后，把他的遗像、盔甲、武器、靴子等珍重地保存起来，世世代代，每到除夕的夜晚，便取出来让年轻的人们祭奠瞻仰。有一种传说，方腊并没有被俘就义，而是转移了。③这可能不真实，但它反映了人民是多么缅怀这位革命英雄！新中国成立以后，人民艺术家

---

① 参看汪藻《浮溪集》卷二十八《詹太和墓志铭》，文渊阁《钦定四库全书》本。及脱脱等《宋史》卷三百六十四《韩世忠传》，中华书局，1977，第11355—11368页。
② 杨仲良：《通鉴长编纪事本末》卷一百四十一，《擘经室外集》本。
③ 参看北京历史博物馆调查报告及宋人张瑞义《贵耳集》卷中。

绘制了方腊的英雄形象，高悬在中国历史博物馆里。方腊和两浙农民的伟大斗争永垂不朽！

方腊被俘，帮源洞陷落后，两浙广大农民并没有被黑暗势力所吓倒，并不因此而放弃斗争。革命的烈火还在燃烧着。

从帮源洞突围出来的起义军，先后转移到浙东以及衢州、婺州一带，配合当地起义军，继续坚持战斗。宋人记载说："方腊虽就擒，而支党散走浙东，贼势尚炽。"[1]显然，北宋统治者要扑灭这场革命烈火，还须付出更多的代价。帮源洞战后不到两个月，赵佶下了一道诏书，心有余悸地说："处州等处余党亦未尽平，深虑贼党妄有窥度，或致啸聚。"[2]但是起义军的斗争也更艰苦了。没有统一的领导和指挥，兵力四处分散，只能各自为战，而不能互相呼应支援。敌人利用这些弱点，采取"分路往讨"，各个击破的策略，继续屠杀起义农民。

五月二十二日，寿昌县起义军与来攻的宋军刘光世部激战城下，起义军给敌人以打击后，放弃了寿昌县城。三十一日，朱言、吴邦率领的起义军在凤池谷抗击刘光世部。起义军失利，损失达四万七千余人，可见战斗之激烈。

五月十八日，富求道人率领下的起义军，在义乌县与来攻的宋军姚平仲部激战。义乌县城和天仙洞相继失守。起义军退至根据地求日新洞。六月三日，求日新洞被焚，富求道人壮烈牺牲。

在越州境内，仇道人所部起义军与宋军郭仲荀部反复战斗。六月上旬，仇道人在与宋军白刃战中牺牲，剡县（今浙江嵊县）与新

---

[1] 杨仲良：《通鉴长编纪事本末》卷一百四十一，《掣经室外集》本。
[2] 《宋会要辑稿》兵十之十九。

昌县失守。

在台州（今浙江临海）地区，吕师囊、俞道安率领起义军进行了极为艰苦的斗争。五月下旬，宋军姚平仲部开始向仙居县进攻。仙居县境内招贤等四十多洞先后被宋军攻破。战斗到七月中旬，宋军辛兴宗部开来增强姚平仲部，起义军据点又有三十多洞被攻破。但吕师囊、俞道安顽强拒战，宋军始终不能取胜。次年一月，北宋朝廷只得派折可存率京畿禁军再来浙东增援。起义军与之反复鏖战。四月，吕师囊转战至黄岩县山谷间，被俘；俞道安及其所部起义军则转战到永宁山谷中，被宋军包围，全部牺牲。后来吕师囊在台州不屈就义，宋朝把他一族人全部杀害了（"赤其族"）。两浙农民的武装斗争，到此才暂告结束。起义军用自己的鲜血，写完了这一部悲壮的革命史诗！

当战争渐渐沉寂下来，还没有完全结束的时候，赵佶等一伙民贼侥幸他们的黑暗统治没有被推翻，两浙这个"财赋之区"又归于他们的魔掌，便立即在反攻之后，继以倒算。首先是对大大小小的屠夫刽子手们论"功"行"赏"。

"功"和"赏"的标准是什么？只有一个，就是谁屠杀农民最多，谁的"功劳"就算最大，"赏赐"也就最厚。这当然要数童贯、谭稹了。他们是赵佶的心腹爪牙，是这次镇压农民起义的大刽子手。在他们的统领和指令之下，两浙农民被屠杀多达三百多万。宋人记载说："是役也，斩贼百余万；所杀平民不下二百万。"[①]连宋朝官方记载也说："杀平民二百余万。"[②]（但他们颠倒黑白，反

---

① 方勺：《青溪寇轨》，《学海类编》本。
② 《皇朝编年纲目备要》卷二十九。

把这笔血债加到方腊头上）。童贯是最残忍的。有人劝他不要滥杀平民，他完全不听。①他认为睦州农民都是造反的，曾想全部杀光（"欲荡平之"）。②这样惨绝人寰的大屠杀，这样的弥天大罪，在民贼眼中，却成了"伟烈丰功"，受到特殊的"上赏"。在方腊就义前几天，赵佶给童贯加官"太师"，进封"楚国公"；给谭稹加官"节度使"。其他将帅也都分别授官给赏。那个绰号"泼韩五"的小军官韩世忠，因为俘获方腊有"功"，升官"承节郎"；引导韩世忠去俘方腊的土豪詹太和一下子从"白身"做了"宣教郎"；那个说服洪载变节投降宋军的闾上观也从"白身"做了"承信郎"。两浙原来的知州、知县、统军等文武官吏也都官复原职，卷土重来。凡曾屠杀农民较多的都超等加官进秩，如守秀州的统军王子武，守信州的知州王愈等。有的当时杀农民不够多，还在升官后补杀立"功"，如台州郡丞李景渊，先被吕师囊起义军赶走，后来贿赂童贯，升任台州知府，一到任便把吕师囊全族人不问大小一律杀光。仙居的县丞县尉，一天，忽然抓到所谓"菜食者"（即一般明教教徒）数百人，全部加以杀害。

　　富庶的两浙，经过这样的屠杀和破坏，凋敝不堪了。到处是白骨蔽野，蔓草荒烟，满目凄凉，社会经济遭到了极为严重的摧残。在事隔不久的南宋初年，有人回顾道：宋军"前后所戕［杀］人命数百万，江南由是凋瘵，不复昔日之什一矣［不及以前的十分之一了］"。③可是情况尽管如此，紧接着帮源洞大屠杀之后不到一个

---

① 曾敏行：《独醒杂志》卷十，文渊阁《钦定四库全书》本。"陈公亨伯尝见贯，谓曰：'闻诸军每战，多杀平民，要须禁止。'贯不听。"
② 汪藻：《浮溪集》卷二十八《詹太和墓志铭》，文渊阁《钦定四库全书》本。
③ 方勺：《青溪寇轨》，《学海类编》本。

月,赵佶便迫不及待地下诏恢复"应奉局""花石纲",由宰相王黼兼领。朱勔也重新起用,而且赵佶比以前更加"亲任"他,"一门尽为显官,驺仆亦至金紫"[1](全家以及他的狗腿子都做了大官)。赵佶、"六贼"以及内外奸佞们,弹冠相庆,以为此后更可以为所欲为。于是运送花石纲的纲船,又像以前那样"舳舻千里,不见首尾",日日夜夜地在大运河上纤挽着;劳民伤财,工役浩繁的万岁山、延福宫,更加紧迫地增筑赶修着。什么馆、什么亭、什么江、什么城,"兴筑不已",都"穷极巧妙",真是"山林岩壑,日益高深,亭台楼观,不可胜纪"。[2]蔡京、王黼、童贯、朱勔等人的"府第",也竞夸壮丽,比赵佶的宫廷还要华致。至于这些宫廷府第中积藏和浪费的金银财帛、奇珍异品,那就多到无法计算了。所谓"四方贡献,充牣其门"。全国的社会财富都被他们的鹰犬搜刮净尽了,广大农民和一切劳动者所遭受的政治压迫和经济剥削更为残酷了。总之,经过方腊起义这么一场激烈的斗争,北宋王朝的统治者不惟不对人民作一丝一毫的"让步",反而变本加厉地更腐朽、黑暗、猖狂。他们的阶级本性驱使着他们,不把阶级斗争的浪潮激荡到淹没自己时,他们是决不会休止的。

然而,"民不畏死",北宋王朝的屠刀是吓不倒农民的。革命的农民斩不尽,杀不绝。统治者要反攻倒算,农民就一定要不屈不挠地进行反抗斗争。方腊起义决不是孤军。它是北宋阶级斗争激流中的一阵洪峰,一次高潮。洪峰高潮暂时过去了,激流却并没有消失。它仍然循着曲折的道路,奔腾澎湃,滚滚向前。

---

[1] 脱脱等:《宋史》卷四百七十《朱勔传》,中华书局,1977,第13686页。
[2] 陈邦瞻:《宋史纪事本末》卷十一,文渊阁《钦定四库全书》本。

在两浙，吕师囊、俞道安的失败，不过是大规模武装斗争的暂时中止。在那以后，农民的反抗还是继续进行着。如方腊部将汪来一等起义军，直到南宋初年，仍在睦州一带进行斗争（宋高宗赵构曾派兵镇压）。明教，尽管在"方腊之后，法禁愈严"，官府对它的信徒屠杀更残酷（如上面提到的一个小小的仙居县丞一次就屠杀了数百人）。南宋初年记载说："自方腊之平至今（1134）十余年间，不幸而死者，不知几千万矣。"但是"事魔之俗，愈不可胜禁"。[1] 信徒们"改易名称，结集社会。……千百成群，夜聚晓散"。[2] 依然"协力同心，以拒官吏"。[3] 两浙以外，从新安江的发源地区，一直向北延伸到巢湖一带，始终有农民起义武装活动着。[4] 在京东路，有张荣领导的起义军，拥有上万只战船，对宋朝（后来与金朝）进行长期的斗争。在洞庭湖地区，和方腊起义同时，有以钟相为首的秘密宗教组织，进行革命活动。方腊失败后八年，钟相举起义旗，爆发了又一次反抗宋王朝统治的农民战争。总的看，方腊起义被镇压下去之后，北宋的全国农民起义，不是结束，而是加剧了。有的旧史写道："自宣和末，群盗蜂起。"[5] 所谓"宣和末"，就是指紧接于方腊起义之后的那几年；所谓"群盗"，就是指各地的农民武装起义。显然，照这样发展下去，不要很久，更猛烈的暴风雨就要到来。但是，风云突变，北方新兴的女真贵族政权——金朝的铁骑，乘机冲进北宋王朝疆土。腐朽的北宋王朝在阶级矛盾和民族矛盾的

---

[1] 李心传：《建炎以来系年要录》卷七十六，文渊阁《钦定四库全书》本。
[2] 《宋会要辑稿》刑法二之一百一十一。
[3] 方勺：《青溪寇轨》，《学海类编》本。
[4] 李心传：《建炎以来系年要录》卷三十三，文渊阁《钦定四库全书》本。
[5] 陈邦瞻：《宋史纪事本末》卷六十六，文渊阁《钦定四库全书》本。

激烈斗争中土崩瓦解了。于是，北宋农民的阶级斗争采取另一种方式，进入另一个阶段。

## 七、方腊起义的历史意义

方腊起义是我国历史上农民阶级反抗地主阶级统治的一场伟大斗争。它具有重大的历史意义，给我们留下了宝贵的遗产。

它明确提出"平等"的口号，这在当时的历史条件下，是最革命的思想。革命导师列宁指出："在反对旧专制制度的斗争中，特别是反对旧农奴主大土地占有制的斗争中，平等思想是最革命的思想。"[①]方腊领导的农民起义正是这样的斗争。它不惟在口号上揭示了平等的愿望，而且在实践中体现了平等的原则。这在我国封建社会史上、农民革命史上，是具有重大的意义和影响的。

我国的封建社会到宋代，已经开始走向下坡路，生产力和生产关系的矛盾已经显著地表现了出来。占统治地位的大地主阶级及其封建王朝疯狂地掠夺农民；农民——社会生产力的代表者，陷于极端的贫困。本书前面引录的宋人言论"贫者益贫，富者益富""有力者无田可种，有田者无力可耕"，概括地反映了当时这种矛盾的尖锐。它已严重地阻碍着生产力的发展，不解决便不能使社会前进一步。在这样的历史条件下，农民提出平等的要求——要向大地主阶级夺回生产资料和生活资料，改变自己受压迫受剥削的地位，其实质就是当时的社会生产力要冲破反动的封建生产关系桎梏向前发

---

① 列宁：《社会民主党在俄国第一次革命中的土地纲领》。

展。这在当时无疑是进步的、革命的。

当然,当时农民的生产还是分散的个体生产。在个体经济的基础上,不可能实现平等的理想。但是,这种理想仍然能起一定的作用。它可以鼓舞农民群众向大地主阶级作斗争,有力地冲击封建制度及其意识形态,从而推动历史的发展。如前所述,北宋大地主阶级和北宋王朝为了维护他们的黑暗统治,大力扶持当代的儒学——理学,把孔孟之道发展成为更系统的理论体系。但是,方腊及其所领导的起义农民,以平等的思想和实际的革命行动,给理学的谬说以猛烈的抨击。例如,代表全部封建宗法的思想和制度、束缚中国人民特别是农民的四条极大的绳索——政权、族权、神权、夫权,被北宋王朝和理学家们进一步强化,比以前更粗更大了,但起义农民不信邪,挣开它的束缚,把它践踏在脚下。他们高举"无有高下"的正义旗帜,"无视君臣上下",把封建统治的等级制度全部否定。孔丘说:"君君臣臣。"董仲舒说:"君为臣纲。"理学家程颢、程颐更加以发展说,君臣是"天理",[①]即先人类社会而存在、永恒不灭的最高原则。什么"君君臣臣",起义农民不惟摧毁了"东南小朝廷",还要进而摧毁汴京的"大朝廷"。孔丘说:"居是邦不非其大夫"(住在这里就不要非议这里的贵族官僚)。程颢说:"此理最好。"[②]起义农民就是要"非"。漆园一篇革命宣言,把"六贼"之流的"大夫","非"得体无完肤。起义军还镇压了监司郡守,烧了衙门,挖了太师的祖坟。程颢又说:"居今之时,不安今之法令,

---

① 张伯行:《二程语录》卷六,《正谊堂丛书》本。"父子君臣,天下之定理,无所逃于天地之间。""为君尽君道,为臣尽臣道,过此便无理。"
② 朱熹、吕祖谦:《近思录》卷十,文渊阁《钦定四库全书》本。

非义也。"①起义农民岂止"不安",还要加以破坏。租税赋役等一切法令,统统都扫荡以尽。政权这条绳索,被革命完全粉碎了。

其他三条绳索也一样。程颢、程颐之流把孔孟、董仲舒关于族权、神权和夫权的理论,强调到更加厉害的程度。他们指出:"管摄天下人心,收宗族,厚风俗,使人不忘本,须是明谱系,收世族,立宗子法。"②(就是说,要控制全国人民的思想意志,使之服服帖帖,就得加强家族组织,提高族权)又说:"鬼神之不可度也,而能致其来格。天下萃合人心、总摄众志之道非一,其至大莫过于宗庙。"③(大意是,鬼神是可以请来的,因此要统一人民的心思、控制人民的意志,最重要的方法莫过于强化崇拜祖先的神权和族权)他们还说,决不能让女子和男子平等,"祭祀须别男女之分,生既不可杂坐,祭岂可杂坐"。④这比孟轲的"男女授受不亲"还要更进一层,连坐在一起都不许可了。对这一切,起义农民全加以反对。他们在革命队伍里,彼此互助,财物共享,亲如一家;对敌人则无情地打击镇压。方腊起义,第一个镇压的就是方家当里正的恶霸方有常。起义农民不敬神佛,也不敬祖先,而且"男女无别",一样地向敌人冲锋陷阵。激烈的阶级斗争把血缘纽带、男女藩篱,统统打断冲垮。族权、神权、夫权也都被粉碎了。

从孔孟以至理学的卫道士们,用这四条绳索束缚中国人民,完全是为反动统治阶级压迫劳动人民而效劳的。这在理学代表人物的言论中一点也不会含糊。程颐,这个道貌岸然的"巧伪人",就曾

---

① 朱熹、吕祖谦:《近思录》卷十,文渊阁《钦定四库全书》本。
② 朱熹、吕祖谦:《近思录》卷九,文渊阁《钦定四库全书》本。
③ 朱熹、吕祖谦:《近思录》卷九,文渊阁《钦定四库全书》本。
④ 张伯行:《二程语录》卷十,《正谊堂丛书》本。

说:"若以天下之力,诛天下之贼,杀戮虽多,亦何害!"[1]甚至说:"便是五湖四海之人,同时而死,亦是常事。"[2]请看,他向统治者出谋献策,要他们用全部力量去杀尽所有革命人民。他还说,这是天命,可任意地干。北宋王朝果然这样干了。两浙几百万农民被残酷屠杀,不就是证明吗!革命农民用自己的鲜血,深刻地揭露和批判了孔孟之道和理学。

当然,从尔后的历史可以看到,方腊起义以及后来的若干次农民起义,虽然猛烈地冲击了封建制度和孔孟之道,但是并没有把它们彻底打倒。这是阶级和时代的局限,不是那个时代的革命者所能完成的。毛主席说:"在农民群众方面,几千年来都是个体经济,一家一户就是一个生产单位,这种分散的个体生产,就是封建统治的经济基础,而使农民自己陷于永远的穷苦。"[3]正是这个根本原因,历代起义的农民无法获得彻底解放,实现他们的革命理想。这只有20世纪,无产阶级登上了历史舞台,广大农民得到无产阶级和中国共产党的正确领导,进行史无前例的英勇斗争,才终于把千年的愿望变成现实,打倒封建制度,获得彻底的解放。"历史的经验值得注意。"重温方腊起义斗争的历史,使我们记取农民阶级过去的千年苦。坚持党的领导,巩固工农联盟,走社会主义道路。

方腊起义的革命遗产是很丰富的。它用鲜血写成的历史还给我们留下了其他许多宝贵的启示。

它给我们证明了:中华民族"是酷爱自由、富于革命传统的

---

[1] 张伯行:《二程语录》卷十一,《正谊堂丛书》本。
[2] 张伯行:《二程语录》卷十一,《正谊堂丛书》本。
[3] 毛泽东:《组织起来》,《毛泽东选集》第3卷,人民出版社,1967,第885页。

民族","中国人民是不能忍受黑暗势力的统治的"。方腊,以及他所领导的起义农民,英勇斗争,宁死不屈,拒绝招安,绝不投降,表现了壮烈的英雄气概。他们的斗争虽然最后失败了,但他们沉重地打击了北宋王朝的黑暗统治。他们继承和发扬前此的革命传统,同时又在这个革命传统中,贡献出自己珍贵的一份。他们的平等思想,他们的斗争精神,他们的革命火炬,都永不熄灭地传下来了。南宋的洞庭湖农民起义、元末的红巾农民起义、明末李自成领导的农民起义、清朝洪秀全领导的农民起义等,就是方腊起义的继续和发展。它在历史上整个农民革命过程中,担负了承先启后的历史使命,代表了中国农民革命的主流。过去有人说,农民起义受历史的局限,最终难免于接受招安、向统治者投降。方腊起义用鲜血写下的史实,证明了这种观点是多么的虚诞!

它还给我们证明了:"封建社会的主要矛盾,是农民阶级和地主阶级的矛盾。"[1]这个矛盾是不能调和的,地主阶级的本性是不可能改变的。封建统治者对革命农民只有反攻倒算,决没有什么"让步政策"。方腊起义的革命风暴一起,赵佶之流便装出一副无害而可怜的样子,发"罪己诏"、罢"应奉局"、废止"花石纲",好像是"让步"了。其实,完全是骗局。曾几何时,帮源洞的血迹未干,赵佶等民贼又弹冠相庆,袍笏登朝,"花石纲"等苛政又统统恢复了。方腊起义的血的教训充分表明,对"让步政策"论必须彻底批判。

方腊起义还给我们证明了:在革命斗争中,革命理论具有何

---

[1] 毛泽东:《中国革命和中国共产党》,《毛泽东选集》第2卷,人民出版社,1991,第625页。

等的重要性。这次起义，明教起了积极的作用是无可否认的，但是它也有消极的一面。如它的"二宗、三际"之说，最终归结为明暗各复原位，而不是明彻底消灭暗。这就意味着农民革命可以取得胜利，但不能彻底消灭敌人。又如它的"同教一家人"的教义，一方面团结了农民，但同时也模糊了阶级界限，使一些异己分子得以混入革命队伍，造成严重的损害。这样的历史教训使我们深刻认识到：要使革命获得彻底的胜利，就必须有正确的革命理论。古代是这样，近代现代也是这样。今天我们革命有马克思列宁主义、毛泽东思想作指导，因而从胜利走向胜利。

最后，从方腊起义的失败中，我们也得到一个宝贵的教训。那就是，革命战争必须有正确的战略指导。方腊起义的英雄们是十分英勇的，但是，他们的政治眼光受到时代和阶级的限制，未能很好地认识当时全国阶级斗争的总形势，未能很好地掌握战争的全局。当杭州城攻克后，他们把兵力分散了，没有集中全力攻取近在咫尺的要地——秀州和越州，致使宋军得以渡江南来，与越州守敌夹击杭州城。当敌军进逼杭州城之际，起义军又没有迅速采取积极防御手段，避免不利的决战，结果消耗了大量兵力，丧失了战争的主动地位。当时，全国许多地区的阶级矛盾已很激化，有的地方已经爆发起义，有的地方将要爆发起义（如洞庭湖地区）。假若方腊起义军能打出两浙，或者能进行持久战争，那么，其他地区的农民可能起而响应。这样，宋军顾此失彼，不能集中其全力于两浙，革命形势就更好了。方腊起义军有人民的条件，有政治的条件，有自然的条件，但他们没有能采取"灵活机动的战略战术"，所以终于导致战争形势的逆转。从这里，我们又认识到，正确的革命军事路线是多么重要。

方腊起义的历史意义是重大的,影响是深远的,遗产是丰富的。我们要在马克思主义指导下研究总结,将来作出更深入的阐述,使北宋农民革命的历史经验得到更好的发扬。

附注:这本小书写于1974年,出版于1975年,是我在史学学习的处女作。关于此书写作的详细情况,见本卷所收《父亲把我培养成材》一文。

# 评野心家、阴谋家吕后

长期以来，王张江姚"四人帮"反党集团，利用他们手中控制的宣传工具，为其篡党夺权大造反革命舆论。大野心家、阴谋家江青，妄想做党的主席，作"女皇"，利用评法批儒，极力吹捧吕后，自比吕后，说吕后"了不起"，"是个伟大的封建政治家"，"是个法家"，"不仅贯彻了刘邦的法家政治路线，而且贯彻执行了法家的组织路线"，等等。"四人帮"豢养的御用文痞梁效、罗思鼎之流秉承其旨意，摇旗呐喊，在报刊上大肆颂扬吕后，为吕后涂脂抹粉。他们声嘶力竭地叫喊：吕后是"法家代表人物"，"女政治家"，"协助"刘邦"继承了秦始皇的法家路线"，"为创建和巩固中央集权的西汉王朝进行了多次重大的斗争"。梁效的《研究儒法斗争的历史经验》，宣称要从历史上"吸取经验教训"，"为下一步的战斗作好准备"。什么"经验教训"呢？作者特别提出吕后其人，大书特书地说："秦始皇死后，法家路线就告中断；而汉高祖死后，法家路线却基本上得到了坚持。同样是处在上升时期的地主阶级，为什么会有这种差别？"原因不是别的，就只是因为有了吕后那么一个人。梁效说："刘邦死后，吕后……继续贯彻了刘邦的法家路线"，组成了一个"法家领导集团","在中央主持工作",才使"法家路线得到坚持"。梁效之流惯用"以古喻今"的手法,歪曲历史,为"四人帮"的阴谋野心服务。他们这样说,其狼子野心不是昭然若揭吗?更有甚者,他们还虚构什么"刘邦死后,吕后按刘邦的既定方针办",为"四人帮"伪造毛主席"临终嘱咐",为妄图篡党夺权的罪恶用心造舆论。

现在已真相大白,他们的一切阴谋诡计全都暴露在光天化日之下了。我们必须彻底揭露"四人帮"的反革命篡党夺权罪恶活动,彻底肃清梁效之流的恶劣影响,有必要依据历史的真实记录,看一看吕后究竟是何如人。

吕后是一个"了不起"的、"伟大的封建政治家"吗?不是。她是一个阴谋家、野心家,以阴险毒辣、贪恋权位、善搞阴谋诡计著称于史。梁效之流从旧史里拾到一句"佐高祖定天下"的虚美之词,大做文章,其实那是旧史的陈言套语。她根本没有参与刘邦推翻秦朝、消灭项羽和统一中国的斗争。根据记载,在刘邦参加农民起义、打垮秦王朝的过程中,她一直蛰居家乡。在楚汉战争中,她基本上是待在项羽的俘虏营里(她于彭城之役后被俘,垓下之役前三月被释)。而在刘邦平定国内叛乱的历次战斗中,她也是始终缩在深宫里,一次也没有从征。她怎样"佐"呢?什么事实也没有。她的政治活动,实际上是在西汉统一王朝已经确立后,才逐渐展开的。而一展开,就是以处心积虑争权夺利为目的。为了这个目的,她背着刘邦,干了许多阴谋活动。首先,她把她的儿子刘盈(即日后的惠帝)视为奇货,作为实现其野心的工具。为了巩固刘盈的太子地位,招降纳叛,培植党羽,在朝廷内外自立体系,以挟持刘邦。她不惜卑辞厚礼，网罗坏人，如自称"义不为汉臣"的"商山四皓"之流，也被她弄到了朝廷来。[1]援引其妹吕媭之夫樊哙，以相国身份统率重兵，图谋"一日宫车晏驾"（刘邦死去），即"以兵尽诛灭"[2]异己。只要是她那一伙，哪怕是犯了谋反大罪，她也百般包庇。例如其女婿赵王张敖，妄图杀害刘邦。阴谋暴露后，事实俱在，铁证如山，但她还千方百计为之开脱，遭到刘邦的痛斥。[3]另一方面，她借消灭异姓王之机，滥行威虐，剪除异己，大杀刘邦的"佐命功臣"。因为这些人是她实现野心的巨大障碍，所以她把他们视为眼中钉，必欲置之死地而后快。正因为如此，所以刘邦刚一死，她便同其心腹审食其之流策划"尽族"之。[4]当时有人指出："吕后妇人，专欲以事诛异姓王者及大功臣。"[5]可见，她是早有其不可告人的用心的。

不仅如此，吕后还迫害刘邦，手段十分阴毒。公元前196年秋，英布在淮南发动叛乱。当时刘邦已经六十岁，又患有疾病，准备让太子刘盈带兵去平叛。可是吕后一伙却千方百计地逼迫刘邦亲征，要刘邦"虽病，强载辎车，卧而护之"。[6]结果使得刘邦在战场上受了箭伤，"病甚"。[7]回来后不久就死了。

对于吕后的野心和阴谋，刘邦是有所察觉的。他痛斥吕后为张敖开脱罪责；他死前，以樊哙"党于吕氏"，曾派陈平、周勃驰往

---

[1] 司马迁：《史记》卷五十五《留侯世家》，中华书局，1959，第2046—2047页。
[2] 司马迁：《史记》卷九十五《樊郦滕灌列传》，中华书局，1959，第2659页。
[3] 司马迁：《史记》卷八十九《张耳陈余列传》，中华书局，1959，第2584页。
[4] 司马迁：《史记》卷八《高祖本纪》，中华书局，1959，第392页。
[5] 司马迁：《史记》卷九十三《韩信卢绾列传》，中华书局，1959，第2638—2639页。
[6] 司马迁：《史记》卷五十五《留侯世家》，中华书局，1959，第2046页。
[7] 司马迁：《史记》卷八《高祖本纪》，中华书局，1959，第391页。

樊哙驻地，令"勃代哙将"，令"平至军中即斩哙头"；①同时，以太子"仁弱"，恐为吕氏所制，"愈欲易太子"；②但因病危，均未实现。临终，他遗令萧何、曹参、王陵、陈平等相继为相，并特别指定周勃为太尉，说："周勃重厚少文，然安刘氏者必勃也。"他没有一句话让吕后掌权，而却提出了"安刘"二字，是很有深意的。这证明，他已预见到了西汉王朝存在着不安的因素。联系到要诛"党于吕氏"的樊哙，这不安的因素无疑就是指的吕氏叛国篡权的潜在危机。后来事实证明，他的预见是完全正确的。

刘邦死后，吕后迫不及待，想立即诛杀异己，篡位夺权。首先，她对刘邦想立为太子的赵王如意及其母戚夫人，狠下毒手。如意当时年仅十三岁。她把如意召入宫中，用药毒死。同时，"断戚夫人手足，去眼，辉耳，饮瘖药，使居厕中，令曰'人彘'（即猪）"。连惠帝见了，也惊怖成疾，可见其残忍。

她对刘邦之死，不仅毫不悲哀，而且秘不发丧，积极和心腹审食其等人密谋策划，想尽"诛诸将"。她咬牙切齿地说："非尽族是，天下不安！"郦商风闻消息，向他们指出："吾闻帝已崩，四日不发丧，欲诛诸将。诚如此，天下危矣。陈平、灌婴将十万守荥阳，樊哙、周勃将二十万定燕代［按：此时樊哙已被逮，周勃代将其兵］，此闻帝崩，诸将皆诛，必连兵还向以攻关中。大臣内叛，诸侯外反，亡可翘足而待也！"③慑于这种形势，吕后的阴谋才暂时按住未发。

---

① 司马迁：《史记》卷五十六《陈丞相世家》，中华书局，1959，第2058页。
② 司马迁：《史记》卷五十五《留侯世家》，中华书局，1959，第2046页。
③ 司马迁：《史记》卷八《高祖本纪》，中华书局，1959，第392页。

太子即位，是为惠帝。史书对他的记载不多，但从一些事实看来，显然他和吕后是颇有分歧的。他遵刘邦遗命，任用萧何、曹参、王陵、陈平、周勃等人为将相；他同情刘邦所宠爱的异母弟如意和戚夫人，斥吕后对他们母子的暴行是"非人所为"；他违抗吕后的意志，要曹参积极"治事"，①想有所作为；他打击吕后党羽，把吕后的宠幸审食其"下吏，欲诛之"，使吕后"惭不可以言"。②吕后没有料到，她的亲生儿子却成了她实现野心的障碍。因此，为了篡位夺权，她对惠帝也竭尽迫害之能事。她大搞阴谋，竟为惠帝娶张敖之女（即她的外孙女，也即惠帝的外甥女）为后，后来又教唆张后弄虚作假，"佯为有身"（假怀胎），"以计诈名他人子，杀其母，养后宫"，"以为太子"，③企图以之取代惠帝，好让她为所欲为。这个假子知其生母被杀，流露出不满，吕后又幽杀之，另搞一个小孩作惠帝之子。惠帝对吕后所为，曾愤然地说："臣为太后子，终不能治天下！"惠帝死时仅二十四岁。死后，吕后一反常情，"哭不悲"，"泣不下"。究竟惠帝是怎么死的，成了令人怀疑的事。

　　惠帝一死，吕后马上"临朝称制"，④"号令一出太后"，放手大干了起来。她首先把矛头指向辅佐刘邦和惠帝执政多年的那批"元老重臣"，把他们纷纷打下去。她罢了丞相王陵的官，使陈平空居相位，"非治事"，⑤太尉周勃被解除兵权，其他大臣如陆贾等

---

① 司马迁：《史记》卷五十四《曹相国世家》，中华书局，1959，第2030页。
② 司马迁：《史记》卷九十七《郦生陆贾列传附朱建列传》，中华书局，1959，第2702—2703页。
③ 《资治通鉴》卷十二。
④ 《资治通鉴》卷十二。
⑤ 司马迁：《史记》卷五十六《陈丞相世家》，中华书局，1959，第2060页。

人被迫辞职,①赵尧（刘邦时的御史大夫）等人被抓进监狱,处以重刑。②一时之间,弄得人心惶惶,人人自危,连以多谋著称的陈平也惴惴不安,"恐祸及己",不得不深居简出,"日饮酒戏妇人",佯为不问国事,"吕太后闻之,私独喜"。③

与此同时,吕后把她那批党羽纷纷安插到各要害部门,掌握军政大权。她的幸臣审食其,被超擢为丞相,"居中",④"常用事,公卿皆因而决事",为吕后出谋划策;她的侄子吕禄被任命为上将军,统领禁军,执掌兵权;吕台、吕产擢居要职;其妹吕须也封侯,"用事专权,大臣尽畏之"。吕氏其他亲戚党羽吕种、吕平、吕他、吕忿、吕荣、吕庄、吕更始、张侈、张寿（吕后外孙,张敖之子）等都被封为列侯,居要职。其亲信宦官张释和"诸中宦者令丞,皆为关内侯,食邑五百户",掌握机要。负责监察的御史大夫一职,也派"曾有德于吕后"的任敖担任。⑤于是乎朝廷上群魔乱舞,弄得一片乌烟瘴气。而这就是梁效所说的"在中央主持工作的"所谓"法家领导团"！

还不止此。刘邦曾与大臣刑白马立盟誓："非刘氏不王,非有功不侯",⑥"非刘氏而王者,天下共击之"。吕后一"称制",便完全违反了刘邦的盟约,先后立吕台、吕嘉、吕产、吕禄、吕通和张偃（吕后外孙,张敖之子）为王,并追封其死去多年的父兄吕泽

---

① 司马迁:《史记》卷九十七《郦生陆贾列传》,中华书局,1959,第2699页。
② 《资治通鉴》卷十二。
③ 司马迁:《史记》卷五十六《陈丞相世家》,中华书局,1959,第2060页。
④ 司马迁:《史记》卷五十六《陈丞相世家》,中华书局,1959,第2060页。
⑤ 《资治通鉴》卷十。
⑥ 《资治通鉴》卷十三胡注。

等为王。那个曾因谋反被刘邦法办的、已死的张敖，这时也被恢复名誉，追谥为鲁元王。此外，吕后还把诈称为惠帝子（实际上是吕氏子）的刘太、刘武、刘朝、刘义、刘不疑等统统封为王，"以强吕氏"。如此倒行逆施，不仅违背了刘邦的路线（"吕氏王，非约也"），破坏了刘邦开创的事业（"几危宗庙"），①而且违反了从分封走向郡县的历史趋势。这当然招致"大臣弗平"，不得人心。然而，江青以及梁效之流，却颠倒黑白，胡说吕后"不仅贯彻了刘邦的法家路线，而且贯彻执行了法家的组织路线"，甚至说吕后"按刘邦的既定方针办"。他们为了篡党夺权，竟明目张胆地篡改历史，把历史歪曲到如此程度！

吕氏统治集团一朝篡权到手，便对刘邦建立的许多政治经济制度肆意改动。他们废除了旨在镇压反动舆论的"妖言令"，②鼓励牛鬼蛇神出笼；在经济方面朝令夕改，胡作非为，忽而颁行"八铢钱"，忽而使用"五分钱"，③造成币制紊乱，影响社会经济的发展。他们完全不顾人民死活。吕后"称制"的第二年，长安以西发生大地震，"羌道、武都山崩"；三年，江、汉、伊、洛发生水患，共漂走近六千家人；八年，江、汉又溢，"流万余家"，④对此，他们却若无其事，只知在长安城里骄奢淫逸。

梁效之流，为了美化江青，还从旧史里找出吕后"刚毅"一语，大为渲染，妄图把吕后的这张画皮，撕来蒙在江青身上，其实这也是徒劳。请看下列事实：汉初，我国北方境内的匈奴奴隶主

---

① 《资治通鉴》卷十二。
② 《资治通鉴》卷十二。
③ 《资治通鉴》卷十二。
④ 《资治通鉴》卷十二。

军事政权,不断地侵扰内地,严重地威胁着西汉封建王朝。刘邦于中原甫定之际,即亲率大军,北向反击。虽未获胜,但也阻止了匈奴的南侵。尔后,还不断打击投靠匈奴的韩王信、陈豨之流。到吕后时,尽管西汉的物质力量已有进一步的增强,可是吕后却向匈奴奴隶主低首下心,屈膝投降。公元前192年春,匈奴单于冒顿致书吕后,"辞极亵嫚",不堪入耳,然而吕后得书后不仅不予回击,反而令其亲信宦官张释卑辞厚礼,前往匈奴,"深自谦逊以谢之",并"以宗室女为公主",献给冒顿。①但冒顿单于仍连年入侵狄道等地,攻城略地,掳人掠财。吕后也视若不见,不吭一声。这就是吕后的"刚毅"!梁效之流,为了忙着给"四人帮"篡党夺权鸣锣开道,也顾不得这些史实会给他们一记多么响亮的耳光!

"诸吕用事兮刘氏危。"刘邦制定的法家路线,面临着中断的危险;刘邦创建的西汉王朝,处在生死存亡的严重时刻。然而和历史上一切搞复辟倒退,搞分裂,搞阴谋诡计的人一样,吕后一伙是不得人心的,是注定要失败的。当吕后野心一时得逞、诸吕弹冠相庆之日,也正是她走向末日之时。公元前180年,吕后死。她深知篡位夺权不得人心,临死前,把诸吕叫到床前,"诫之曰:今吕氏王,大臣弗平。我即崩,帝年少,大臣恐为变。"她为此算尽机关,一方面下令"赐诸侯王各千金,将相列侯郎吏皆以秩赐金",并"大赦天下",以收买人心;另一方面又命吕产为相国,总揽国事,吩咐吕产和吕禄分居南北二军,控制长安。她对吕产、吕禄说:我死后,你们"必据兵卫宫,慎勿送丧,为人所制"!她死

---

① 《资治通鉴》卷十二。

后，诸吕凭借手中权力，"擅自尊官、聚兵"，"权兵关中"，阴谋作乱。他们把吕氏党羽鲁王张偃等留在长安，作为帮手，又明令周勃"不得入军门"，陈平"不得任事"，①"严威劫列侯忠臣"，妄图杀尽反对他们的人，公然"危刘氏而自立"，建立吕氏王朝。一时弄得"列侯群臣莫自坚其命"，一场大屠杀迫在眉睫。

可是正当诸吕磨刀霍霍、准备动手的时候，反对诸吕的斗争在长安城里爆发了。周勃、陈平、刘章等人在军队的支持下，虽然处于极端困难的境地，仍能兵不血刃地粉碎了诸吕集团。周勃早被吕后解除军权，"不主兵""不得入军门"，②但当他突然驰入诸吕所控制的"北军"（长安卫军），"行令军中：'为吕氏右袒，为刘氏左袒！'"军中官兵一听到，立即欢呼踊跃，"皆左袒"。这一下就使诸吕陷于孤立，挽救了西汉王朝，挽救了暂受挫折的法家路线。史称：周勃"为人木强"，"重厚少文"，"可属大事"，③果然不负刘邦之所托，起到了"安刘"的作用。吕后万料不到，她苦心经营的篡位夺权，一朝覆灭，顷刻瓦解。当时人宋昌说："汉兴，除秦苛政，约法令，施德惠，人人自安，难动摇。"又说："夫以吕太后之严，立诸吕为三王，擅权专制，然而太尉（周勃）以一节入北军，一呼士皆左袒，为刘氏，叛诸吕，卒以灭之。此乃天授，非人力也"。④宋昌所谓的"天"，就是人心的向背。假若梁效之流真要从这段历史上"吸取经验教训"，那么就只有一条，就是逆历史潮流而动，违反人心所向，搞阴谋诡计的人，是必然要身败名裂，遗臭万年。

---

① 司马迁：《史记》卷五十七《绛侯世家》，中华书局，1959，第2072页。
② 司马迁：《史记》卷五十七《绛侯世家》，中华书局，1959，第2072页。
③ 司马迁：《史记》卷五十七《绛侯世家》，中华书局，1959，第2071页。
④ 司马迁：《史记》卷十《孝文本纪》，中华书局，1959，第414页。

周勃、陈平等粉碎诸吕的斗争对西汉王朝是至关重要的。他们取得胜利后，迎立了刘邦第四子代王刘恒做了皇帝。这就是历史上有名的汉文帝。文帝是一个有作为的人。他继承了刘邦的路线，在周勃、陈平等人的辅佐下，推行法治，使西汉国家出现了安定繁荣的局面，为景帝、武帝统治时期的继续发展创造了条件。文景武之世，成了西汉王朝的极盛时代。假如没有周勃、陈平反对诸吕的胜利，历史的道路可能会更加曲折。

"搬起石头砸自己的脚"，这是中国人形容某些蠢人的行为的一句俗话。两千多年前的野心家、阴谋家吕后大搞复辟倒退、搞分裂、搞阴谋诡计，妄图叛国篡权，最后落得身败名裂，遗臭万年，是这么一个蠢人。今天，大野心家、阴谋家江青，居然以吕后自居，要步吕后尘，结果比吕后失败得更快、更彻底，比吕后更臭，也是这么一个蠢人。吕后篡夺的不过是一个封建王朝，而江青要篡夺的却是党和国家。毛主席早就指出："江青有野心。她是想叫王洪文作委员长，她自己作党的主席。"毛主席还对华国锋同志讲过，刘邦临终时，看出吕后和诸吕叛国篡权的故事。华国锋与叶剑英等同志在王张江姚迫不及待地篡党夺权，革命事业面临严重危险的关键时刻，采取非常果断的措施，一举粉碎了"四人帮"的阴谋，挽救了革命，挽救了党。为八亿人民唾弃的江青等"四人帮"，除了把自己的名字写在历史的耻辱柱上，什么也篡夺不到；梁效之流为"四人帮"充当鹰犬，也只能落得个向隅而泣的可耻下场。

（文中未注明出处史料引文，都见《史记》卷九《吕太后本纪》）

## 关于吕后一文的说明

从严格的意义上来说，本文并不是一篇学术论文，而是一个特殊的时代的特殊产物。在1966—1976年的十年中，史学遭受了严重摧残，真正的学术研究已经不复存在。"四人帮"一伙为了篡党夺权，掀起了"借古讽今"的"影射史学"妖风，到1975年歌颂西汉开国皇帝刘邦（汉高祖）的妻子吕雉（汉高后）的文章纷纷出笼，其目的是很清楚的。我对"四人帮"及其所作所为深恶痛绝，但在那个时期，只能是敢怒不敢言。到了1976年秋"四人帮"被打倒，我立即写了这篇文章，揭露"四人帮"的阴险用心，并表达我对"四人帮"及其走卒在史学领域掀起的歪风的反对。这篇文章这是全国最早批判"四人帮"的"影射史学"的文章之一。因为它不是真正意义上的学术论文，因此是否收入这个集子，我也做了考虑。我读到巴金老人晚年写的《随想录》，其中第四十九篇文章《说真话》中有一段话，说到他在出文集时，有一篇写于特殊时期的文章，"我曾经考虑要不要把我那篇文章抽去，后来决定不动它。我坦白地说，我只是想保留一些作品，让它向读者说明我走过什么样的道路"。正是这段话，使我做了决定：把这篇文章收入集子。

## 通鉴标点正误七十条

1.（P1004）项籍燔其宫室，营宇，牧儿持火照求亡羊，失火烧其藏椁。

案：此"，"应删去或改为"、"。

2.（P1019）汉家得贤，于此为盛。使孝武皇帝听用其计，升平可致，于是积尸暴骨，快心胡、越，故淮南王安缘间而起。

案：此"，"应改为"。"。

3.（P1072）其十月，宫乳掖庭牛官令舍，中黄门田客持诏记与掖庭狱丞籍武，令收置暴室狱。"毋问男、女，谁儿也！"宫曰："善臧我儿胞，丞知是何等儿也！"

案：此"。"应改为"："或"，"，"女"字后的"，"应改为"、"。

4.（P1250）火及掖庭、承明，黄皇室主所居。黄皇室主曰："何面目以见汉家！"自投火中死。

案：此"，"应改为"。"。

通鉴标点正误七十条　073

5.（P1453）会有荐乐浪王 景能治水者

案：此乐浪"王 景"应改为乐浪"王景"。

6.（P2059）[孙河为妫览、戴员所杀]河子韶，年十七，收河余众屯京城。

案：此"河子韶"应改为"河子韶"。

7.（P2323）今吴、蜀二贼，非白地、小虏、聚邑之寇，乃僭号称帝，欲与中国争衡。

案：此"、"应删去。（据此句下胡注，可知白地即沙漠，小虏指乌桓、鲜卑，白地小虏即指边疆胡人，与内地的"聚邑之寇"相对应）

8.（P2524）[吴西陵督步阐叛，陆抗讨之，晋使羊祜帅步军，徐胤帅水军以救阐]初，抗以江陵之北，道路平易，敕江陵督张咸作大堰遏水，渐渍土以绝寇叛。羊祜欲因所遏水以船运粮，扬声将破堰以通步军。抗闻之，使咸亟破之。（略）。祜至当阳，闻堰败，乃改船以车运粮，大费功力。

案：此"　"应删去，否则或令人误解为通步阐之军。

9.（P3401）　珪问诸将，若杀副马，为三日食，足乎？"

案：此处缺一引号，"将"字后的"，"应改"。"。

10.（P3471）太尉素骄，难信，不宜委以大众。

案：此"＿＿"应删去。

11.（P3591）［胡注］惠帝分陈留为济阳国，

案："惠"下应加"＿"。

12.（P3596）晋以盛为都督陇右诸军事、征西大将军、开府仪同三司，盛因以宣行梁州刺史。

案："盛"下应加"＿"。

13.（P3661）此求战不获，军食无资，二万余人悉为蜀子虏矣，

案："子"下之"＿"应删去。

14.（P3759）召奚斤还平城，留兵守虎牢

案："平城"下应加"＿＿"。

15.（P3842）封绍为庐陵王，朗为南丰县王

案："朗"下应加"＿"。

16.（P3862）生遂勒兵攻燕王，王引高丽兵入自东门，与生战于阙下，

案："王"下之"＿"应删去。

17.（P3921）戊辰，魏主军至东雍州，

案："东雍州"应作"东雍州"。

18.（P4092）[胡注] 休祐不之荆州

案："荆州"下应加"＿"。

19.（P4142）淮西民贾元友上书，陈伐魏取陈、蔡之策，

案："陈"下之"＿"应删去。

20.（P4150）分荆州之巴东、建平，益州之巴西、梓潼郡，置三巴校尉，

案："巴西"下应加"＿"。

21.（P4314）庚寅，魏主谒永固陵、毁瘠犹甚。

案：此"、"应为"，"。

22.（P4319）司空穆亮等皆请从彪等议

案："彪"下应加"＿"。

23.（P4356）[胡注] 虞啸父，虞潭之子，事晋孝武帝

案："晋"下应加"＿"。

24.（P4363）鸾以吴兴太守孔琇之行郢州事，欲使之杀晋熙王铢。琇之辞▲不许，遂不食而死。

案：此处应加"，"。

25.（P4363）裴叔业自寻阳仍进向湘州

案："裴叔业"应为"裴叔业"。

26.（P4369）御史中丞沈渊表▲百官年七十，皆令致仕，并穷困私门。

案：此"，"应改":"。

湘案：此逗号为改冒号，"致仕"后应为句号。"并穷困私门"不在沈渊建言之内。（即前不改为冒号，后句改以句号为妥）

27.（P4444）[胡注引《水经注》]檀溪水出襄阳县西柳子山下，溪去城里余，北流注于沔，即刘备乘的卢堕处也。

案："的卢"下应加"——"。

28.（P4463）乙卯，遣中领军王莹都督众军，据湖头筑垒，上带蒋山西岩▲实甲数万。

案：此处应加"，"。

29.（P4570）南梁太守冯道根，能走马步地，计马足以赋功，比晓而营立。胡注：赋，布也。给，与也。功，力也。

案：此"。"应改"，"，"给"字后的"，"应删去，因文中并无"给"字须解释。

30.（P4694）帝深匿形迹，太后有忿恚，欲得往来显阳之言，皆以告义；

案：此"，"应改"。"。帝所告义者，非太后忿恚，而是太后忿恚之言及欲得往来显阳之言。

31.（P4735）不先讨关贼，径解河东者，非缓长安而急蒲坂，

案："关"下应加□，因此处所谓"关贼"系指关中之"贼"。

32.（P4819）欢曰：高都督所将皆汉兵，恐不足集事，欲割鲜卑兵千余人相杂用之，何如？"

案：此处脱一""""，又"汉"下的"□"应删去。

33.（P4819）壬戌，欢将战，马不满二千，兵不满三万，众寡不敌，

案：此处应加"，"，非高欢将战马，而是将战而马兵寡少。

34.（P4981）（侯）景又言："高澄狡猾，宁可全信！陛下纳其诡语，求与连和，臣亦窃所笑也。臣宁堪粉骨，投命仇门，乞江西一境，受臣控督。

案：此"，"应改为"！"。

35.（P5206）相王不效周公辅成王
案："周公"下应加"，"。


36.（P5353）遣齐王宪将兵守雀鼠谷
案："雀鼠谷"下应加"，"。


37.（P5518）弼至夕方扣北掖门，
案："北掖门"下应加"，"。


38.（P5705）[胡注]韦孝宽，宇文干城之将。
案："干城"下之"，"应删去。本句意为"韦孝宽，宇文氏之干城之将"，并非有"宇文干城"其人。


39.（P5746）西突厥阙度设据会宁川，[胡注]大业八年，分阙度设居会宁，
案：胡注中之"阙度设"下应加"，"。


40.（P5933）铣江州总管盖彦举以五州来降。
案："五州"下之"，"应删去。


41.（P6068）[胡注]昆明东九百里，即牂柯蛮国，其王号鬼主，其别帅曰罗殿王，
案："鬼主"下应加"，"。

通鉴标点正误七十条  079

42.（P6144）请自今，后宫及东宫内职有阙，皆选良家有才行者充，

案：此"，"应删去。

43.（P6241）己丑，诏祭祀、表疏、胡客、兵马、宿卫，行鱼契给驿、授五品以上官及除解、决死罪皆以闻，馀并取皇太子处分。

案：此"，"应改"、"。

44.（P6241）己丑，诏祭祀、表疏、胡客、（略）[胡注]胡客，四夷朝贡之客。

案："四夷"下之"＿"应删去。

45.（P6345）诏，"禅社首以皇后为亚献，

案："社首"下应加"＿"。

46.（P6358）三月，丙辰（伯洲案：此处应为三月丙戌，原稿中似作丙辰，语见中华书局点校本《资治通鉴》（2011）并《新唐书·高宗本纪》），东台侍郎郝处俊同东、西台三品

案：此"、"应删去。（参见同页第三行）

47.（P6457）置崇先府官。

案："崇先府"下应加"＿"。

49.（P6471）饶阳尉姚贞亮等数百人表请上尊号曰上圣大神皇帝，不许。

案："上圣大神皇帝"下应加"""。

50.（P6506）清边前军副总管张九节击却之。

案："清边"下应加"__"。

51.（P6573）"二张恃宠不臣，必将为乱。"殿下宜备之。

案："二"下之"__"应删去。"乱"后之""应删去。"之。"后应加""""。

52.（P6684）上皇闻变，登承天门楼。郭元振奏， 皇帝前奉诰诛窦怀贞等，无他也。

案：郭元振所奏之语应改直接引语。

53.（P7089）神策兵马使卫伯玉，以数百骑击破之于礓子阪，

案："神策"下加"__"与否应统一，如P7117第13行加，而P7096第4、5、7行，P7151第12行，P7105第11行则又不加。因神策军系一专有名词，当加"__"为佳。

54.（P7164）唐世推漕运之能者，推晏为首，

案："世"下之"__"应删去。

55.（P7383）为下者莫不愿忠，为上者莫不求理。然而下每苦

通鉴标点正误七十条　081

上之不理,上每苦下之不忠。若是者何?两情不通故也。下之情莫不愿达于上,上之情莫不求知于下,然而下恒苦上之难达,上恒苦下之难知。若是者何?九弊不去故也。

案:此"。"与","应一致。

56.(P7535)又有势要、近亲、羁游之士,委贱籴于军城,取高价于京邑,又多支绵纻充直。穷边寒不可衣,鬻无所售,上既无信于下,下亦以伪应之,

案:此二"。"应改",",此","应改"。"。

57.(P7668)绛曰:"此属大抵不知仁义,

案:"绛"下应加"——"。

58.(P7756)上常语宰相, 人臣当力为善,何乃好立朋党!朕甚恶之。

案:此句为直接引语,","应改":","人"前应加""","之"后应加""""。

59.(P7962)羊,中国所鲜。

案:"羊"下之"——"应删去。

60.(P8059)近有降者云,已庞历今为可汗,尚寓安西,俟其归复牙帐,当加册命。

案:此","应改"。"。(前系降者语,后系武宗语。用,则皆

082 走进史学

为降者语矣)

61.（P8080）改元曰罗平，铸印曰天平。
案："天平"应加"　"。

62.（P8116）杀段酋迁及土蛮为南诏乡导者朱道古，[胡注]蛮居安南界内者为土蛮。
案："土蛮"应为"土蛮"。

63.（P8260）其众皆下马罗拜曰：　相公诚无负我曹。"
案："相"前应加"""。

64.（P8263）朱玫为河南都统。[胡注]朱玫时镇邠宁，安得出关东统河南诸镇，此河南，盖自龙门河东至蒲津一带大河南岸也。
案："河南"应改"河南"。胡注中已说明正文中所谓"河南"不过是龙门蒲津一带黄河之南岸，而非唐河南道地区。正文标点应从胡注。

65.（P8740）三月，乙酉朔，以天雄留后罗周翰为节度使。
按："天雄"下应加"　"。

66.（P8753）与嗣肱遇梁军之樵刍者皆执之，获数百人。
案："梁军"应为"梁军"。此处"梁军"指梁朝之军，非专门军号。参本页"效梁军旗帜服色""晋军大至矣"。

通鉴标点正误七十条　083

67.（P8802）刘鄩既败，河南大恐，

案："河南"应为"河南"，此但泛指黄河以南梁统治区，非特指唐河南道地区。

68.（P8901）诏："敬翔、李振首佐朱温，共倾唐祚；契丹撒刺阿拨叛兄弃母，负恩背国，宜与（赵）岩等并族诛于市；自余文武将吏一切不问。"

案：此"；"应改为"，"，因族诛者包括敬、李，并非仅撒刺阿拨。或不改"；"，而改，为"；"，而改后"；"为"。"。

69.（P8952）李从袭谓延嗣曰："（略）郭廷海拥徒出入，（略）近闻白其父请表己为蜀帅；又言"蜀地富饶，大人宜善自为谋。"（略）

案：此""""""应改为""""""。

70.（P9045）季良请以 东川兵先取遂、阆，然后并兵守剑门，则大军虽来，吾无内顾之忧矣。 知祥从之，

案：赵季良所请应加""""，"以"前加""""，"矣。"后加""""。

71.（P9194）辛亥建邺都于广晋府，

案："建邺都"应改"建邺都"。

72.（P9368）会邺都留守、天雄节度使兼中书令杜重威、天平

节度使兼侍中李守贞皆奉表归命。(P9481)天平节度使、守中书令高行周卒。

案:"天平"下应加"—"。

73.(P9372)奉国军主华池王饶［胡注］此书"奉国军主"

案:"奉国"下应加"—"。

附注:这篇文章也是我在"文化大革命"时期学习历史的一份习作,写好后多蒙吕叔湘先生的奖掖鼓励。关于这篇文章的写作经过和后话,我在《大师·青年·书局》(《中国出版史研究》2022年第2期)一文中有详细的记述。

# 唐代奴婢的异称

奴婢是唐代社会中的身份最为低下的人。关于奴婢在当日社会中所处的等级地位及其变化，我曾有文章作过探讨。[①]本文要谈的，是当时人们对奴婢的称呼。从唐代文献中可见，唐人对这种人的称呼并不限于奴婢一种，而是种类繁多，而且彼此差别颇大。在这些称呼中，有些比较明显，一望即可知是指奴婢，有些则比较隐晦，需要仔细分辨方可确知是指奴婢。我过去在攻读唐史时，曾将所见到的有关称呼随手录下，以便查考。现将有关材料加以整理，草成此文。

按："奴婢"系法定名称，故多用于律令、户籍、诏令、文告、政典等正式文献中。例如：

1. 律

《唐律疏议》卷二《名例律》"诸犯十恶故杀人反逆缘坐"条："奴婢则非良人之限"；卷十四《户婚律》"奴娶良人为妻"条：

---

[①] 见李伯重《唐代部曲奴婢等级的历史变化及其原因》，《厦门大学学报》第4期，1984；《〈唐律疏议〉中的部曲奴婢等级》，《文史》第32辑。又，关于唐代社会的等级及其划分，见李伯重《唐代社会的等级划分》，《云南社会科学》第5期，1988。

"妾以奴婢为良人而与良人为夫妻者,徒二年,各还正之";卷十七《贼盗律》"谋反大逆"条:"奴婢同资财";卷二十二《斗讼律》"部曲奴婢良人相殴"条:"奴婢殴良人,折跌支体及瞎其一目者,绞;死者,斩。"

2. 令

《开元二十五年令》[①]:"诸放部曲客女、奴婢为良及部曲客女者,并听之。"

《新唐书》卷八十三《万安公主传》:"开元新制:……主不下嫁,亦封千户,有司给奴婢如令。"

3. 诏

《武德元年即位赦》[②]:"奴杀主……不在赦原之例"。

《新唐书》卷二百二十三上《奸臣李林甫传》:林甫死,杨国忠发其奸,诏:"诸子司储郎中儒、太常少卿屿及岫等悉徙岭南、黔中,各给奴婢三人。"

4. 政典

《大唐六典》卷六《尚书刑部》:"若犯恶逆已上及部曲奴婢杀主者,唯一复奏","若犯恶逆已上及部曲奴婢杀主,不依此法"。

5. 户籍

《大历四年少州敦煌县悬泉乡宜禾里手实》(S0154)[③]:"索思礼户有奴罗汉,年四十陆岁,丁。奴富奴,年二十九岁,丁。奴安安,年五十三岁,丁(乾元三年籍后死)。婢宝子,年二十九

---

① 见于《唐令拾遗》,《户令》第九。
② 见于《唐大诏令集》
③ 见于中国科学院历史研究所资料室编《敦煌资料》第1辑,中华书局,1961。

岁，丁。"

6. 文告

《韩昌黎文集》卷八《应所在典贴良人男女等状》："……遂相典贴，渐以成风，名目虽殊，奴婢不别，鞭笞役使，至死乃休"。

……

属于奴婢的人，除了正式的法定称呼外，尚有许多其他称呼。相对于正式称呼而言，这些称呼可以说是各种异称。现将这些称呼分类简述于下。

## 一、与"奴"字有关者

按："奴"通常指男性，然亦有称婢为奴者，如《唐天宝六载敦煌郡敦煌县龙勒乡都乡里户籍残卷》（伯2592）[①]："奴 果果 载 玖岁 中女。"不过在此场合，多称之为"女奴"。如《太平广记》卷一百九十四"崔慎思"条、卷三百七十五"韦讽女奴"条，对同一人，或称之"女奴"，或称之"婢"。因此不应一律以男性视之。另外，即使是对于男性之奴，也不一定仅只呼之为"奴"，往往还连带他字以称之。

（一）家奴

《新唐书》卷一百二十二《魏元忠传》："张易之家奴暴百姓，横甚，元忠笞杀之。"

---

① 见于中国科学院历史研究所资料室编《敦煌资料》第1辑，中华书局，1961。

《唐语林》卷五"补遗"载《颜真卿集》"和政公主神道碑"："愿比家奴。"

《太平广记》卷四百三十八"崔惠童"条：崔惠童有"家奴万敌者，性至暴"。

按：《新唐书》卷一百四十八《田弘正传》有"家奴蒋士则"，卷二百一十《田承嗣传》称之"私奴"。可见"家奴"即私奴，官奴之对。

（二）奴客

《新唐书》卷一百六十七《王播传》："长安令于顿奴客与尼盗马，吏系民而纵奴。"

《旧唐书》卷一百三十五《白志贞传》："建中四年……尚父子仪婿端王傅吴仲儒……上表请以子弟率奴客从军。"《新唐书》卷五十《兵志》则为："建中四年……郭子仪婿端王傅吴仲儒……请以子弟率奴、马从军"。

按：从上述史料可见"奴客"亦奴之异称。

（三）奴骀

《新唐书》卷八十三《安乐公主传》："主与长宁、定安三家廝台掠民子女为奴婢，左台侍御史袁从一缚送狱。主人诉，帝为手诏喻免。从一曰：'陛下纳主诉，纵奴骀掠平民，何以治天下！臣知放奴则免祸，劾奴则得罪于主，然不忍屈陛下法，自偷生也！'。"

按：可见"奴骀"皆奴、奴婢之异称。

## (四)侍官奴(侍官)

《太平广记》卷二百零五"玄宗"条:玄宗称优人黄幡绰为"奴",又称之"侍官奴"。

《新唐书》卷五十兵志:"[天宝]八载,折冲诸府至无兵可交。……故时人目番上宿卫者曰'侍官',言侍卫天子。至是,卫佐悉以假人为童奴。京师人耻之,至相辱骂,必曰'侍官'。"

按:"侍官奴""侍官"之成为奴之异称,其因盖出于此。

## (五)奴人、奴子

《太平广记》卷二百二十二"卢开卿"条,卷四百三十一"中朝子"条,对同一人,或称之"奴人",或称之"奴"。

《太平广记》卷八十三"续生"条、卷一百二十四"张进"条等中,有"奴子""宅内小奴子"等名称。

按:从上可以"奴人"为奴之异称,"奴子"从文中语气来看("遣奴子往诸处看验""奴子来报"等),当亦为奴之异称。唯此四条史料的年代不明,故难断定其为唐代奴婢之异称。[①]

## (六)其他称呼

①奚奴,见《新唐书》卷二百零三《李贺传》。

②髯奴,见《新唐书》卷二百零五《烈女·卢惟清妻传》。

---

① 原文中未注明年代,又"卢齐卿"条出于《定命录》,"中朝子"条出于《原化记》,"续生"条出于《广古今五行记》,"张进"条出于《儆戒录》,此四书均未收入《四库全书》。

③黄头奴，见《太平广记》卷四十二"裴老"条。
④黄衫奴，见《太平广记》卷四百五十三"李令绪"条。
⑤捉马奴，见《太平广记》卷一百七十一"郭正一"条。
⑥昆仑奴，见《太平广记》卷二百三十三"水精"条。

按：此类称呼根据其特征而异，不胜其多。然皆与奴字相连，其为奴之异称当无疑。

## 二、与"婢"字有关者

按：婢即指女性之奴，故唐代文献中亦有称婢为奴或女奴者，已见上述。与奴的情况相类，对婢的称呼也不限于婢一字，往往还连同其他字，例如：

（一）侍婢

《太平广记》卷一百三十"马全节婢"条、卷三百四十七"邬涛"条，对同一人，或称之"侍婢"，或称之"婢"。

（二）家婢

《太平广记》卷三百四十"卢璪"条："范阳卢璪，……有家婢曰小金。"

（三）婢仆

元稹《莺莺传》：称红娘，或曰"婢"，或曰"婢仆"。

《太平广记》卷一百二十一"崔尉子"条：崔某妻王氏赴任，

其母遗之"奴婢数人","发日,崔与王氏及婢仆列拜堂下,泣别而登舟"。

按:据上可知,"婢仆"即婢。

(四)婢子

《唐咸通六年尼灵惠唯书》(斯3911)[①]:"灵惠只有家生婢子一名咸娘,留与侄女潘娘"。

《太平广记》卷一百二十四"郝溥"条亦有"婢子"。

(五)其他称呼

①侍儿,《太平广记》卷四百八十六"霍小玉传",卷四百九十四"夜廉明"条等,对同一人,或称之"侍儿",或称之"侍婢""婢女"。

②双鬟,《太平广记》卷三百四十七"曾孝衡"条,对同一人,或称之"双鬟",或称之"侍婢"。

③丫鬟,见《太平广记》卷一百一十八"韦丹"条。

④侍女,《太平广记》卷六十八"郭翰"条,对同一人,或称之"侍女",或称之"侍婢"。

按:上引《太平广记》卷六十八"郭翰"条出于《灵怪记》,此书未收入《四库全书》,其年代待考。

---

① 见于中国科学院历史研究所资料室编《敦煌资料》第1辑,中华书局,1961。

## 三、与"隶"字有关者

"奴""隶"二字虽然常常连用，但原先"隶"字的主要意义是罪人。由于罪人是奴婢的主要来源之一，所以在许多场合二者也可换用。

### （一）隶

《新唐书》卷九十七《李大亮传》："破辅公祐，以功赐奴婢百口。[大亮]曰：'而曹皆衣冠子女，不幸破亡，吾何忍录而为隶乎？'"

《新唐书》卷一百七十六《韩愈传》：元和中，愈为袁州刺史，"袁人以男女为隶，过期不赎，则没入之。愈至，悉计庸得赎所没，归之父母七百余人，因与约，禁其为隶"。

《新唐书》卷一百九十七《循吏·韦丹传》：韦丹为容州刺史，"民贫者，赎归入，禁吏不得掠为隶"。

### （二）奴隶

《新唐书》卷一百九十二《忠义·颜杲卿传》："故将妻子、奴隶尚三百余人，转徙不自存。"

《旧唐书》卷一百八十四《宦官·杨复恭传》：天复三年正月，诏曰："……此辈[宦官]皆朕之家臣，比于人臣之家，则奴隶之流。"

## （三）隶奴

《新唐书》卷二百二十三上《奸臣·许敬宗传》："［钱］九陇，本高祖隶奴也。"《新唐书》八十八《钱九陇传》："父文强……入隋，以罪没为奴，故九陇事唐公。"

## （四）家隶

《新唐书》二百零八《宦者田令孜传》：左拾遗孟昭图将上疏，"知正言必见害，谓家隶曰：'……疏入必死，而能收吾骸骨乎？'隶许诺，卒葬其尸"。

## （五）隶人

《旧唐书》五十七《樊兴传》："樊兴者本安陆人，父犯罪，配没为皇家隶人。"《新唐书》八十八《樊兴传》："樊兴，安州人，以罪为奴。"

## （六）贱隶

《旧唐书》六十二《李大亮传》："赐奴婢百人，大亮谓曰：汝辈多是衣冠子女，破亡至此，吾亦何忍以汝为贱隶乎？"

《太平广记》卷二百八十六"中部民"条："赵云为奸人所虏，以贱隶蓄之。"

《太平广记》卷三百四十七"赵合"条：元和十三年，李文悦守五原，吐蕃三十万攻之，不克。文悦后谓人曰：'若余当时守壁不坚，城中之人，尽为羌胡之贱隶。'"

按："贱"亦指奴婢（详下），故可与隶连用。

## 四、与"童（僮）"字有关者

按：童、僮二字本可通用，[①]因此童、僮可并而言之。童（僮）是秦汉时代对奴婢的称呼，[②]三国两晋南北朝时代常用，唐代亦沿用之。

### （一）童（僮）

①《新唐书》卷一百七十二《于𫖯传》：元和八年（813）二月，于𫖯子于敏杀梁正言奴，"<u>家童</u>上变"。

②《旧唐书》卷一百五十六《于𫖯传》："敏奴王再荣诣银台门告其事。"

③《旧唐书》卷一百五十六《于𫖯传》："［敏］诱梁正言之<u>僮</u>，支解弃溷中。"

④《新唐书》卷一百七十二《于𫖯传》："［敏］诱正言家奴支解之，弃溷中"。

按：从①、②两条史料，可见"（家）童"即奴之一异称，从③、④两条史料则可见"僮"亦奴之又一异称。

---

[①] 如《太平广记》卷四百九十三"苏环、李峤子"条："中宗常召宰相苏环、李峤子进见，二子皆僮年"；《太平广记》卷四百五十四"计真"条，对同一人或称"童"，或称"僮"。

[②] 《史记·货殖列传》："僮手千指。"《裴骃集解》引《汉书音义》："僮，奴婢也"。

（二）童奴（僮奴）

①《新唐书》卷二百二十五《逆臣·朱泚传》："郭曙与童奴数十猎苑中。"

②《旧唐书》卷一百八十四《杨收传》："门吏、童奴依为奸利。"

③《新唐书》卷一百七十《高固传》："固生微贱，为家所卖，转为浑瑊童奴。"

④《资治通鉴》卷二百零九景龙三年（709）正月："长宁、安乐诸公主多纵僮奴掠百姓子女为奴婢。"

⑤《资治通鉴》卷二百九十三元和八年正月丁酉：于敏专杀梁正言奴案发，敏赐死，"僮奴死者数人"。《旧唐书》卷一百五十六《于頔传》：敏赐死，"奴犀牛与刘干同手杀人，宜付京兆府决杀"。

按：从⑤条史料，可知童奴（僮奴）确为奴，而③条史料亦证实了此点。

（三）奴童（奴僮）

《新唐书》卷一百八十三《朱朴传附子孙偓》："性通简，不矫饰。……每对客，奴童相诟，曳仆诸前，不之责。"

《新唐书》卷一百九十二《忠义·张巡传》："［许］远亦杀奴僮以哺卒。"

按：童（僮）奴连称，亦可证明童（僮）与奴地位相同。

（四）家童（家僮）

《旧唐书》卷六十一《窦轨传》："每诫家僮不得出外。尝遣奴就官厨取浆而悔之。"《新唐书》卷九十五《窦轨传》："诫家奴勿出外。忽遣奴取浆官厨。"由此可见"家僮""家奴""奴"这三个称呼可换用。

《太平广记》卷二百七十五"捧砚"条："捧砚者，裴至德之家童也，其母曰春红，配骀人高璠而生。"

《太平广记》卷二百五十"周原"条："李巽有故人子来投，落拓不事。遍问旧别墅及家童有技者，悉云货之……"

《太平广记》卷一百九十四"昆仑奴"条："[一品某惧刺客]，每夕多以家童持剑戟自卫。"

《后唐清泰三年放家童契》（斯5700）[1]："放家童青衣女厶甲……放汝从良。"

按：从上引史料中家童（家僮）之情况观之，其为奴婢当无疑。[2]从末例可见，婢亦可称家童。

又，《旧唐书》卷十五《宪宗纪下》：元和十年六月癸卯，盗杀武元衡，京师大骇，"公卿持事柄者，以家童兵仗自随"。《新唐书》卷一百五十二《武元衡传》："盗杀武元衡……公卿朝，以家奴持兵呵卫。"

《旧唐书》卷一百四十《韦皋传》："[朱泚]家僮苏玉将使于皋所……又使家僮刘海广以皋为凤翔节度使。"《新唐书》卷一百五十八《韦皋传》：朱泚使奴授皋御史中丞，"皋迎劳，先纳奴，伪受诏"，明日置酒大会，奴至，伏甲诛之；"泚复使它奴拜皋凤翔节度使，皋亦斩之"。

---

[1] 见于中国科学院历史研究所资料室编《敦煌资料》第1辑，中华书局，1961。
[2] 《后唐清泰三年放家童契》虽非唐代，然其时去唐未远，故亦可为参考之证。

《旧唐书》卷一百五十六《于頔传》："捕頔孔目官沈壁、家僮十余人[鞫问]。"《新唐书》卷一百七十二《于頔传》："诏捕頔吏沈壁及它奴送御史狱。"

按：可见"家僮"即奴。又，《太平广记》卷七十四"石旻"条、卷四百"牛氏僮"条，对同一人，或称为"家童"，或称为"家僮"，斯亦可证"童""僮"之通用。

（五）童客

《新唐书》卷一百八十四《杨收传》："门吏、童客倚为奸利。"《旧唐书》卷一百七十七《杨收传》："门吏、僮奴倚为奸利。"

按：可见"童客"即"僮奴"，亦奴之异称。

（六）其他称呼

①童隶，见《太平广记》卷七十二"陆生"条、《旧唐书》卷一百四十五《刘玄佐传》。

②僮使，见《旧唐书》卷一百五十二《史敬奉传》。

③童获，见《新唐书》卷一百三十八《赵璟传》。

④僮婢，见《新唐书》卷一百六十七《王播传》。

⑤童子，见《太平广记》卷四十二"贺知章"条。

⑥童儿，见《太平广记》卷三百五十二"王鲔"条。

⑦侍童，见《太平广记》卷九十二"惠照"条；侍僮，见《太平广记》卷一百零三"尼修行"条。

⑧女童，见《太平广记》卷一百零三"绿翘"条、卷二百七十一"鱼玄机"条（后条又称之"绿婢"）。

⑨侍女童，见《太平广记》卷四十二"裴老"条。

## 五、与"贱"字有关者

按：在唐代文献中，"贱"（即"贱人"之略称）有二义。广义包括一切在法律上不享有良人身份的人，狭义则专指奴婢。在一般史料中，用作狭义的情况较多。例如：

《太平广记》卷二百六十一"柳氏婢"条：柳氏婢曰："某虽贱人，曾为仆射婢……"

《太平广记》卷三百四十二"华州参军"条：崔氏青衣曰："某一微贱……"同卷"独孤穆"条：青衣某曰："某贱人也……"如后所述，青衣也是婢的异称之一。

《太平广记》卷一百九十五"红线"条：薛嵩青衣红线曰："某诚贱品……"

《旧唐书》卷一百九十一《方伎·乙弗弘礼传》：弘礼善相人。"初，泗州刺史薛大鼎，隋时尝坐事没为奴。贞观初，与数人往诣之，大鼎次至。弘礼曰：'君，奴也，欲何所相？'咸曰：'何以知之？'弘礼曰：'观其头目，直是贱人……'"

按：从以上史料可知贱（人）确指奴婢，然更直接的证据是《唐律疏议》中的有关用法：

①卷四《名例律》"老小废疾"条："奴婢贱隶"；卷六《名例律》"官户部曲"条："奴婢贱人"；卷二《名例律》"五品以上有妾"条："婢乃贱流"。卷二十二《斗讼律》"殴部曲死央罚"条："奴婢贱隶"。

②卷六《名例律》"官户部曲"条:"部曲故杀同主贱人,亦至死罪,主求免死亦得同减法。但奴杀奴是重,主求免者尚听,部曲杀奴既轻,主求免者亦得免。"

③卷十二《户婚律》"放部曲为良"条:"放部曲为良,已给放书而压为贱者徒二年,若压为部曲及放奴婢为良而压为贱者各减一等,即压为部曲及放为部曲而压为贱者又各减一等,各还正之";"据户令:自赎免贱,本主不留为部曲者,任其所乐";部曲妻本为良人者,夫亡服满,仍"不得愿嫁贱人"。

④卷十四《户婚律》"奴娶良人为妻"条:"与奴娶良人女者徒一年半(疏议曰:人各有偶,色类须同,良贱既殊,何宜配合!)……"

⑤卷二十《贼盗律》"知略和诱和同相卖"条:"其略[良人]为部曲客女,减为贱罪一等。"

⑥卷二十五《诈伪律》"诈除去官户奴婢"条:"以部曲替奴,乃是压为贱色。"

⑦卷二十四《斗讼律》"部曲奴婢告主"条:"奴婢诉良妄称主压者,谓奴婢本无良状而诉良,云主压充贱者,合徒三年。……(疏议曰:……云主压充部曲减一等)。"

按:从上可见"贱"(贱人,贱隶……)皆专指奴婢。当然,在与"良"或"贵"相对立的意义上(即广义上),亦可泛指一切不具有良人身份的人。例如《贼盗律》"以物置人耳鼻"条说:"故屏去人服用饮食之物、以物杀伤人者,各以斗杀伤论(疏议曰:若杀凡人或伤尊长,应死;或于卑幼及贱人,虽杀不合偿死;及伤尊卑贵贱,各有等差,须依斗律从本犯科论。故云各以斗杀伤论)"。

此处所说贱人，当包括部曲等在内，因为依唐律，主人及非主良人在很多情况下杀部曲并不偿死。①又如《捕亡律》"罪人持杖拒捍"条："[罪人拒捕]杀捕人者斩。捕人不限贵贱。"此处的"贵贱"亦泛指一切人。

从上述这些情况看来，可知"贱（人）"多用于狭义。故"贱（人）"亦为奴婢之一异称。

## 六、与"仆"字有关者

按：从法律上来说，"仆"并非"奴婢"的同义词。②然前代已有将奴婢称为家仆的，③主要原因盖在于奴婢主要从事家内杂役。此种情况到唐代依旧，并且唐代史料中也多有买卖、赠遗仆人之例，④可知奴婢多为仆。此外，仆中有许多人也是奴婢，所以在某种范围内也可把仆（及与仆字有关的称呼）视为奴婢的异称。

---

① 例如《斗讼律》"部曲奴婢良人相殴"条："良人殴杀他人部曲减凡人一等"（合流三千里）；"殴部曲死决罚"条："主殴部曲至死者徒一年，故杀者加一等，其有愆犯决罚致死者及过失杀者各勿论"，"部曲奴婢詈旧主"条："旧主殴旧部曲奴婢，折伤以上部曲减凡人二等，奴婢又减二等，过失杀者各勿论。"可见杀部曲也属于"贱人虽杀不合偿死"的范围。
② 例如《唐律疏议》卷二十二《斗讼律》"部曲奴婢过失杀伤主"条："部曲奴婢，是为家仆。"又，仆亦有雇佣者。
③ 《太平广记》卷二百九十四"封驱之"条（出《水经》，言晋太元初事），对同一人，或称之为家仆，或称之为奴。
④ 买卖仆，如《太平广记》卷五十"裴航"条："货仆侦马"；卷一百九十四"贾人妻"条："以财帛买仆乘"等。赠遗仆，如《太平广记》卷七十四"俞叟"条："赠马及镰"；卷二百一十九"梁新赵鄂"条："资以仆马钱帛"等。

## （一）奴仆

《新唐书》卷五十二《食货志》引陆贽语："饥岁室家相弃，求为奴仆犹莫之售。"

《旧唐书》卷一百八十二《高骈传》："奴仆撤延和阁栏槛，煮革带食之。"《新唐书》卷二百二十四下《高骈传》中"奴仆"作"群奴"。

## （二）婢仆（见前）

## （三）童仆

《太平广记》卷三百三十九"崔书生"条、"阎敬立"条，对同一人，或称之"童仆"，或称之"奴仆"。

## （四）僮仆

《太平广记》卷一百二十四"王简易"条、卷一百二十七"卢权敏"条、卷三百五十七"东洛张生"条，对同一人，或称之"僮仆"，或称之"奴"。

《太平广记》卷二百八十"王诸"条，对同一人，或称之"僮仆"，或称之"僮"。

## （五）仆隶

《太平广记》卷三百三十七"李咸"条，对同一人，或称之"仆隶"，或称之"童隶"。

《太平广记》卷一百九十二"王宰"条，对同一人，或称之为"小仆"，或称之为"仆隶"。

《旧唐书》卷一百八十八《孝友·崔衍传》："命仆隶拉于地，袒其背，将鞭之。"

《旧唐书》卷八十八《韦思谦传》："时太子［贤］颇近声色，与户奴等款狎，［韦］承庆上书谏曰：'仆隶小人，缘此得亲左右……。'"

（六）家仆

《虬髯客传》：李靖携妻张氏至虬髯客家，"奴婢四十余人，罗列廷前，奴二十人引靖入东所，婢二十人引张氏入西所。……［虬髯客］因命家仆列拜曰：'李郎、一妹，是汝主也'。言毕，与其妻装，从一奴，乘马而去。"

《新唐书》卷一百六十一《张荐传》："［颜］真卿为李希烈所拘，遣兄子岘及家仆奏事，五辈皆留内客省，不得出。荐上疏：'……臣又闻真卿所遣兄子岘及家童从官奉表来者五辈，皆留中。'……"

按：从这两条史料可见，其中的家仆指奴婢或家童。

（七）仆夫

《太平广记》卷三百六十三"韦滂"条，对同一人，或称"仆夫""仆使"，或称"奴""奴仆"。

（八）仆使

《太平广记》卷七十八"白皎"条，对同一人，或称之"仆使"，或称之"僮仆"。

### （九）仆者

《太平广记》卷四百二十七"李征"条，对同一人，或称之"仆者"，或称之"家僮"。

### （十）女仆

《太平广记》卷一百一十七"范明府"条，对同一人，或称之"女仆"，或称之"婢子"；卷一百三十"绿翘"条、卷二百七十一"鱼玄机"条，对同一人或称之"女仆"，或称之"侍婢""女童"。

## 七、家人

按："家人"一语，本不限良贱。①然在俗语中，亦多用作奴婢之代称，其原因待考。

《太平广记》卷三百零七"沈聿"条：沈聿令奴银匙平古冢，冥司追论，聿谓冥吏曰："此主役之家人银匙擅也。"冥吏相顾曰："置郎召奴或可矣……"

《太平广记》卷四百五十二"王生"条：王生闻母丧，自京师返，至扬州，"遥见一船子，上有数人，皆嬉笑歌唱。渐近视之，则皆王生之家人也。意尚谓其家货之，今属他人矣"。按：据唐律，唯奴婢得买卖。因此此条中的"家人"应指奴婢无疑。

《太平广记》卷四百五十三"李令绪"条，对同一人，或称之

---

① 对此，《唐律疏议》卷八《卫禁律》"不应度关"条说得很清楚："家人不限良贱，但一家之人。"

"家人",或称之"婢"。

《太平广记》卷四百六十二"周氏子"条,对同一人或称之"家人",或称之"家僮"。

《旧唐书》卷一百八十五下《潘好礼传》:"王将鹰犬与家人出猎。"《新唐书》卷一百二十八同传作"王出猎,家奴罗列"。

《旧唐书》卷一百三十四《马燧传》:"[马]畅乃遣家人温靖与父书,具陈利害,可班师还镇。"《新唐书》卷一百五十五同传:"遣奴谏燧班师。"

《藩川文集》卷九《唐故邕府巡官裴君墓志铭》:"未尝以杖责治家,家人有过失则谕之,谕不变者出之为良人,终不忍牵鬻于市。"

此外,婢也常被称为女家人,如:

《太平广记》卷四百八十六《无双传》:王仙客问旧使苍头塞鸿曰:"旧家人谁在?"鸿答曰:"唯无双所使婢采萃者……"后古生问仙客:"宅中有女家人识无双否?"仙客以采萃对。

《旧唐书》卷一百九十下《隐逸·司空图传》:"布衣鸠杖,出则以女家人鸾台自随。"

## 八、青衣

按:据《新唐书》卷二十五《车服志》:"庶人、部曲、奴婢则服䌷、绢、纻、布,色用黄白。"据此,奴婢并非服青。然青色乃传统的佣保之流服色。①唐代奴婢多从事家庭服务,其工作有类佣保,

---

① 如《资治通鉴》卷八十八晋建兴元年春正月丁丑朔:"汉主[刘]聪宴群臣于光极殿,使怀帝着青衣行酒。庾珉、王隽等不胜悲愤,因号哭……。"

故亦多服青衣。① 由于奴婢服青衣者多，以至青衣亦成奴婢的代称。

《太平广记》卷二百一十五"上清"条："［窦参］有常所宠青衣上清。"上清亦自谓"妾本故宰相窦参女奴"。

《太平广记》卷二百六十一"柳氏婢"条："［柳仲郢家旧］青衣曰：'某虽贱人，曾为仆射婢……'"

《太平广记》卷三百四十二"独孤穆"条：对同一人，或称为"青衣"，或称为"婢仆"，或称为"婢"。

《太平广记》卷三百六十一"素娥"条：武三思得乔知之"青衣窈娘"。《旧唐书》卷一百九十中《文苑·乔知之传》《新唐书》卷二百零六《武士彟传附承嗣》皆作"婢窈娘"。②

《太平广记》卷四百四十七"沈东美"条、卷三百四十二"独孤穆"条，对同一人，或称之为"青衣"，或称之为"婢""婢仆"。

《太平广记》卷四百八十七《霍小玉传》："长安有媒鲍十一娘者，故薛驸马家青衣也，折券从良，十余年矣。"

按："青衣"为奴婢一异称，应可断定。然据史料观之，似多指婢。

"青衣"一语亦常与他词连称，如：

①青衣婢，见《太平广记》卷三百"三卫"条、卷三百三十九"李元平"条。

②青衣黄头，见《太平广记》卷二百八十一"独孤遐叔"条。

③青衣童子，见《太平广记》卷六十九"韦蒙妻"条（该条中

---

① 例如《太平广记》卷一百六十五"杜黄裳"条：黄裳为相，其夫人出，"从婢二人，皆青衣褴褛。"《太平广记》卷一百七十四"苏颋"条："苏颋聪悟过人……，而父瓌训励严至，常令衣青布襦，伏于床下，出胫受榎楚"；卷一百七十五"苏瓌"条："苏瓌初未知颋，常处颋于马厩中，与佣保杂作。"
② 在《新唐书》卷二百零六《武士彟传附承嗣》中，"武三思"为"武承嗣"。

亦称之为"童")、卷一百零四"李虚"条。

④家童青衣,见《后唐清泰三年放家童契》。①

⑤青衣女,见《太平广记》卷六十三"崔书生"条。

⑥青童,见《太平广记》卷四十九"陈惠虚"条、"温京兆"条。

⑦青童子,见《太平广记》卷六十四"董上仙"条。

## 九、苍头

按:苍头为汉代对奴之称呼,②唐代亦用之。

《太平广记》卷一百六十七"阳城"条:阳城"有苍头曰都儿"。《新唐书》卷一百九十四《卓行·阳城传》:城"有奴都儿"。

《太平广记》卷一百六十"李行修"条:"[行修]见[妻]王氏晨兴拥膝而泣。行修家有旧使苍头性颇凶横,往往忤王氏意。其时修意王氏为苍头所忤,乃骂曰:'还是此老奴!'欲杖之,寻究其由。家人皆曰:'老奴于厨中自说:五更作梦,梦阿郎娶王家小娘子……'[行修]喻王氏曰:'此老奴梦,安足信!'"

《太平广记》卷四百四十四"魏元忠"条:"未达时,家贫,独有一婢,……又常呼苍头。"

《资治通鉴》卷二百一十一唐开元四年十一月乙未:"[卢怀慎]薨,家无余蓄,唯一苍头,请自以办丧事。"胡三省注曰:"卢怀慎之奴,异乎人奴。"

《新唐书》二百二十四上《叛臣·李锜传赞》:贞元后有宫市,

---

① 见于中国科学院历史研究所资料室编《敦煌资料》第1辑,中华书局,1961。
② 《汉书·鲍宣传》颜师古注引孟康曰:"汉名奴为苍头,非纯黑,以别于良人。"

"良贾、精货皆逃去不出,……苍头、女奴、名马、工车,惴惴常畏捕取"。

按:从上可见,苍头亦奴之一异称。

## 十、与"厮"字有关者

按:厮本指服"贱役"(特别是"炊烹供养杂役")之人,不一定是奴婢。[1]但奴婢通常是这些"贱役"的承担者,因此厮字也被用来称呼奴婢。

(一)厮养

《新唐书》卷八十《常山王承乾传》:"使户奴数十百人习音声,学胡人椎髻,剪彩为舞衣,寻橦跳剑,鼓鞞声通昼夜不绝。造大铜炉六熟鼎,招亡奴盗取人牛马,亲视烹煠,召所幸厮养共食之。"

《旧唐书》卷二百一十《藩镇魏博罗弘信传附子威》:威〔按:即绍威〕诛牙军,"率厮养百十辈与〔朱忠所遣军校马〕嗣勋合攻之"。《新唐书·罗弘信传附子绍威》:绍威"夜将奴客数百与嗣勋攻之"。

(二)厮台

《新唐书》卷八十三《安乐公主传》:"主与长宁、定安三家厮

---

[1] 张守节《史记正义》:"厮,谓炊烹供养杂役。"

台掠民子女为奴婢。左台侍御史袁从一缚送狱。主人诉,帝为手诏喻免。从一曰:'陛下纳主诉,纵奴驺掠平民,何以治天下!臣知放奴则免祸,劾奴则得罪于主,然不忍屈陛下法,自偷生也!'"

(三)厮役

《新唐书》卷一百零四《于志宁传》:志宁谏承乾曰:"……丁匠、官奴皆犯法亡命,钳凿槌杵,往来出入,监门宿卫直长千牛,不得苛问。爪牙在外,厮役在内,其可无忧乎?"

(四)僮厮

《新唐书》卷二百一十二《藩镇卢龙·李载义传》:载义护送张弘靖幕僚、妻子还京,"虽僮厮毕行"。

(五)厮隶

《新唐书》卷二百二十五《奸臣·史思明传》:"[田承嗣曰:]公门华胄,为我厮隶;齐姜宗子,为我扫除……"

按:以上述诸条合观之,可知厮养、厮台、童厮、厮隶、厮役等,皆奴婢之异称。

# 十一、竖

按:竖本是奴仆的别称,唐代亦沿用之。

①《太平广记》卷二百七十五"归秦"条:"沈询有嬖妾,其妻害之,私以配内竖归秦,询不能禁。既而妾犹侍内,归秦耻之,

乃挟刃伺隙，杀询及其夫人于昭义使廨。"《新唐书》卷一百三十二《沈既济传附孙询》："［询］咸通四年为昭义节度使。……奴私侍儿，询将戮之。奴惧，结牙将为首，夜攻询，灭其家。"《旧唐书》卷一百四十九《沈传师传附子询》："奴归秦者，通询侍者，询将戮之……"

②《太平广记》卷二百八十一"樱桃青衣"条，对同一人，或称之为"竖"，或称之为"奴"。

③《太平广记》卷四百五十"田氏子"条、卷四百七十四"来君绰"条，对同一人，或称之为"竖"，或称之为"苍头"。

④《旧唐书》卷一百六十五《柳公绰传》："向遗岁时巨万，多为主藏竖海鸥、龙安所窃。"《新唐书》卷一百六十三同传作"主藏奴"。

按：将第①条中的史料合观，可知"竖"即"奴"，②、③两条亦可证明此。④条中"竖"与"奴"相对，说明彼此相同。

## 十二、臧获

按：臧获为前代对奴婢的贱称，①唐代文献中亦沿用之。

《旧唐书》卷四十五《舆服志》："开元以来……侍儿而着履，臧获贱伍者皆服襴衫。"《新唐书》卷二十四《车服志》："开元中……侍儿则着履，奴婢服襴衫。"由此可见臧获即奴婢。

---

① 扬雄《方言》第三："荆、淮、海岱、杂齐之间，骂奴曰臧，骂婢曰获。齐之北鄙、燕之北郊，凡民男而婿婢谓之臧，女而妇奴谓之获。"又《初学记》卷十九引《风俗通》："臧者被臧罪，没入为官奴婢；获者逃亡获得为奴婢。"

《太平广记》卷二百六十九"韦公干"条："[琼山]郡守韦公干者，贪而酷，掠良家子以为臧获，如驱犬，有女奴四百人。"

《新唐书》卷一百八十二《裴坦传附从子贽》："贽……臧获猥众，出入无度。"

《太平广记》卷三百三十四"朱敖"条："[敖]见绿袍女子……意是人家臧获。"

## 十三、私白（阉奴、阉儿、阉童）

按：私白亦称私白身。私白及阉奴、阉儿、阉童等指生理上受过摧残的奴。而且，除了皇帝蓄之外，私人（贵族、官僚）亦有蓄之者。故其中一部分也属于私奴。因私白亦指特种的奴，故有时亦可与其他称呼换用。

①《新唐书》卷二百零七《宦者·吐突承璀传》："诸道岁进阉二，号私白。"

②《旧唐书》卷一百四十一《田承嗣传附孙季安》："[田]怀谏幼未能御事，军政无巨细，皆取决于私白身蒋士则。"《旧唐书》卷一百四十一《田弘正传》作"家僮蒋士则"。《新唐书·田弘正传》作"家奴蒋士则"，《新唐书》卷二百一十《藩镇魏博·田承嗣传附孙季安》作"私奴蒋士则"。

《旧唐书》卷十七上《敬宗纪》：宝历二年十一月乙丑，"诏朝官及方镇人家不得置私白身"。

《旧唐书》卷一百四十二《王庭凑传附子元逵》："开成二年，元逵遣段氏姑诣阙进私白身、女口等。

唐代奴婢的异称　111

③《新唐书》卷一百五十三《颜真卿传》：李希烈使"阉奴等害真卿，曰：'有诏。'真卿再拜。奴曰：'宜赐卿死。'［真卿］曰：'老臣无状，罪当死。然使人何日长安来？'奴曰：'从大梁来。'"

④《新唐书》卷一百二十二《韦安石传附子陟》："［陟］性侈纵，喜饰服马，侍儿、阉童列左右常数十，侔于王宫主第。"《太平广记》卷二百三十七"韦陟"条：陟"侍儿、阉竖，左右常数十人"。

以上列举了唐代文献中关于奴婢的各种异称。从这些异称我们可以看到：

①唐代奴婢的异称可谓丰富多彩。大体而言，这些称呼大多以奴、婢、隶、童（僮）、贱等字为核心，往往根据具体场合加上一二字构成新的称呼。其他的称呼多沿袭前代。在使用这些称呼时，往往可以换用。有的称呼在使用时常有性别区分（如青衣，但也并不都是如此），有的则男女通用（如贱人）；有的带有贬义（如厮、竖等），有的则无贬义（如仆、家人等，包括了更广的范围，有时不一定专指奴婢）。因此在阅读唐代文献时，对于所遇到的各种称呼需要进行辨析，以弄清其真正意思到底是什么。

②奴婢是唐代社会中身份最为低下的人，但对于他们的称呼却最为多样。推其缘由，恐怕主要是因为这个社会等级具有悠久的历史，并在不同的时代获得了不同的称呼。但是由于传统的力量，这些称呼并未随着各个时代逝去而消失，而是像大海中的泥沙一样，一层层地积淀了下来。在唐代，奴婢作为一个社会等级依然存在着，因此对此等级也有一个法定的称呼。但由于唐代在我国中古历史发展中起到一种特殊的"多元交汇"的作用，因此以往各个时

期流行于南北各地对奴婢的不同称呼，有许多在此时期也都得到使用。当然，也有许多以往对奴婢的称呼［如胥靡（縎縻）、舆台、臣妾、纪纲、私属、底下等］，到了唐代已较少见；而还有一些后代常用的称呼［如眼下（目下）、伴当、驱口、包衣等］，唐代也尚未普遍使用或尚未出现。这种情况，也体现了唐代在我国历史上的承前启后的地位。

最后说一句，本文所列举的奴婢的异称，只是我多年前读书时记下的。由于读书有限，肯定还有漏记者。现把这些称呼作一初步整理并发表出来，只是为唐代社会史研究者提供一点参考。不论作任何研究，首先要做的工作就是弄清所研究对象的名称，即"必也正乎名"之谓也。倘若本文对于社会史研究者在研究唐代奴婢时有些微帮助，作者的目的也就达到了。

# 唐代社会等级的划分与命名

在我国学界关于中国传统社会的研究中,等级是一个讨论较少但又无法回避的问题。在过去一个世纪中,学界的主流看法是,社会等级的存在是依照马克思主义的解释,封建社会的阶级是"等级的阶级"。在该社会里,阶级的差别是用居民的等级划分而固定下来的,阶级也是一些"特别的等级"。据此,在对封建社会的结构进行研究时,不仅要进行阶级划分,而且还应进行等级划分。只有这样,才能更好地了解它的结构和特征。应该注意到,等级差别只是阶级差别的一种形式。等级和阶级是两个不同的概念,阶级划分取决于实际的条件,而等级划分则是依据法律上的特权。[①]因此,划分等级必须研究社会的法律,必须通过这些时期的法律规定去观察分析这些时期的等级状况。本文的目的,就是试图依据唐代法律,对唐代社会作一粗略的等级划分。[②]

---

① 侯外庐:《中国封建制社会的发展及其由前期向后期转变的特征》。
② 按照许多西方和日本学者的看法,与宋代的"平民社会"或"近代社会"不同,唐代社会具有比较明显的"贵族社会"或"封建社会"的特征,而等级制度就是这种特征之一。以侯外庐为代表的中国学者则认为中国封建社会的等级制在唐代中期以前比较明显,而到唐代中期以后则发生了很大变化。

我国很早就有了成文法典，但完整地流传至今的首推唐律。著名的《唐律疏议》全面地规定了当时社会中各种人的身份、地位和权利、义务。透过有关条文，我们可以清晰地看到那时的"封建阶梯"是什么样子。不过，由于中国社会的特点与中华法系的传统，《唐律疏议》中等级划分的具体方法，与欧洲封建社会颇有不同。最突出的差别是：第一，《唐律疏议》只规定各种人的身份，而未明确地把这些人归纳为几个更大的社会集团——等级；第二，《唐律疏议》虽然在许多地方为各种人制定了专门的律条，但在更多地方只用同一条律文，而对不同情况，分别轻重，比照处理。这样，就使得对某些人身份的许多规定不甚明晰。因此，为了弄清唐代社会的等级划分，必须首先分析《唐律疏议》对每种人所作的各项规定，并根据封建特权与基本权利的有无及强弱程度把各种人分类，并为之定名。

## 一、等级划分的原则

　　让我们先从"凡人"说起。《唐律疏议》说："律条简要，止为凡人生文。其有尊卑、贵贱，例从轻重相举。"[1]这明确标出唐律是以"凡人"为其主体对象的。因此，"凡人法"是唐律的基准。对于不是"凡人"而需要由"凡人法"作"轻重相举"的那些"尊卑贵贱"之人，《唐律疏议》往往为他们专设律条。例如卷二十一《斗讼律》"流外官殴议贵"条，即专为"议贵人"（得享受"议贵"特

---

[1]　《唐律疏议》卷一十八《贼盗律》"以毒药药人"条。

权的人）而设；卷二十二《斗讼律》"主杀有罪奴婢"条，则是针对奴婢以及部曲制定的。在不设专条的场合，则在"凡人法"的有关条文中标明"用此律"或"不用此律"，或加减凡人若干等。例如卷六《名例律》"二罪从重"条的疏说："此为庶人有兼丁作法。若是官人、品子、应赎及单丁之人，用法各别。"这即是说，"凡人法"中的这一条，不适用于官人、品子、应赎及单丁之人。有时"凡人法"也可施行于"凡人"以外的人，但需特别标明。例如卷一十五《厩库律》"畜产抵踢啮人"条的疏，在解释"以过失论"时说："过失者，各依其罪从赎法。律无异文，总依凡法，不限尊贵，其赎一也。"

所谓"凡人"，律中又称"庶人""良人""常人""百姓"，有时则径称为"人"。这些称呼都是"凡人"的异称，用于不同的场合（例如，"良"是相对"贱"而言，"庶"则相对"贵"而言）。"凡人"享有人身和财产的权利，但无特权，是唐王朝统治下为数最众的普遍臣民，即所谓"编户齐民"。因其人数最多，故律令以他们为基准。

因此，很显然，凡是适用"凡人法"的人（即"凡人"）构成了一个等级。而不用"凡人法"的各种人，构成了其他一些等级。

在《唐律疏议》中，不用"凡人法"的，有以下三种人：

第一种人是皇帝，以及"三后"（太皇太后、皇太后和皇后）、皇太子和皇太子妃。我们知道，专制主义的皇帝是至高无上的。他本人和在特殊情况下可以"垂帘听政"的"三后"，以及可以"监国"的皇太子及其正妃，这么五六个人，便构成了一个享有至高无上的法律地位、拥有不受限制的特权的等级。这是必然的，因为皇帝是立法者，唐律是以唐朝皇帝的名义制定和颁布的，所以在《唐律疏议》中，除了对他们的不可侵犯性有详密的规定外，没有一条律文涉及他们的权利和义务。换言之，他们是站在法律之上的。

第二种人是那些享有"议、请、减、赎、当、免"等特权的人。这些人的范围，以及他们对这些特权法的享用程度，《唐律疏议》的《名例律》作了严格而明确的规定。大体说来，适用这些律法的人，包括皇亲国戚、一切流内官（职事官、散官、卫官、勋官以及视品官、前资官等"凡有告身"者），以及有爵封者，并包括他们的家属与宗亲（范围依品而异）。这种特权法，使这些人在法律面前不同于"凡人"。除此之外，再加上其他特权，他们便构成一个在皇帝（包括"三后"、皇太子及皇太子妃在内）之下、"凡人"之上的等级。

第三种人是部曲、奴婢以及与部曲、奴婢地位相当的工户、乐户、杂户、官户、官奴婢等。《唐律疏议》明确指出这些人不属"凡人"。例如卷二《名例律》"诸犯十恶、故杀人、反逆缘坐"条的疏在解释"故杀人"及"监临主守、于所监守内犯奸、盗、略人"的"人"时即指出"其部曲、奴婢者非"，"部曲、奴婢不同良人之例"。《唐律疏议》中专门为这些人制作的条文或附注比比皆是，对他们的各方面都有详细的规定。从这些规定可以发现这些人的法律地位大大低于"凡人"。因此，他们构成"凡人"之下的一个等级。

这样，我们便看到唐代社会由下列四个等级构成：（一）享有无限特权的等级；（二）享有有限特权的等级；（三）无特权，但享有起码权利的等级；（四）连起码权利也不享有的等级。这四个等级内部各又包括若干身份不完全相同的人，这些不同身份的人组成各等级内部的社会集团——等第。因此，唐代社会形成了一个马克思所说的那种由不同等级与等第所组成的"多级阶梯"。①

## 二、等级的命名

对于上述四个等级，怎样给它们定名？

我们看到，有的学者已经给它们定名，分别称之为皇室等级、贵族等级、平民等级和贱民等级。但是，从严格的意义上来说，这些称呼并不够确切。例如，"皇室"一词，通常指的范围较广，远不止上述的几个人。然而据《唐律疏议》卷一《名例律》"八议"条和卷二《名例律》"八议者"条、"皇太子妃"条、"七品以上之官"条、"应议请减"条等，除了皇帝、"三后"、皇太子及皇太子妃以外的皇室成员，依其与皇帝亲属关系的亲疏，分别属于应议、请、减、赎人，其法律地位与前几个人不能相提并论。又例如贵族的"贵"字，在《唐律疏议》中有特定的涵义，专指三品（有时也包括五品）以上官。②再例如"贱"或"贱人"，在唐代虽然有时也用来泛指一切身份低于"凡人"的人，但作为一个特殊含义的法律术语，它在《唐律疏议》中仅指奴婢（以及官奴婢），并不包括部曲（以及工、乐、杂户等）。③因此"贱民"这个称呼，从严格的法律意义上来说，并不足以概括一切身份低于"凡人"的人。为了更

---

① 马克思、恩格斯：《共产党宣言》，第24页。
② 《唐律疏议》卷一《名例律》"八议"条，卷二《名例律》"五品以上妾有犯"条。
③ 李伯重：《唐代部曲奴婢身份浅析》。

确切地规定唐代社会的等级，最好的办法是采用《唐律疏议》中的术语，把唐代社会的四个等级按其等级地位的高下顺序，分别称之为：（一）皇帝等级；（二）应议请减赎当免人等级；[①]（三）凡人等级；（四）部曲奴婢等级。

  应该说明：在第一个等级中，"三后"、皇太子及皇太子妃虽然不能等同于皇帝，但由于他们的特殊身份，在某些情况下可以代行皇帝权力或继承皇位，因此在《唐律疏议》中，这几个人的地位有时可与皇帝等同，或从皇帝的地位仅下降一等。例如卷六《名例律》"乘舆车驾及制敕"条说："称'乘舆'、'车驾'及'御'者，太皇太后、皇太后、皇后并同。"卷一十九《贼盗律》"盗御宝及乘舆服御物"条说："称'御'者，太皇太后、皇太后、皇后亦同，皇太子减一等。""乘舆车驾及制敕"条又说："称'制''敕'者，太皇太后、皇太后、皇太子'令'减一等。"而"盗御宝"条则称"后宝既与御宝不殊，（皇太子）妃宝明与太子宝无别"。这表明皇太子妃的地位与皇太子同。由此可见，"三后"、皇太子及皇太子妃的法律地位虽低于皇帝，却在皇帝以外的亲王、公主等之上。亲王、公主等的地位与皇帝悬绝，而"三后"、皇太子及皇太子妃则可以与皇帝相同或减一等，说明他们与皇帝虽不同，但可以划为一个等级。而且，"三后"、皇太子及皇太子妃所享有的特权，《唐律疏议》中并未加以限制，故不存在违法和受制裁的问题。皇室其他人（包括亲王、公主等）的特权，在《唐律疏议》中却有限制，

---

[①] 《唐律疏议》卷二《名例律》"八议者"条（议章）疏称得用议法者为"八议人"；"七品以上之官"条（减章）疏称得用请法者为"请人"；"应议请减"条（赎章）疏称得用议、请、减法者为"应议请减者"。兹从末说。

如果违反，则须受制裁。他们与各级流内官、有爵封者及其亲属，分别属于应议、请、减、赎、当、免人。当然，他们还享有其他一些特权，但在《唐律疏议》中，其最主要的法律特权就是可以享有议、请、减、赎、当、免的特权。因此，根据这一主要特点把他们划为一个等级，名之曰"应议请减赎当免人等级"，是更为切合他们的等级特征的。这个等级中的某些人，政治地位并不高，很难称之为贵族，但他们又享有法律所赋予的特权，不能等同于凡人。因此，用"贵族"这样的概念来命名，难以准确地反映他们的等级地位。

对于第三个等级，我们名之为"凡人等级"。在《唐律疏议》中，"凡人"所指范围，比我们今日通常使用的"平民"一词要广。就经济地位而言，"凡人"可以包括贫富差异甚大的人。卷一十三《户婚律》"里正授田课农桑违法"条即指出："'授田：先课役，后不课役；先无，后少；先贫，后富。'"同卷"差科赋役违法"条则说："依令：'凡差科，先富强，后贫弱。'"由此可知，"凡人"中有贫、富、强、弱之分。卷一十一《职制律》"挟势乞索"条说："诸因官挟势及豪强之人乞索者，坐赃论减一等。"疏："或有因官人之威挟持形势，及乡间首望豪右之人，乞索财物者。"这种"豪强之人"或"乡间首望豪右之人"，在此与"官""官人"并举，自然是非官的"凡人"。这些地方上的土豪恶霸，往往在当地拥有很大势力，对贫弱小民任意奴役欺凌。把他们称为平民，似乎很不妥当。但从法律的角度来看，他们确实又不享有合法的特权，应与贫民同划入"凡人"一类。在这里，顺便着重指出中国传统社会的一个极为重要的特点，就是秦汉以后，地主阶级分为世族地主与庶族地主两类。庶族地主和自耕农都属于编户齐民，都要向国家纳赋应役，他们的法律地位是同样的。因此，《唐律疏议》中把他们都称为"凡人"，而不问其贫富差别。这样一来，地主和农民的阶级界线就被等级掩盖了。这是中国传统社会的一个重大特色，应予充分注意。

"凡人"之下是等级地位最低的第四个等级，即部曲奴婢等级。据《唐律疏议》有关条文，奴婢"同于资财"，"律比畜产"，"与畜产财物同"，[①]毫无人格可言。部曲与奴婢一样，都是属于主人的，因此可划为一个等级。但二者的等第地位则有所不同。部曲"不同资财"，[②]有一定的人身权和财产权，他们的法律地位比奴婢高一些。官府占有的工户、乐户、杂户、官户等，身份与部曲接近，而官奴婢的身份则同于私奴婢。因此，可用"部曲奴婢"来作为这些身份卑下的人的等级名称，这比用"贱民"称之更为切当。

顺便指出：我们现在使用的贵族、平民等称谓，系从欧洲史借用的。这些称谓在欧洲史上有明确的含义。中国传统社会的等级结构和等级划分与欧洲有很大差异，因此把这些名称移植到中国来，很容易引起概念上的混淆，倒不如依据中国法律的称谓而称呼之，更能反映中国传统社会的实际。

最后，还要说明，如上划分唐代等级，看起来虽未免粗略，但是较之细分却更为适宜，因为细分起来，反而会把基本法律特权相

---

① 《唐律疏议》卷四《名例律》"彼此俱罪之赃"条、"以赃入罪"条，卷六《名例律》"官户部曲官私奴婢有犯"条，卷一十七《贼盗律》"谋反大逆"条，卷一十八《贼盗律》"造畜蛊毒"条，卷二十《贼盗律》"以私财奴婢贸易官物"条。
② 同注①。

同的人分割开。同时，按照欧洲历史发展的规律，封建社会越向前发展，它的等级结构便越简单；等到进入资本主义时代，等级便不复存在了。马克思、恩格斯指出："在过去的各个历史时代，我们几乎到处都可以看到社会完全划分为各个不同的等级，看到由各种社会地位构成的多级阶梯"，"但是，我们的时代，资产阶级时代，有一个特点：它使阶级对立简单化了"。[①]依照侯外庐的看法，唐代已属我国封建社会的中期，它的社会等级也较前简单。这一点，与欧洲历史发展的趋势是颇为相似的。

---

① 马克思、恩格斯：《共产党宣言》，第24页。

# 唐代部曲奴婢身份浅析

部曲与奴婢是唐代社会中地位最卑下的两种人，对其身份进行深入分析，是研究唐代社会等级结构的一个不可缺少的重要方面。所谓身份，用今天的话来说，就是法律所赋予某种人的特殊地位。我们知道，封建社会之所以表现为一个由各种不同身份构成的等级阶梯，即是因为在这个社会中，每个等级都被确定了在社会中的特殊法律地位。因此，对封建社会中某种人进行身份分析，其依据应当是而且只能是当时的法律。唐代法律包括律、令、格、式，范围颇广，但其基础部分乃是律，即《唐律》。对于研究唐代社会等级结构来说，《唐律疏议》具有特殊的价值。本文根据《唐律疏议》的有关条文，探讨部曲与奴婢这两种人的主要等级特征、他们内部的等第与集团差异以及他们与当时社会其他等级之间的关系。至于他们在当时社会中所处的实际地位，则不在本文讨论范围之内。

## 一、唐代部曲奴婢的主要等级特征

部曲、奴婢以及与部曲、奴婢情况相近的工户、乐户、官户、杂户、官奴婢等，在法律地位上都低于一般人（即"凡人"）。《唐律疏议》卷二《名例律》"十恶反逆缘坐"条及"监临主守于所监守内犯奸盗略人"条的疏在解释律文中的"人"时即已明确指出："其部曲、奴婢者非"，"奴婢、部曲不同良人之例"。此外《唐律疏议》还专门为他们设立了众多的条文和附注，表明他们是"不用凡人法"的人。这些人虽然彼此间也存在着身份上的差异，但这些差异较之其身份上的共同特征来说是次要的，所以我们把他们列入同一社会等级。从《唐律疏议》中可以看出，他们主要的共同特征是：

（一）部曲奴婢依附于主人，是其主人的"私属"

《唐律疏议》反复强调"部曲谓私家所有"，"奴婢贱类……各有主"，"奴婢、部曲身系于主"，"奴婢、部曲唯系于主"，[1]明确地规定了部曲奴婢对其主人的人身依附关系。这种依附关系具体地表现在以下五个方面：

1. 法律把部曲奴婢当作主人家庭的一个附属部分，以肯定其"私属"的地位。《唐律疏议》规定：部曲奴婢不得自立门户，必须附入主家户籍，只有被主人"放良"并申报官府同意后方可"除附"（即除去附籍）；[2]主人犯谋反等罪时，部曲奴婢要随同主人家属一同没官；[3]主人犯其他罪行，部曲奴婢则必须像一般人家卑

---

[1] 《唐律疏议》卷六《名例律》"官户部曲"条，卷二十三《斗讼律》"殴部曲死决罚"条，卷一十七《贼盗律》"祖父母夫为人杀"条，卷二十三《斗讼律》"部曲奴婢詈旧主"条。
[2] 《唐律疏议》卷一十二《户婚律》"脱户"条、"放部曲为良"条。
[3] 《唐律疏议》卷一十七《贼盗律》"谋反大逆"条。

幼为尊长隐罪一样,为主人隐罪;①主人被他人杀死,部曲奴婢若"受财私合,知杀不告",则"得罪并同子孙(知祖父母、父母为人杀而受财私合)";②部曲奴婢不敬主人冢墓,"于主冢墓熏烧狐狸",处分亦与子孙于祖父母、父母冢墓熏烧狐狸无异。③与此同时,主人也要为部曲奴婢的若干行为负一定责任,例如"部曲奴婢首匿(罪犯),主后知者同罪"。④从其他文献还可看到当时部曲奴婢往往承用主姓,⑤主死要为主服丧,⑥等等。这些都表明,无论在法律上或实际上,部曲奴婢都被当作主人家的一部分,因此《唐律疏议》为"家人"一词所下定议为:"不限良贱,但一家之人。"⑦尤其值得注意的是,《唐律疏议》规定:"强盗伤财主部曲即同良人","奴婢唯于被盗之家称人。……唯因盗杀伤人……诸条奴婢多悉不同良人,于此杀伤奴婢亦同良人之坐,虽非财主,但因盗杀伤皆是,无问良贱,皆如财主之法","(强盗)伤人者绞,杀人者斩。注:杀伤奴婢亦同"。⑧部曲奴婢的人身权利本不能与良人同,此处之所以成为例外,乃是法律将主家视为一个整体,当其财产被

① 《唐律疏议》卷六《名例律》"同居相为隐"条。
② 《唐律疏议》卷一十七《贼盗律》"祖父母夫为人杀"条。
③ 《唐律疏议》卷一十八《贼盗律》"穿地得死人"条。
④ 《唐律疏议》卷二十八《捕亡律》"知情藏匿罪人"条。
⑤ 《朱子语类》卷一百三十八《杂类》:"自秦汉以来,奴仆主姓。今有一大姓,所在四边有人同姓,不知所来者,皆是奴仆之类。"秦汉以来,至于两宋,情况皆如此,唐代当然不例外。又据《太平广记》卷二百七十五"韦桃符"条,放奴从良仍从主姓(此事虽称隋时事,但此文系攻击中宗韦后之作,故所反映者为唐代情况)。
⑥ 如《太平广记》卷三百三十三"崔咸"条。
⑦ 《唐律疏议》卷八《卫禁律》"不应度关"条。
⑧ 《唐律疏议》卷二《名例律》"十恶反逆缘坐"条,卷四《名例律》"老小废疾"条,卷一十九《贼盗律》"强盗"条。

唐代部曲奴婢身份浅析 125

劫盗时,"一家之人"皆有义务捍卫之。此时强盗犯部曲奴婢,亦属犯此家"家人",处分重于良人犯他人部曲奴婢。此规定意在加强部曲奴婢认为其与主人系"一家之人"的观念,鼓励他们起来维护主家利益。

2. 法律规定部曲奴婢不得脱离主人。《唐律疏议》卷一十二《户婚律》"放部曲为良"条引户令说:"自赎免贱,本主不留为部曲者,任其所乐。"可见除非主人同意,否则部曲奴婢不得离开主人。如果擅自逃离,即要受到严厉处分,"一日杖六十,三日加一等"。① 部曲奴婢若犯流徒,也不能离开主人去服刑,而是特用"加杖法",加杖免居作,决讫付官、主。② 即使犯谋反大逆,也"止坐其身","并无缘坐"(其他人则都须家属缘坐)。③ 这是因为部曲奴婢的家属也是主人家的私属,不能脱离主人的缘故。

3. 法律规定主人对部曲奴婢有很大的人身支配权,在某种范围内甚至有生杀之权。例如,主人可以买卖奴婢④和在"转事"的名义下变相买卖部曲,⑤ 决定部曲奴婢的婚配,⑥ 把客女(部曲之女)及婢(有子并放良后)收为妾,⑦ 或随意奸淫部曲和奴的妻

---

① 《唐律疏议》卷二十八《捕亡律》"官户部曲亡"条。
② 《唐律疏议》卷六《名例律》"官户部曲"条。
③ 《唐律疏议》卷一十七《贼盗律》"缘坐非同居"条。
④ 《唐律疏议》卷二十六《杂律》"买奴婢立券"条。
⑤ 《唐律疏议》卷二《名例律》"十恶反逆缘坐"条疏引令云:"转易部曲事人,听量酬衣食之直。"所谓"衣食之直",实际就是部曲身价。
⑥ 《唐律疏议》卷一十四《户婚律》"奴娶良人为妻"条禁止主为奴娶良人女、客女为妻,可见主人有权为奴娶婢为妻。又卷一十二《户婚律》"放部曲为良"条规定,部曲妻本为良人,夫死服满后,主不得更抑配与部曲及奴为妻,可见本为客女者则主可配与另外的部曲为妻。总之,在部曲奴婢的婚配方面,主人具有极大的权力。
⑦ 《唐律疏议》卷一十三《户婚律》"以妻为妾"条。

女。①主人有权决罚有过的部曲奴婢，至死勿论。②即令无故杀死部曲奴婢，主人也只受到轻微处分。据《唐律疏议》卷一十五《厩库律》"故杀官私马牛"条和卷一十九《贼盗律》"盗官私马牛"条，故杀自家马牛者处徒一年，故杀官私马牛者徒二年半。而据卷二十《斗讼律》"主杀有罪奴婢"条，主人殴死部曲，"不限罪之轻重"，皆处徒一年，"非因殴打，本心故杀者"加一等，徒一年半，奴婢无罪而主杀之者徒一年。两相比较，杀部曲奴婢与杀马牛所受处罚竟相差无几。《唐律疏议》的这些条文，充分体现了主人对部曲奴婢的人身支配权是多么大！天宝时，杨慎矜"尝怒奴婢春草，将杖杀之"，其友史敬忠劝之勿杀，不如卖以买牛耕田，慎矜即以春草赠敬忠。③或杀、或卖、或赠，全凭主人喜怒，由此可见，唐律的上述规定并非具文。

4. 法律严禁部曲奴婢以任何方式反抗主人。据《唐律疏议》有关条文，部曲奴婢詈主，处徒刑；殴主不伤处绞刑，伤则处斩刑；④谋杀主，即使无行动，预谋者全部处斩。⑤部曲奴婢杀主，同谋反、谋叛、谋大逆等罪一样，被视为危及社会的严重罪行，不得以一般死罪视之，一经定罪，即不拘常令，立即处决。殴及谋杀主人，也不得以赦原。⑥此外，部曲奴婢若厌咒主人、告发主人、损

---

① 《唐律疏议》卷二十六《杂律》"奸徒一年半"条："奸己部曲妻及客女各不坐。"举轻以明重，奸婢则更不坐矣。
② 《唐律疏议》卷二十二《斗讼律》"主杀有罪奴婢"条。
③ 见《资治通鉴》二百一十五"玄宗天宝六载十一月辛酉"条注所引《唐历》。
④ 《唐律疏议》卷二十二《斗讼律》"部曲奴婢过失杀主"条。
⑤ 《唐律疏议》卷一十七《贼盗律》"部曲奴婢杀主"条。
⑥ 《唐律疏议》卷三十《断狱律》"闻知恩赦故犯"条。

伤主人尸体，都要处于死刑。①

5. 法律还规定唯有主人方有权改变部曲奴婢的身份。《唐律疏议》卷一十二《户婚律》"养杂户为子孙"条说："良人养部曲及奴为子孙者杖一百，各还正之。无主及主自养者听从良。"可知除主人外，任何人都不得通过收养方式变部曲奴婢为良人。部曲奴婢要变为良人，只有经主人同意，"由家长给手书，长子以下连署，仍经本属申牒除附"。放奴婢为部曲手续亦如之。②可见，改变部曲奴婢身份之权，唯主人有之。

（二）部曲奴婢社会地位卑下，不能享有良人具有的权利，其家庭也得不到法律保障

1. 陈寅恪指出：婚、宦二事是唐代用以衡量人们社会地位的主要标准。③依据这两个标准，部曲奴婢社会地位之低下，一望可知。部曲奴婢不得入仕。这一点，《唐律疏议》虽未立专条言之，但据卷二十五《诈伪律》"诈假官假与人官"条疏所引选举令，"官人身及同居大功以上亲，自执工商、家专其业者不得仕"。该条律规定："依令不得仕而诈求得官……合徒一年。"据《唐律》"为凡人生文，其有尊卑贵贱，例从轻重相举"和"诸断罪而无正条……其应入罪者，举轻以明重"的制律原则，出身于社会地位较低的工商之家的良人尚且不得入仕，地位远卑于工商的部曲奴婢就更勿论了。开元四年（716），郭虔瓘奏家奴八人立有战功，为之求官，

---

① 《唐律疏议》卷一十八《贼盗律》"憎恶造厌魅"条、"残害死尸"条，卷二十四《斗讼律》"部曲奴婢告主"条。
② 《唐律疏议》卷一十二《户婚律》"放部曲为良"条。
③ 见陈寅恪《元白诗笺证稿》，第4章及附录。

在朝廷上引起轩然大波,"宰相劾其恃功乱纲纪"。①可见,部曲奴婢不得入仕,乃是《唐律》中不说自明的规定。据律,部曲可娶良人女、客女及婢为妻,婚后三者仍各保留其原来的身份。②但是,良人女一旦嫁给部曲,在很多方面即降到了部曲地位。例如《唐律疏议》卷六《名例律》"官户部曲"条疏即指出:"部曲谓私家所有,其妻通娶良人、客女及婢为之……犯罪皆与官户、部曲同";卷二十六《杂律》"错认良人为奴婢"条说:"若部曲妻,虽娶良人女为,亦依部曲之坐。"又如卷二十二《斗讼律》"部曲殴伤良人"条,卷二十八《捕亡律》"官户官婢亡发"条也都说明良人女嫁部曲后,法律地位即大大下降,除了夫死后可恢复良人身份这一点外,基本上已与部曲无异。另一方面,法律禁止良人娶客女为妻,即使是主人对于己家客女亦然,主人只可把客女放良后收为妾,但不得为妻。③奴婢完全不得与良人通婚。婢若为主人生子并经放良后,可以为主妾,但"律既止听为妾,即是不许为妻"。④顺便说一下,在《唐律疏议》中,妾的地位很低下,"通买卖","许卜姓为之,其情理贱也",⑤而且在夫家"不合有财分"(即无财产权),也不算夫家部曲奴婢的主人。客女及奴婢经放良后只可为妾,可见其地位之卑下。

---

① 欧阳修、宋祁:《新唐书》卷一百三十三《郭虔瓘传》,中华书局,1975,第4544页。
② 《唐律疏议》卷三《名例律》"府号官称"条,卷六《名例律》"官户部曲"条,卷二十二《斗讼律》"部曲奴婢良人相杀"条,卷一十二《户婚律》"放部曲为良"条。
③ 《唐律疏议》卷一十三《户婚律》"以妻为妾"条。
④ 《唐律疏议》卷一十三《户婚律》"以妻为妾"条,卷一十四《户婚律》"奴娶良人为妻"条、"杂户不得娶良人"条。
⑤ 《唐律疏议》卷一十三《户婚律》"以妻为妾"条、"居父母丧"条。

唐代部曲奴婢身份浅析

2. 部曲奴婢不能享有与良人相等的人身权利，这表现在二者相犯时，所获处分大不一样。据《唐律疏议》卷二十二《斗讼律》"部曲奴婢良人相殴"条及卷二十六《杂律》"奸徒一年半"条、"奴奸良人"条等，良人殴他人部曲，处分较良人殴良人轻一等，而部曲殴非主良人，却较良人殴良人重一等，二者比较，相差二等。良人殴杀他人部曲，处流三千里，而部曲殴杀非主良人，却处斩刑，彼此相较亦差二等。良人强奸他人部曲妻，处徒一年半，而部曲强奸非主良人则处徒三年，相差四等。奴婢与良人的差别更大。良人殴他人奴婢，处分减凡人二等，奴婢殴非主良人，加凡人二等，彼此相差四等。良人殴杀他人奴婢，仅处徒三年，而奴婢殴非主良人只要"折跌肢体及瞎其一目"即要处死，相差亦四等。良人强奸他人婢，只杖九十，而奴奸非主良人则处流，若有折伤则处死，相差六等以上。这些都清楚地表明部曲奴婢的人身权利大大低于"凡人"。

3. 部曲奴婢的家庭没有法律保障。部曲奴婢的婚配，全凭主人决定。他们结婚以后，主人仍可将其妻（部曲妻原为良人者除外）及女收为妾，或随意玩弄部曲或奴的妻女。①主人拆散部曲奴婢家庭并出卖（或变相出卖）其成员，法律并不制止。②这都说明部曲奴婢的家庭组成与存在，取决于主人的意志。法律还规定部曲奴婢犯反逆，其家属不连坐，也表明其家庭亲属关系并未获得法律的认

---

① 《唐律疏议》卷一十三《户婚律》"以妻为妾"条，卷二十六《杂律》"奸徒一年半"条。
② 直到唐代后期，还有官府将奴婢家庭拆散出卖的记载，见《旧唐书》卷一百八十八《孝友罗让传》。该传中一女奴自述："本某等家人，兄弟九人皆为官所卖，其所留者为老母耳。"唐代习俗，奴婢亦称家人，故此女奴之家，原系私家奴婢家庭。

可。此外，据《唐律疏议》卷二十《贼盗律》"略和诱奴婢"条，奴婢如私自将其子孙送或卖给他人，要计子孙身价准盗论罪。部曲虽不在此条之内，但同卷"略人卖人"条疏问答说："部曲客女被人所诱将为妻妾子孙而和同遂去……准其罪坐，减诱者一等。"由此可知，部曲将其子孙送人也是不行的。因此，部曲奴婢家庭的家长对其子女亦无支配权。部曲奴婢的家庭不同于其他人的家庭，因为没有法律的保护。尽管法律也要求部曲奴婢遵循亲属关系中的尊卑长幼等纲常原则，但这并不意味着他们的家庭是合法的。部曲奴婢及其家庭都是主人的私属，主人愿意怎么摆布就可以怎么摆布他们。他们家庭的存在和消失，都凭主人意志为转移。这一点，也是部曲奴婢等级所独有的特征。

4. 部曲奴婢的财产权利不明确。据《唐律疏议》卷二十《贼盗律》"略和诱奴婢"条，部曲是"合有资财"的。律虽无明文说奴婢得有资财，但据卷一十二《户婚律》"放部曲为良"条疏所引户令"自赎免贱，本主不留为部曲者，任其所乐"，及卷六《名例律》"官户部曲"条"部曲奴婢应征赃赎者，皆征部曲奴婢"，可知奴婢或可有一定资财，否则自赎及征赃即无从谈起。此外，部曲奴婢得有资财尚见于卷二十二《斗讼律》"部曲奴婢良人相殴"条对三者侵犯财产行为的处分上。该条规定部曲、奴婢、良人"相侵盗财物者，各依凡人相侵盗之法"，可见，部曲奴婢不仅得有财产，而且其财产还受法律保护不受侵犯。然而，据卷二《名例律》"十恶反逆缘坐"条疏所引令文"转易部曲事人，听量酬衣食之值"，可知部曲至少在名义上尚衣食于主人。在此情况下，部曲对自己的资财究竟有多大权利，很难确言。至于奴婢，连其自身都是主人的财产,"既同资财,即合同主处分",甚至"辄将其女私嫁与人",尚"须计婢赃准盗论罪",①那么奴婢对自己资财的权利亦可想而知了。另外,据律规定,良人之家若祖父母父母在,子孙不得"异财",②部曲奴婢也是主人家的一部分,其与主人的关系在许多方面同于良人家庭中卑幼与尊长的关系。在此情况下,部曲奴婢除了某些日常生活用品和少量"私房"钱物外,恐怕也不得拥有田地、房产等项资财,至少是不得拥有这些资财的所有权。对于这些,《唐律疏议》并未作出明确的规定,因此我们说部曲奴婢的财产权利不明确。

(三)部曲奴婢与国家的关系,大不同于社会中其他人

这种不同表现在:一方面,部曲奴婢只是一种"私属",而非国家的编户齐民,因而他们很少与国家发生关系。例如,据《唐律疏议》卷一十二《户婚律》"脱户"条,部曲奴婢属于"无课役口",即不对国家承担赋役义务。在唐代的均田令中,也没有他们受田之文。他们不得进入国家政权机构,参与政治活动;他们的人身受到主人侵犯时,国家一般也很少过问,等等。这些前已论及,兹不赘述。另一方面,部曲奴婢也不是完全被弃置于国家的权力范围之外。虽然他们对主人具有强烈的人身依附关系,可是这种依附关系也受到国家权力的干预。例如,他们必须列入户籍(尽管是附在主家户籍内),主人若隐瞒要受处分;③改变部曲奴婢的身份

---

① 《唐律疏议》卷一十四《户婚律》"杂户不得娶良人"条。
② 《唐律疏议》卷一《名例律》"十恶"条。
③ 《唐律疏议》卷一十二《户婚律》"脱户"条。

（放部曲奴婢为良人及放奴婢为部曲客女），虽决定权在主人，但仍须申报官府；①主人欲杀死有罪的部曲奴婢，必须请示官司；②主人也不得违反国家法令，将己家部曲、客女压为奴婢，或抑客女嫁奴，③等等。这些都表明主人对部曲奴婢的人身占有是不完全的，这种占有受到国家权力的制约。

不仅如此，国家对部曲奴婢也具有直接的统治权力。在这个方面，部曲奴婢同其他人的差别似乎不大。例如，在阑入皇宫、越度关卡乃至谋反、谋大逆、谋叛等危及国家安全的罪行方面，法律的处分并无良贱之分，所有犯者都同样要受到重罚；部曲奴婢之主若犯谋反、谋大逆、谋叛等罪，其部曲奴婢亦可像任何人一样告发之；④在追捕罪犯、充当支证等方面，部曲奴婢亦与良人无别。⑤因此，《唐律疏议》卷六《名例律》"官户部曲"条说："诸官户、部曲、官私奴婢有犯本条无正文者，各准良人。"疏释之曰："有犯本条有正文者，谓犯主及殴良人之类，各从正条；其本条无正文，谓阑入、越度及本色相犯并诅詈祖父母父母兄姊之类，各准良人之法。"这些都体现了国家与部曲奴婢之间的直接的统治与被统治关系。

---

① 《唐律疏议》卷一十二《户婚律》"放部曲为良"条。
② 《唐律疏议》卷二十二《斗讼律》"主杀有罪奴婢"条：主杀有罪奴婢不请示官司要受罚。此条虽未言杀部曲，但据"应入罪者举轻以明重"的原则，杀有罪部曲不请示官司则受罚当更重。此情况还可参考同卷"殴部曲死决罚"条。
③ 《唐律疏议》卷一十二《户婚律》"放部曲为良"条，卷一十四《户婚律》"奴娶良人为妻"条。
④ 《唐律疏议》卷二十四《斗讼律》"部曲奴婢告主"条。
⑤ 《唐律疏议》卷六《名例律》"称日者以百刻"条，卷二十八《捕亡律》"罪人持杖拒捍"条。

此外，国家在维持主人对部曲奴婢的各种权力的同时，也尽量限制部曲奴婢等级的扩大。部曲奴婢一旦被放为良人，就脱离了对主人的依附，得"任其所乐"，同时国家还予被放良的部曲奴婢以"给复三年"的优待。①原来的主人将已放良的部曲奴婢复压为部曲奴婢，要处徒一年半至两年，并"各还正之"（即恢复此部曲奴婢原已获得了的良人身份）。②至于压良人为部曲奴婢，法律的处分更为严厉。对于以略、略卖、诱、错认、妄认等方式将良人压为部曲奴婢者，《唐律》分别科以自徒一年至绞的刑罚，③并许被压良人到官府申诉。④这些规定，表明国家不希望部曲奴婢等级扩大，而是希望把它控制在原有的规模上或让它逐渐缩小。

至于工户、乐户、杂户、官户、官奴婢等，其身份与部曲奴婢大致相同，因此也属于部曲奴婢等级，但其人身不是依附于某个私人而是国家，故可把他们视为国家的部曲奴婢。关于他们的情况，在下节中还要谈到。

## 二、唐代部曲奴婢等级内部的等第与集团

在等级内部，往往包含着各种不同的等第与集团。等第同等

---

① 《唐律疏议》卷一十二《户婚律》"放部曲为良"条，卷四《名例律》"会赦改正征收"条。
② 《唐律疏议》卷一十二《户婚律》"放部曲为良"条。
③ 《唐律疏议》卷五《名例律》"共犯罪本罪别"条，卷一十二《户婚律》"放部曲为良"条，卷一十四《户婚律》"奴娶良人女为妻"条，卷二十《贼盗律》"略人略卖人"条，卷二十五《诈伪律》"妄认良人为奴婢"条，卷二十六《杂律》"以良人为奴婢质债"条、"错认良人为奴婢"条，等等。
④ 《唐律疏议》卷二十八《捕亡律》"容止他界逃亡"条。

级一样，也是根据法律地位的不同来划分的。集团的含义则比较广泛，这里特指在等级内部因某种关系而形成的一个部分。在部曲奴婢等级内部，存在着部曲与奴婢的差别，以及部曲、奴婢与工户、乐户、杂户、官户、官奴婢等第的差别。前一种差别是由法律确定下来的身份差别，属于等第的差别；后一种差别则是由于所有者的不同而形成的差别，可称之为集团的差别。下面，即就此分别论之。

（一）部曲与奴婢

前面分析了部曲、奴婢二者所共同具有的等级特征，然而在此"大同"之下，尚存在着若干"小异"。这些"大同"下的"小异"，正是二者之间的等第差别。《唐律疏议》卷二十《贼盗律》"略人略卖人"条说："略人略卖人为奴婢者绞，为部曲者流三千里。"疏释之曰："略人为部曲者，或有状验可凭勘诘，知实不以为奴。"由此可知，部曲与奴婢之间的差别是"有状验可凭勘诘"的，即法律可辨别的差别。

根据《唐律疏议》，部曲与奴婢之间的最大差别，是奴婢同于资财而部曲则否。由于法律规定奴婢"同于资财""比于畜产""与畜产财物同"，[①]毫无人格可言，因而主人对奴婢的人身占有极为强烈。"奴婢既同资财，即合由主处分"，[②]故《唐律疏议》允许主

---

① 《唐律疏议》卷四《名例律》"彼此俱罪之赃"条、"以赃入罪"条，卷六《名例律》"官户部曲"条，卷一十七《贼盗律》"谋反大逆"条，卷一十八《贼盗律》"造畜蛊毒"条，卷二十《贼盗律》"私财奴婢贸易官物"条。
② 《唐律疏议》卷一十四《户婚律》"杂户不得娶良人"条。

人买卖奴婢，①允许主人将奴婢用于借贷、博易、偿债、质债等。②如果略、略卖、诱、妄认、错认、藏匿他人奴婢，或监临之官于所监守内略私奴婢等，皆被视为侵犯私人财产，计奴婢身价以侵犯他人财产论罪。③

由于奴婢只算资财而不算人，因此他们完全不得与良人通婚，人身权利最微，财产权利最不明确，地位最为卑下，成为部曲奴婢等级中最低下的等第。部曲则"不同资财"，④故略、略卖、盗诱部曲，论罪皆减略、略卖、盗诱良人一等，"并不计赃"（即不计身价论罪）。⑤我们知道，良人的人身权利受法律保护，略、略卖良人，是侵犯其人身权利。法律对这些罪行的惩处，与对侵犯他人财产的罪行的惩处意义全然不同。良人不是资财，故不"计赃"论罪。在这里法律规定部曲减良人一等，不"计赃"，正说明法律并未把部曲视为资财。从这个意义上来说，部曲还算是人，因此他们得娶良人女为妻（但客女不得嫁良人为妻），"合有资财"，人身权利也稍高一些。例如，主人不得买卖部曲（虽然可以在"转事"的名义

---

① 《唐律疏议》卷一十八《贼盗律》"杀人移乡"条，卷二十五《诈伪律》"诈除去官户奴婢"条，卷二十六《杂律》"买奴婢牛马立券"条。
② 借贷，见《唐律疏议》卷一十一《户婚律》"役使所监临"条及卷一十五《厩库律》"监主借官奴畜"条，皆从侧面证明民间借奴婢乃合法之事，唯不得官私互借。博易：见卷二十五《诈伪律》"诈除去官户奴婢"条。偿债，见卷二十六《杂律》"负债强牵财物"条，据律意可知，告知官司后以奴婢过本契偿债为合法。质债，见卷二十六《杂律》"以良人为奴婢质债"条，律无禁以奴婢质债之文，可见是允许的。
③ 《唐律疏议》卷二十《贼盗律》"略和诱奴婢"条，卷二十五《诈伪律》"妄认良人为奴婢"条，卷二十六《杂律》"错认良人为奴婢"条，卷二《名例律》"十恶反逆缘坐"条。
④ 《唐律疏议》卷一十七《贼盗律》"谋反大逆"条。
⑤ 《唐律疏议》卷二十《贼盗律》"略人略卖人"条，卷二十五《诈伪律》"诈除去官户奴婢"条。

下变相买卖）；主人杀部曲，所受处分较杀奴婢重一等；主人妾殴部曲，处分加殴奴婢一等，部曲殴主人妾，则减奴婢殴主人妾一等；①部曲诉良妄称主压，科刑亦减奴婢妄称主压一等；②在部曲与主人的关系方面，总的情况诚如唐长孺所言："主人对部曲的人身占有是相当强的，但是不完全的。"③至于在与其他良人发生人身侵犯时，部曲与奴婢的差别也十分明显（详见上节）。压良人为部曲，科刑亦较压良人为奴婢轻一等。④部曲与奴婢相犯，"各依部曲与良人相殴伤法"，⑤即在人身侵犯方面，部曲与奴婢的差别相当于良人与部曲的差别。压部曲为奴婢，法律处分亦同于压良人为部曲。⑥此外，奴不得娶客女为妻，部曲死，其妻原非婢者亦不得嫁奴，⑦等等。这些差别，表明"部曲接近奴婢，但不是奴婢，身份要高一些"。⑧

　　正是由于奴婢的法律地位比部曲更为低下，是整个社会中身份最卑下的人，因此在《唐律疏议》里，他们被称为"贱人"，而对部曲则否。例如：

　　1. 卷四《名例律》"老小废疾"条："奴婢贱类。"卷六《名例

---

① 《唐律疏议》卷二十二《斗讼律》"殴部曲死决罚"条。
② 《唐律疏议》卷二十四《斗讼律》"部曲奴婢告主"条。
③ 唐长孺：《均田制度的产生及其破坏》。
④ 《唐律疏议》卷一十二《户婚律》"放部曲为良"条，卷二十《贼盗律》"略人略卖人"条，卷二十五《诈伪律》"妄认良人为奴婢"条，卷二十六《杂律》"错认良人为奴婢"条，卷一十四《户婚律》"奴娶良人为妻"条等。
⑤ 《唐律疏议》卷二十二《斗讼律》"部曲奴婢良人相殴"条。
⑥ 《唐律疏议》卷一十二《户婚律》"放部曲为良"条，卷二十《贼盗律》"略人略卖人"条，卷二十五《诈伪律》"妄认良人为奴婢"条，卷二十六《杂律》"错认良人为奴婢"条，卷一十四《户婚律》"奴娶良人为妻"条等。
⑦ 《唐律疏议》卷一十二《户婚律》"放部曲为良"条。
⑧ 唐长孺：《均田制度的产生及其破坏》，《历史研究》第2期，1956。

律》"官户部曲"条："奴婢贱人。"卷二《名例律》"五品以上妾有犯"条："婢乃贱流。"

2. 卷六《名例律》"官户部曲"条："部曲故杀同主贱人，亦至死罪，主求免死亦得同减法。但奴杀奴是重，主求免者尚听，部曲杀奴既轻，主求免者亦得免。"

3. 卷一十二《户婚律》"放部曲为良"条："放部曲为良，已给放书而压为贱者徒二年，若压为部曲及放奴婢为良而压为贱者各减一等，即压为部曲及放为部曲而压为贱者又各减一等，各还正之。"

4. 同上条："据户令，自赎免贱，本主不留为部曲者，任其所乐。"

5. 同上条："部曲娶良人为妻，夫死服满之后，即合任情去住……唯本是良者，不得愿嫁贱人。"

6. 卷一十四《户婚律》"奴娶良人为妻"条："与奴娶良人女为妻徒一年半。"疏：人各有耦，色类须同，良贱既殊，何宜配合！……"（按：部曲则得娶良人为妻）

7. 卷二十五《诈伪律》"诈除去官户奴婢"条："以部曲替奴，乃是压为贱色。"

8. 卷二十《贼盗律》"知略和诱强窃盗"条："略（良人）为部曲、客女，减为贱罪一等。"

9. 卷二十四《斗讼律》"部曲奴婢告主"条："奴婢诉良妄称主压者，谓奴婢本无良状而诉良云主压充贱者，合徒三年……（云主压充）部曲减一等。"

可见，按严格的意义说，作为法律术语的"贱人""贱""贱色"乃是专指奴婢而言,并不包括部曲在内。①在当时社会里,"贱人"也主要指奴婢。②因此,不少学者把部曲也称为贱人,是不符合唐律本意的。奴婢被定为贱人而部曲则非,这一点也清楚地表明了二者之间的等第差别。

但是,应当看到:部曲、奴婢之间在身份上的差异,较之其共同之处要小。最明显的一点是,"转易部曲事人,听量酬衣食之直",③而这实际上就是允许变相买卖。正因为"令有转事量酬衣食之直",故部曲"不可同于凡人"。④可见,尽管律云"部曲不同资财",但既曰"转事量酬衣食之直",实际上也近于资财了,因为

---

① 《唐律疏议》中,"贱""贱人"等名词,有时也可作为一种泛称而用于"贵贱""良贱"并举的场合,泛指各种身份低下的人。例如卷二十八《捕亡律》"罪人持杖拒捍"条说:"(罪人拒捕而)杀捕人者斩,捕人不限贵贱。"又卷一十八《贼盗律》"以物置人耳鼻"条疏云:"若杀凡人或伤尊长,应死;或于卑幼及贱人,虽杀不合偿死。及伤尊卑贵贱,各有等差……"良人殴杀他人部曲不偿死(见卷二十二《斗讼律》"部曲奴婢良人相殴"条)。据上引文,部曲似乎应属"贱人"。但是旧主杀死已经放良的部曲、奴婢也不偿死(见卷二十三《斗讼律》"部曲奴婢詈旧主"条),而被杀的人既经放良,已非主家部曲、奴婢,又非主家卑幼。可见上引条文中的"卑幼及贱人",不过是举例而言,显然是与上句中的"尊长及凡人"相对应,合起来泛指所有人而已。另外,卷二十二《斗讼律》"主杀有罪奴婢"条"问答"中说:客女及婢与主人生子而未放良,与同主部曲、奴婢相殴时,"仍同贱隶",不得算主人妾,故"不合别加其罪"。这里虽说客女"仍同贱隶",但主要是为了强调其非主人妾,并非确言其为贱人,故《唐律疏议》无一处明确说客女为贱人的。婢则不然,律有明文称"婢乃贱流"(卷二《名例律》"五品以上妾有犯"条)。还应当指出:即使是这种作为泛指的用法,在《唐律疏议》中也是不多见的。
② 例如《旧唐书》卷一百九十一《乙弗弘礼传》:弘礼善相人,"初,泗州刺史薛大鼎,隋时坐事没为奴,贞观初与数人往诣之(相面)。弘礼曰:'君,奴也,欲何所相?'咸曰:'何以知之?'弘礼曰:'观其头目,直是贱人……'"又《太平广记》卷二百六十一"柳氏婢"条:"婢曰:'某虽贱人,曾为仆射婢……'"等等。
③ 《唐律疏议》卷二《名例律》"十恶反逆缘坐"条疏引令云:"转易部曲事人,听量酬衣食之直。"
④ 《唐律疏议》卷二十二《贼盗律》"略人略卖人"条。

"转事"可被理解为买卖,而"衣食之直"则是其身价的代名词。既有身价并可买卖,当然也就具有资财性质。正是从这个基本点出发,《唐律疏议》才把部曲与奴婢一同列入"不可同于凡人"的低下等级。

(二)工户、乐户、官户、杂户、官奴婢以及随身、太常音声人

除了部曲与奴婢外,部曲奴婢等级还包括工户、乐户、官户、杂户和官奴婢。此外,随身与太常音声人在某种程度上也保留着这个等级的痕迹。

《唐律疏议》对上述各种人的身份作了相当详密的规定,另外在《大唐六典》、两《唐书》等书中也有不少此方面的材料。从这些资料中我们可以看到这些人的身份问题,比私家部曲、奴婢的身份问题更为复杂。这里,只将这些人作为一个社会集团,来比较其与私家部曲、奴婢的法律地位的异同。

工户、乐户、官户、杂户和官奴婢,①大多是被没入的罪犯及其家属与后代。《唐律疏议》卷三《名例律》"养杂户为子孙"条、"府号官称"条和卷一十二《户婚律》"养杂户为子孙"条,对工户、乐户、官户、杂户所下的定义是:"工、乐……是配隶之色","官户者,谓前代以来配没相生,或有今朝配没","杂户者,前代没官……官户者,亦是配隶没官"。至于官奴婢,有关条文更多。这些人身份与部曲奴婢大致相同。例如,他们也同样不得在州县

---

① 在这些名目之下,可能还有更细的亚类。例如公廨户,据《唐律疏议》卷一十七《贼盗律》"谋杀府主等官"条亦属官户,当为官户的一种。

立户贯（杂户例外）；①不得与良人通婚；②犯反逆等罪不连坐家属（杂户例外），"与部曲例同，止坐其身"；③犯流徒也与部曲奴婢一样用加杖法，加杖免流徒，"不同常人例"；④其身份非经放免不得改变，⑤并且身份世代承袭，⑥等等。在《唐律疏议》的若干条文中，把他们与部曲、奴婢并列而论；⑦而另一些条文提及他们时，则在有关的量刑处罚方面注明他们的地位与部曲奴婢相同。⑧这些都表明他们的法律地位确实近乎部曲奴婢。

随身，据《新唐书》卷五十五《食货志》所载德宗时情况来看，大约是国家配给武官的侍应之人。⑨在《唐律疏议》中，他们的地位与部曲差不多，"与他人相犯并同部曲法。……与部曲色目略同"，⑩"（称）部曲、奴婢者，随身、客女亦同"。⑪但是，在唐代史籍里，有关随身的资料不多见，难以进一步了解其情况。因此，我们虽知这种人在一些方面具有与部曲相似的特征，但无法确言其

---

① 《唐律疏议》卷三《名例律》"工乐杂户"条、"府号官称"条，卷一十二《户婚律》"养杂户为子孙"条，卷一十八《贼盗律》"杀人移乡"条。
② 《唐律疏议》卷一十四《户婚律》"杂户不得娶良人"条。
③ 《唐律疏议》卷三《名例律》"工乐杂户"条。
④ 《唐律疏议》卷三《名例律》"工乐杂户"条。
⑤ 《唐律疏议》卷二十五《诈伪律》"诈除去官户奴婢"条、"诈自复除"条。
⑥ 《唐律疏议》卷四《名例律》"会赦改正征收"条，卷一十二《户婚律》"养杂户为子孙"条。又，《唐大诏令集》卷八十一《太常乐人蠲除一同百姓诏》亦云："太常乐人，今因罪谪入营署，习艺伶官……一沾此色，后世不改。"
⑦ 例如《唐律疏议》卷二十六《杂律》"奸徒一年半"条，卷二十八《捕亡律》"容止他界逃亡"条。
⑧ 例如《唐律疏议》卷二十二《斗讼律》"部曲奴婢良人相殴"条，卷二十八《捕亡律》"官户奴婢亡"条。
⑨ 《新唐书》卷五十五《食货志五》：贞元中，李泌为相，增百官俸，"左右卫上将军以下又有六杂给：一曰粮米，二曰盐，三曰私马，四曰手力，五曰随身，六曰春冬服。私马则有刍豆，手力则有资钱，随身则有粮米盐"。
⑩ 《唐律疏议》卷二十五《诈伪律》"妄认良人为奴婢"条。
⑪ 《唐律疏议》卷一十八《贼盗律》"穿地得死人"条。

身份与部曲究竟有多少差异。

太常音声人与上述各种人不同。他们原来是隋代的乐户,"元与工、乐不殊,俱是配隶之色,不属州县,唯属太常",但李渊入关后即允许他们"得于州县附贯,依旧太常上下"。①此后又于武德二年(619)颁布《太常乐人蠲除一同百姓诏》,②宣布隋太常乐人获得放免,"一同百姓"。既经放免,他们便可与良人通婚,③得做某些官,④"受田进丁老免与百姓同","犯反逆及应缘坐亦与百姓无别"。⑤但他们身上还保留着一些乐户痕迹。例如《唐律疏议》卷三《名例律》"工乐杂户"条说:"太常音声人,谓在太常作乐者",虽然"义宁以来得于州县附贯",但"依旧太常上下",与工乐杂户等都"不同百姓,职掌唯在太常、少府诸司,故犯流者不同常人例"。总的来看,太常音声人的身份基本上已是良人。因此尽管《唐律疏议》中有时把他们与工、乐、杂户连举并列,但是我们仍可据上述的有关规定把太守音声人排除于部曲奴婢等级之外。

工户、乐户、官户、杂户及官奴婢,与私家部曲、奴婢的最大不同之处,是他们的人身依附于国家而非某个私人。国家设有专门名籍管理之,倘不通过合法手段而诈除去名籍,将要受到处罚(杂户虽得在州县立贯,但诈除去名籍者仍同工、乐诈除去名籍之罪)。⑥他们的劳役亦不同百姓,"不从州县赋役","职掌唯在太

---

① 《唐律疏议》卷三《名例律》"工乐杂户"条。
② 此诏见于《唐大诏令集》卷八十一。
③ 《唐律疏议》卷一十四《户婚律》"杂户不得娶良人"条。
④ 《唐律疏议》卷三《名例律》"工杂乐户"条。
⑤ 《唐律疏议》卷一十七《贼盗律》"缘坐非同居"条。
⑥ 《唐律疏议》卷二十五《诈伪律》"诈除去官户奴婢"条、"诈自复除"条。

常、少府诸司"。①因此，他们同部曲、奴婢一样，也是一种不同于编户齐民的"私属"，即国家的私属。

工户、乐户、官户、杂户、官奴婢与私家部曲、奴婢虽然都是不同于百姓的"私属"，但由于各自占有者不同，因而被划分为两个系统——官有的系统与私有的系统。为了保障各自主人的支配占有权，法律规定私家部曲、奴婢不得与工户等通婚，也不得收养工户等为子孙；反之当亦然。②

此外，工户等与私家部曲、奴婢之间，还存在着一些具体的差别。例如，杂户、官户得受田；③工户、乐户、杂户可做官（当是其本司的方技之官）；④杂户并可在州县附贯（但不得脱其本司之籍），"进丁老免与百姓同"，等等。这些都与部曲奴婢不同。还有，工户、乐户、官户、杂户、官奴婢之间的等第差别，也比部曲与奴婢之间的等第差别更为复杂。从《唐律疏议》及其他文献中的有关资料来看，杂户地位较高，工、乐户次之，官户又次之，官奴婢最下。因此，较之私家部曲奴婢，我们可以认为官奴婢身份与私奴婢基本相同，而杂户、工户、乐户、官户等则程度不同地表现出部曲的特征。

---

① 《唐律疏议》卷一十八《贼盗律》"杀人移乡"条，卷三《名例律》"工乐杂户"条。
② 《唐律疏议》卷一十四《户例律》"杂户不得娶良人"条，卷一十二《户婚律》"养杂户为子孙"条。
③ 《唐律疏议》卷三《名例律》"府号官称"条：杂户"受田依百姓例"。又，《大唐六典》卷三《户部》："官户受田减百姓口分之半"。参阅《唐律疏议》卷一十七《贼盗律》"缘坐非同居"条。
④ 《唐律疏议》卷三《名例律》"工乐杂户"条：工乐杂户、太常音声人"犯流徒者……其有官荫，仍依本法当赎。若以流内官当徒及解流外任亦同前，还本色叙限，各依常法"。可见工户、乐户、杂户可为官。不过据唐代选举任官之法推断，他们应当只能做其本司的小官。

综上所述，可以得出这样的结论：尽管工户等与私家部曲奴婢之间有着这样或那样的差别，但总的来说，他们在身份上的共同之处比不同之处更大。因此，把工户等视为部曲奴婢等级中的官属部分或集团，是符合唐律精神的。

## 三、唐代部曲奴婢等级与其他社会等级的关系

在唐代社会中，存在着哪些社会等级？这些等级应当如何命名？这是唐史研究中的一个重要问题。有的学者在其论著中并未严格区分等级与阶级两个概念的差异，因而实际上以阶级划分取代了等级划分；而另一些学者则套以欧洲或日本、印度等级划分的模式，因而对唐代社会等级名之以"皇室等级""贵族等级""平民等级""贱民等级"。我认为：要深入地研究这个问题，应根据唐律的有关规定，把当时社会中的各种人划分为不同的等级，然后再采用足以包括各个等级的全部内涵与外延的名称来命名之。依据《唐律疏议》，我们可以看到唐代社会实际存在以下四个法律地位彼此截然不同的等级：（一）皇帝等级。包括皇帝本人以及在某种情况下（如皇帝年幼、生病等）可以代行皇帝权力的"三后"（太皇太后、皇太后、皇后）以及未来的皇帝与皇后——皇太子与皇太子妃。这几个人构成了一个高居于整个社会之上的最高等级。（二）应议请减赎当免人等级。其最主要特点是在犯罪量刑时得使用"议、请、减、赎、当、免"等特权法，不受"凡人法"的制裁。其范围在《名例律》中有严格的规定，大体上包括除皇帝、"三后"、皇太子及皇太子妃外的皇室其他成员、外戚、有爵封者

和一切流内官（职事官、散官、卫官、勋官以及视品官、前资官等所有持有流内告身者），以及他们的家属与宗族（范围依品不同）。（三）凡人等级。不得使用上述特权法，但享有基本的人身权利与财产权利，是唐王朝统治下人数最众的，又被称为"庶民""百姓""编户齐民"。《唐律疏议》中的"凡人法"即是为他们而设立的。（四）部曲奴婢等级。包括一切法律地位低于凡人的人。他们不仅与上述特权法无涉，而且不得用"凡人法"。在以上各个等级内部，根据不同的身份，又分为不同的等第或集团。

在这样一个等级社会中，部曲奴婢等级的地位如何？换言之，它与其他等级的关系怎样？这需要我们作细致的分析。

首先，我们来观察部曲奴婢等级与凡人等级的关系，这种关系具有以下两个主要特征：

（一）凡人可以占有部曲、奴婢

《唐律疏议》的制定原则是以"凡人法"为基准，对于地位高于或低于凡人的人，则根据不同的情况，或者使用某项特别法，或者依"凡人法"进行加减。《唐律疏议》声明"律条简要，止为凡人生文，其有尊卑贵贱，例从轻重相举"，[①]即是此意。因此，《唐律疏议》中凡未特别注明适用于某种人的条文，除了一部分是行用于全体臣民的以外，[②]大多数都是针对凡人的，即"凡人法"。"部曲奴婢之主"的身份，律文未作任何规定，可知即指凡人。[③]又据

---

[①] 《唐律疏议》卷一十八《贼盗律》"以毒药药人"条。
[②] 例如关于谋反、谋叛、谋大逆等条文。
[③] 至于身份高于凡人的各种人，根据"其有尊卑贵贱，例坐轻重相举"的原则，无疑可以成为"部曲奴婢之主"，这是不言而喻的。

卷一十一《职制律》"役使所监临"条："监临之官，私役使所部之人及从所部借奴婢、牛马驼骡驴、车船、碾硙、邸店之类，各计庸赁以受所监临财物论。……称奴婢者，部曲、客女亦同。"此处所说的"所部"，指此官员"监临"下的一切百姓（包括凡人）。律禁"监临之官"从所部借部曲、奴婢，可见凡人畜部曲、奴婢不仅得到法律的许可，而且还得到法律的保护。又，卷二十二《斗讼律》"媵妾詈夫"条疏引令云"庶人以上有妾"，而同卷"殴部曲死决罚"条云："妾殴夫家部曲，亦减凡人二等；部曲殴主妾，加凡人二等。若妾殴夫家奴婢，减部曲一等；奴婢殴主之妾，加部曲一等。"两条合观，可知庶人（即凡人）皆可拥有部曲、奴婢。

（二）凡人等级的法律地位高于部曲奴婢等级

在《唐律疏议》中，"凡人"有各种异称，如"庶人""常人""百姓""良人"等，有时则径称之为"人"。这些异称各适用于不同的场合。其中"良人"一词，虽然有时也可作为一种泛称，用于良贱对立的意义，但作为一个严格意义上的法律用语，"良人"一词仅指凡人，而不包括身份高于凡人的应议请减赎当免人。何以见得？请看以下对比：

据《唐律疏议》卷二十二《斗讼律》"部曲奴婢良人相殴"条："部曲殴良人，（处分）加凡人一等。"而据卷二十一《斗讼律》"斗殴手足他物伤"条，凡人殴凡人（不伤），合笞四十。部曲殴良人（不伤）加一等，合笞五十。若此时部曲所殴的不是凡人而是一个三品官人，情况就大不一样了，不是被处笞五十，而是处徒二年半，刑级加了九等。为什么呢？因为三品官人属于应议请减赎当免人等级中的

"议贵人"。据卷二十一《斗讼律》"流外官殴议贵"条，凡人殴议贵人，处徒二年。部曲殴议贵人加一等，故处徒二年半。该条律文的疏说："部曲殴伤良人，加凡人一等，奴婢又加一等，此是良人与奴婢、部曲凡斗之罪。其部曲、奴婢殴凡人尚各加罪，况于皇族及官品贵者，理依加法。"可见，律中"良人"即"凡人"，而"皇族及官品贵者"（据此条及其前后诸条，除皇族及官品贵者外，还包括一切流内官、皇家袒免亲及本属长官家眷等）则并不在"良人"范围内。

因此，本文第一节中所论述的部曲、奴婢与良人在各方面的不平等，即是部曲奴婢等级与凡人等级之间的不平等。因前面已作论述，兹不赘论。

第二，部曲奴婢等级与应议请减赎当免人等级的关系，《唐律》并未立有专条，须据"其有尊卑贵贱，例从轻重相举"的原则来推求之。

凡人有权占有部曲奴婢，应议请减赎当免人享有比凡人更多的权利，所以他们得占有部曲奴婢是不言而喻的。不仅如此，由于他们拥有凡人所不具有的权势和地位，所以他们通常占有着较多的部曲奴婢。唐代史籍中最大的部曲奴婢所有者，大都属于此等级中人。同时，他们对其部曲奴婢的人身占有程度以及他们与部曲奴婢之间的等级不平等程度，也大大超过凡人。下面就以唐代文献中最大的奴婢所有者之一李孝恭为例以证明之。

据《旧唐书》卷六十《宗室传》，武德六年（623），李孝恭因破辅公祏之功，一次受赐奴婢七百人（在唐代文献中，这是规模最大的一次赏赐奴婢）。贞观初，孝恭官至礼部尚书（前此累任宗正卿、大都督、行台仆射等官），爵至河间郡王，其散官、勋官则史未详载。

由于礼部尚书正三品、郡王从一品，[①]据《唐律疏议》卷一《名例律》"八议"条规定，职事官三品以上，爵一品以上者属于"议贵"人，因此孝恭系应议请减赎当免人中地位最高的"八议"人中的"议贵"人（实际上他还同时具有"议亲""议功""议能"等类人的身份）。依据法律所赋予他的各种特权，他实际上可以恣意地屠杀奴婢而毋庸担心受罚。按律规定，凡人故杀己家无罪奴婢，处徒一年；而孝恭故杀己家奴婢，则可先据减罪特权，减凡人一等，合杖一百；再据赎罪特权，纳铜十斤即可完事。凡人故杀己家无罪奴婢六人，累计徒刑六年，依照《唐律》刑等，即入于死刑。若孝恭则不然，杀六人，累徒六年，据官当特权，"犯私罪以官当徒者，五品以上一官当徒二年"，[②]他可以其所任之礼部尚书当徒二年，余徒四年，则可以其勋官及历任之官当之，并不会受刑罚。若杀奴婢太多，超过了减赎当免所允许的限度合处死刑，则尚可使用议罪特权，有司不得定其罪名，只能列其所犯，奏请皇帝裁定。[③]这样，法律实际上就赋予他凡人身份的部曲奴婢之主所不能拥有的任意杀戮己家部曲奴婢的权力，从而充分表现出应议请减赎当免人对其部曲奴婢的人身占有的程度，远远超过凡人中的部曲奴婢所有者。至于与他人部曲奴婢之间的不平等，应议请减赎当免人也比凡人为甚。例如，部曲殴非主凡人，当获笞五十；但若殴李孝恭，则合徒二年半，相差九等。凡人殴他人部曲，合笞三十；而李孝恭若殴他人部曲，可依减罪特权减一等为笞二十，再据赎罪特权纳铜二斤了事。

---

① 《旧唐书》卷四十二《职官志》。
② 《唐律疏议》卷二《名例律》"以官当徒"条。
③ 《唐律疏议》卷一《名例律》"八议"条。

当然，也要指出：根据所享有特权的大小，应议请减赎当免人等级内部也存在着不同的等第。李孝恭属于其中特权最大的"八议"人等第，因此他尚不能完全代表整个应议请减赎当免人等级。不过，这个等级内部的等第之差，按其性质而言，仅是五十步之于百步而已。所以，通过李孝恭这个例子，我们可以清楚地了解到这个等级与部曲奴婢等级之间的关系。

第三，至于享有至高无上地位的皇帝等级，它与部曲奴婢等级的关系有别于上述情况。

我们知道，唐代的皇帝具有双重的身份，他既是国家的元首和握有无限权力的最高统治者，同时又是最大私有者。因此，他一方面通过太常、少府等国家机构占有人数众多的工户、乐户、官户、杂户、官奴婢乃至太常音声人等，另一方面还通过内侍省、殿中省等宫廷机构奴役着成千上万的宦官、宫人等"家奴婢"。[①]而且，由于皇帝握有最高权力和享有最大特权（《唐律疏议》对此权力与特权的范围并无任何限制），因此，他对其部曲奴婢（即宦官、宫人、工户等）的人身占有程度无比强烈，他们的生死、荣辱、放免等，完全取决于他的意志，法律对此完全不加干预。此外，由于皇帝享有至高无上的等级地位，而部曲奴婢则处于社会等级阶梯的最下一级，因此二者之间不平等的程度也最甚。有损于皇帝人身以及形象的任何行为、言论甚至打算，都将在"谋反""谋大逆""大不敬"的罪名下受到最严厉的惩罚。《唐律》所列出的十种最严重的罪行（"十恶"）中，"谋反""谋大逆"及"大不敬"就占了三种，

---

① 唐代宦官、宫女都被称为皇帝的"家奴婢"。

而且"谋反"与"谋大逆"还是排列在最前面的两种。①在这些方面，部曲奴婢和其他人一样，并无例外。因而，较之应议请减赎当免人与部曲奴婢两个等级之间的不平等而言，皇帝等级与部曲奴婢等级之间的不平等更是判若天壤，这是世人皆知的。②

通过以上分析可以看到：部曲奴婢等级与其上面的凡人、应议请减赎当免人及皇帝三个等级的关系各不相同。这三个等级对部曲奴婢等级的人身占有及相互不平等的程度，是随着他们各自等级地位的高下为转移的。

最后，还需说明：本文所讨论的，只是部曲奴婢这个社会等级的法律地位，而非其实际地位。事实上，唐代史料中有许多实例表明：在某些特别的场合和条件下，二者是有相当差异的。例如，高祖朝的樊兴、钱九陇、马三宝，武后朝的侯思止，玄宗朝的王毛仲、李守德等，都是皇帝家奴或民间私人僮奴而为皇帝所利用，因之擢为高官者。③又如武德时，尹德妃之父尹阿鼠的家奴竟然在光天化日之下无端殴击秦王府官杜如晦；天宝时，杨贵妃之兄姊的家奴也敢于在众目睽睽之下鞭打玄宗女广平公主和驸马程昌裔。④像这一类部曲奴婢，其实际地位远非一般良人可比。因此，对某些特殊事例，还需另作分析。

---

① 《唐律疏议》卷一《名例律》"十恶"条。
② 本小节所述虽然仅言及皇帝而未提到皇帝等级中的其他人如三后、皇太子及皇太子妃，但由于后者的特殊地位，《唐律疏议》通常把他们与皇帝一并而论，或者注明与皇帝同，或者规定比皇帝稍低。因此，本小节中所说的皇帝，实与皇帝等级同为一事。
③ 见《新唐书》卷八十八《裴寂传》，卷二百零九《侯思止传》，卷一百二十一《王毛仲传》。
④ 见《旧唐书》卷五十一《后妃传》。

# 唐代部曲奴婢等级的变化及其原因

部曲奴婢是唐代社会中的一个等级。这个等级在唐代近三百年中发生了很大的变化。研究这个变化，有助于我们进一步认识唐代封建生产关系的发展。本文拟从部曲奴婢的身份、来源、被占有情况以及在社会生产中所起的作用等方面来考察这一变化，然后分析发生变化的原因。

## 一、唐代部曲奴婢等级的变化

唐代部曲奴婢的身份，即他们的法律地位，在唐代法典《唐律疏议》中有详尽而严密的规定。这里要指出的是，尽管《唐律疏议》是整个唐代社会关系的法律表现，但是它最集中地反映出来的，却是它被制定时期（唐初武德、贞观、永徽时期）的社会现实。因此，我们可以把《唐律疏议》中对部曲奴婢的有关规定视为唐初部曲奴婢的实际法律地位。

永徽以后，《唐律疏议》对部曲奴婢的身份所作的规定从理论上来说依然有效，但实际上，这部法典中的许多条文显然已成具文。例如：

在与主人的关系方面，主人不复能够像先前一样轻易地处死部曲奴婢了。"部曲"一词，本来指军中部属，到了南北朝才变成一种贱人的法定称呼。《唐律疏议》中的部曲，即是后者。自安史之乱以后，这种意义的部曲虽然还有，但已很少见。而原始意义的部曲（即军中部属）则比较多地出现于史籍。他们的身份与《唐律疏议》所言有很大不同。但是，即令是《唐律疏议》中所说的那种部曲，主人这时也不能杀死他们。例如，根据《唐律疏议》卷二十《斗讼律》"殴部曲死决罚"条，主人杀部曲，至多处徒一年半。若是官僚还可以减赎。然而德宗时，"前湖南观察使辛京杲尝以忿怒杖杀部曲，有司劾京杲杀人当死。从之"。[1]据何士骥《部曲考》，此处所说部曲属于贱人意义上的部曲。可见这时杀部曲是要偿命的。

又，故杀己家奴婢而不请官司者，依《唐律疏议》卷二十二《斗讼律》"主杀有罪奴婢"条，仅合杖一百，而且官僚及其家属还可以减赎。然睿宗时，东都留守、故相韦安石，坐妻薛氏笞杀婢女，为御史所劾，因之贬官。[2]德宗时，韩滉幕僚房孺复（名相房琯之子）亦坐妻崔氏杀侍儿，观察使奏闻，贬远州。[3]宪宗时，宰相于顿之子、太常丞于敏令人杀死并肢解他人家奴，结果于敏被处死，凶手犀牛等送京兆杖杀，于顿及于敏的弟兄都被贬官或免官，[4]可见杀己家或他家奴婢也都受到重罚了。据律，部曲奴婢有

---

[1] 《旧唐书·李忠臣传》。
[2] 《新唐书·韦安石传》。
[3] 《新唐书·房琯附子孺复传》。
[4] 新旧《唐书·于顿传》。

"过"主人"决罚"之,至死勿论。然而宣宗时,骁卫将军、前幽州节度使张直方,"奴婢细过辄杀,积其罪,贬思州司户参军",①可见己家奴婢有"细过"也不得辄杀了。以上事例,所涉及者皆达官名士,故多贬官了事。至若庶人,处分则更严厉。②虐杀奴婢而未受处分之事例在唐代中后期亦有之,③但较少见。

在良贱关系方面,二者间的许多差异逐渐在缩小,特别是部曲。中晚唐时期,部曲涵义又变成了"军中部属"之意。这一变化,表现了作为贱人之一的部曲,到中唐时,他们与良人的差别,已不复存在。否则,那些飞扬跋扈的军将,是不会愿意再袭用这一已被长期赋予"贱"的特定涵义的旧称的。

奴婢与良人的关系变化也很大。唐律规定奴婢同于资财畜产,毫无人格可言,更谈不上做官。可是武后时就已有破例的事实。如奴侯思止因告变而被擢至游击将军、左台侍御史。④玄宗时,奴王毛仲更至开府仪同三司(开元年间唯王仁皎及姚崇、宋璟至此官)、封霍国公;奴李守德亦至禁军高级将领。⑤不过,这些人做官主要是因为与最高统治者的特殊关系,或是出于最高统治集团内部权力斗争的特殊原因,有很大的偶然性,在当时也被视为非常之事,非臣下所得行。直到开元八年(716),郭虔瓘奏家奴八

---

① 《新唐书·张仲武附子直方传》。
② 例如懿宗时,长安咸宜观女冠鱼玄机,素与权贵交往,颇有名于当时,后因笞杀婢女而被处死。见《太平广记》卷一百三十"绿翘"条、卷二百七十一"鱼玄机"条。
③ 例如《太平广记》卷三百四十四"寇鄘条"载:郭子仪妻尝怒青衣泄所游处,活埋之。
④ 《新唐书·侯思止传》。
⑤ 《新唐书·王毛仲传》。

人有战功,求为游击将军。这才正式表明家奴做官是可以公开奏请的了,但反对的力量还很大,"宰相劾其恃功乱纲纪,不可听",玄宗也因而罢之。①这以后,奴做官却不再见到反对。如德宗时,竟有奴高固因战功官至邠宁节度使、爵至渤海郡王。②再后,甚至有"苍头"为"州将"而拒纳节度使的。③在藩镇方面,情况更甚。魏博、淄青、泽潞、淮西等镇,家奴擅立主帅,专决大计,处置军事,诛戮大将,成了实际的主人。对这些事例,社会也习以为常,不再视为"乱纲纪"了。这个变化,反映了奴与良人身份差距的缩小。

从部曲奴婢的来源看,也有变化,即在唐代中后期,部曲奴婢的来源较在唐前期狭窄得多。

部曲的主要来源是被释放的奴婢。《唐律疏议》允许主人放奴婢为部曲或奴婢自赎为部曲。这方面的例证虽然尚未发现,但根据南北朝时期尚且有大批释放奴婢为部曲的情况来看,这种现象在唐代当不是个别的。唐长孺先生认为:"部曲的数量,除本身的自然增殖外(这是不能保证的),只能以奴婢和可充奴婢的俘虏的数量为限度"。④因此,可以把部曲来源的问题也归之于奴婢的来源。

唐代前期,奴婢来源较广。首先,地主阶级通过封建国家把汉族人民和少数族人民乃至外国人民变为官奴婢,其数量相当的大。前者如唐初统一战争中,唐廷曾把大量的战俘压为奴婢。又如武后时,唐宗室、贵族、臣僚、将帅之家,被籍没者不计其数,由

---

① 《新唐书·郭虔瓘传》。
② 《新唐书·高固传》。
③ 《旧唐书·李晟附子听传》。
④ 唐长孺:《均田制度的产生与破坏》。

此变为奴婢的良人自然不在少数。后者例如太宗征辽东，所获俘虏"应为奴婢"者数以万计。①特别是在南方地区，在唐代前期"开山洞置州县"的过程中，因"夷獠反叛"而发兵击之，从中大量掳获"生口""獠口"的事例很多，而按规定"入钞之俘，归于司农"，②也就是被没为官奴婢。

封建国家经常通过赏赐的方式，把大批的官奴婢，分配给贵族、官僚、地主。例如：亲王、公主受赐奴婢，都有常制。③皇帝对官僚之立功者、宠信者，亦常赐以大量奴婢，④甚至来降者、进言者，皆有受赐奴婢之例。这样的大量赏赐，也表现了当时奴婢来源较为广泛。

除此之外，唐代前期官僚、地主还采取各种手段获得了大量奴婢。如太宗时广州都督党仁弘，擅没降獠为奴婢，⑤阿史那社尔破高昌，"所取皆老弱陈弊，太宗美其廉让"。⑥高宗时，兰州刺史崔知温与将军权善才破党项，权善才"分降口五百人与知温"，崔知温却之曰："岂图私利哉？"⑦玄宗时，裴宽为范阳节度使兼采访

---

① 新旧《唐书·高丽传》。
② 《新唐书·百官志》。
③ 例如《新唐书·万安公主传》："开元新制……主不下嫁，亦封千户，有司给奴婢如令。"公主不下嫁，尚有赐奴婢之令，其他王公受赐，亦应有制。
④ 臣僚立功受赐之例，如平辅公祏，李孝恭受赐奴婢七百口，李靖、李大亮各百口（分见《新唐书》本传）。太宗征辽东，从征立功者受赐之例甚多，如盖牟城之役，李道宗受赐四十口；安市之役，薛仁贵受赐生口甚众；元仁基从征有功，受赐五十口，等等（分见《旧唐书·李道宗传》《新唐书·薛仁贵传》及《元结传》）。刘幽求预诛韦后，宁王宪让太子，亦受赐奴婢（分见《新唐书·刘幽求传》及《让皇帝宪传》）。受宠者如张易之兄弟，来俊臣、安禄山……皆受赐奴婢（分见《新唐书·张行成附子易之传》及《来俊臣传》《安禄山传》）。
⑤ 《新唐书·刑法志》。
⑥ 《新唐书·阿史那社尔传》。
⑦ 《旧唐书·崔知温传》。

使,"檀州刺史何僧献生口数十人,宽悉命归之,夷夏感悦"①。辽东之役中李勣对太宗说:"战士奋力争先,不顾矢石者,贪虏获耳"。②所谓"虏获"主要是"生口""子女"。太宗亦不以为异而赞同之。可见此类事乃当时习见,而封建国家也多对之采取放任的态度。

掠卖汉族良人为奴婢,本为法律所严禁,但在唐前期,地主、官吏掠卖良人为奴婢的事例也屡见不鲜。例如武后时,竟有区区一县尉"劫卖部中口千余"的。③中宗时,安乐公主等竟公开在首都长安"掠民子女为奴婢"。④而这些掠人行为却因种种原因而未受到制裁。此外,由于法律不许农民脱离国家土地,因此当农民破产不得不抛弃土地去依附私家地主时,他们就成了不合法的人户,根据法律是要受到处分的(收容逃户者也要受处分)。为了躲避法律处分,他们中的许多人不得不承认自己是所依附的地主的奴婢。这样而来的奴婢当也不会在少数。因此,唐代前期奴婢的来源是较广的。

到了唐代中后期,国力衰弱,吐蕃、南诏、回纥经常兴兵内犯,大量劫掠汉族人民为奴婢。唐廷自保不暇,更谈不上俘掠周边少数族人民为奴婢了。在南方民族杂居地区豪强、官吏违法掠取少数族人民为奴婢之事虽仍不少,但已不像原来那样由官方进行,主要是一种私人的行为。因谋反等没为官奴婢的事虽不少,不过较

---

① 《旧唐书·裴潍附从祖弟宽传》。
② 《旧唐书·高丽传》。
③ 《新唐书·郭元振传》。
④ 《新唐书·安乐公主传》。

之唐初削平群雄之际及武后以周代唐之时,似已减少。①作为官奴婢减少的一个重要标志是,唐代中后期,尽管统治集团更趋腐败,皇帝挥霍无度,横赐滥赏,但却不见大量赏赐奴婢的事例(赏赐奴婢之例虽有之,但多者不过数口,未有如唐初动辄赐以数十乃至数百口的)。相反,皇帝御用的奴婢倒往往依靠贵族及地方官吏的进奉贡献或通过购买等手段来补充。②官奴婢是私奴婢的一个重要来源,官奴婢减少,对于私奴婢的数量当然有影响。

此外,唐代中后期,地主阶级分子通过各种手段把少数族人民和汉族良人变为奴婢的做法,也越来越受到限制。唐廷累诏地方官吏和地方豪强不得掠卖外国人和少数族人为奴婢,③许多地方官吏也采取行动制止之,④甚至地方官吏对皇帝的进奉贡献也受到限制。⑤至于压汉族良人为贱,本为律令所禁。唐代中后期,虽内战频繁,掠人之事甚多,但掠之以为奴婢(特别是大批地掠为奴婢)的事例却少见,而且唐廷及藩镇也往往加以禁止,这也反映出压良

---

① 吕思勉先生认为这是"盖因时际承平,谋反降叛等事少也"。见吕思勉《隋唐五代史》第16章第3节。
② 进献之例如《旧唐书·德宗纪》:大历十四年闰五月辛巳,"罢邕州岁贡奴婢"。《宪宗纪》:元和中,罢腊口使(按:腊口使盖指于腊月遣使献口)。《敬宗纪》宝历元年六月乙酉,"诏公主郡主并不得进女口"。《新唐书·懿宗纪》:咸通八年五月丙辰,"禁延庆端午节献女口"。《旧唐书·阳城传》:"道州土地产民多矮,每岁常配乡户贡其男,号为矮奴。"《新唐书·吐突承璀传》:"诸道岁贡阉儿,号私白。"……购买之。例如宪宗"以丹王无侍者,比命访闾里,以赀致之"(《新唐书·李绛传》),文宗甘露之变后,"留神妓乐,……(使)庄宅收市,亹亹有闻"(《旧唐书·魏暮传》)。
③ 例如穆宗、文宗诏禁海贼掠卖新罗人为奴婢(《旧唐书·穆宗纪》,《新唐书·新罗传》)。宣宗、懿宗等亦诏禁岭南掠卖夷獠为奴婢(《唐大诏令集》卷八十六、一百零九)。
④ 例如阳城、孔戣等(分见两《唐书》本传)。
⑤ 见注②中所引德、宪、敬、懿诸帝禁进献之诏。

为贱受到很大的限制。农民破产自卖或自投为奴婢的当然还有，但是更多是转变为客户或应募当兵。

唐代私人占有部曲的情况，史文阙如，不得而知。但是从《唐律疏议》的有关条文来看，在唐代前期，私人占有部曲的现象，在当时的社会中看来并不少见，因而才必须为之设立律条。可是到了唐代中后期，不仅庶人地主拥有部曲的例子见不到，就是官僚地主拥有部曲的记载也很少了。一个明显的例证是：唐代前期寺院是拥有部曲的（这从《唐律疏议》关于寺院部曲奴婢的律条可见），可是到会昌灭佛时，却只见释放奴婢而不见部曲。此外，《唐律疏议》规定：犯谋反等罪者，其部曲奴婢随同田宅资财并没官，可见唐代前期部曲没官的情况比较常见。然而唐代中后期因罪没官的，只见有田宅资财及奴婢，而不见有部曲。这些例子说明：到唐代中后期，私人占有部曲的现象几乎消失了。

唐代前期私人蓄奴，数量颇大。例如太宗子越王贞有家僮千人，[1]武后女太平公主"侍儿罗绮者常数百人，苍头监妪必盈千人"。[2]富商邹凤炽侍婢"绮罗珠翠，垂钗曳履，尤艳丽者至数百人"，[3]高州总管冯盎"奴婢至万人"，[4]而营州都督李谨行"父突地稽部酋长也……家童至数千"，[5]安禄山"家奴善弓矢者数百人"，[6]又如李孝恭等，蓄奴也不在少数。到了唐代中后期，大

---

[1] 《旧唐书》本传。
[2] 《旧唐书·武承嗣附太平公主传》。
[3] 《太平广记》卷四百五十九"邹凤炽"条。
[4] 《新唐书》本传。
[5] 《新唐书·李谨行传》。
[6] 《新唐书》本传。

量蓄奴之例仍有，如岭南节度使胡证"养童奴数百"（《旧唐书》本传），安南都护邓祐有"奴婢千人"，①琼山郡守韦公干有女奴四百，②王处存父王宗"僮奴万指"，③天平节度使刘约有家僮五百人。④但是总的说来，在中原地区，大量蓄奴的例子，在唐中后期比唐前期要少得多，在少数民族地区和边疆地区，大量蓄奴的例子始终都不少，不过像唐代前期的冯盎和李谨行之父那样的特大畜奴者，在唐代中后期尚未见到。因此我们认为，唐代中后期私人蓄奴的数量，比较唐代前期是减少了。

在唐代以前，部曲奴婢在社会生产中具有相当重要的地位。到了唐代，部曲从事生产的记载尚未发现，难知其详。不过，初唐承南北朝余绪，以部曲进行生产的事理当有之。但安史之乱后，这种部曲则根本见不到了。这时的部曲，其工作主要是作战或作将帅的武装扈从，与社会生产已经完全没有联系了。

有关唐代奴婢从事生产劳动的记载，多集中于唐代前期，比较典型的例子如武攸绪"市田颍阳，使家奴杂作，自混于民"。王绩"有田三十六顷，在河渚间……有奴婢数人。春秋酿酒，养凫雁，莳药草自供"。崔觐"以田宅财货分给奴婢，各为业，而身与妻隐南山，约奴婢：过其舍则给酒食"。⑤刘弘基"给诸子奴婢各十五人，田五顷，谓所亲曰：'使贤，固不藉多财；即不贤，守此可脱饥

---

① 《太平广记》卷一百六十五"邓祐"条。
② 《太平广记》卷二百九十六"韦公干"条。
③ 《旧唐书·王处存传》。
④ 《新唐书·卢钧传》。
⑤ 《新唐书·隐逸传》。

冻。'"①等等。又如武后时，"诏市河南河北牛羊，荆益奴婢，置监东莱，以广军资"。②玄宗时，王毛仲监牧陇右，"募严道獠僮千口为牧围"。③此二例不仅说明官奴婢从事畜牧业，而且说明荆益、严道等地私奴婢也有很多从事畜牧业，有奴隶市场，否则不必从这些地方招募、购买奴婢以为牧围。这些事例说明：唐代前期的奴婢从事社会生产的现象相当普遍。

使用奴婢从事生产的例子，在唐代中后期也有。如韦公干"有女奴四百人，执业者太半：有织花缣文纱者，有伸角为器者，有镕锻金银者，有攻珍木为什具者，其家如市，日考月得，唯恐不程"④。但是，这类例子并不多见。至于从事农业生产的例子，则更为少见。相比之下，唐代中后期奴婢在社会生产中的作用和地位，较之唐代前期，无疑是下降了。

部曲奴婢实际身份逐渐提高，来源日益狭窄，私人占有数量减少，在社会生产中地位和作用下降，说明在唐代，这个等级不是在发展，而是在逐渐的消亡之中。到了唐代以后，部曲奴婢作为一个社会等级便不复存在了。

## 二、唐代部曲奴婢等级变化的原因

那么，为什么会发生这个变化呢？

自然，部曲奴婢争取解放的斗争，是造成这个变化的一个重要

---

① 《新唐书·刘弘基传》。
② 《新唐书·张廷珪传》。
③ 《新唐书·王毛仲传》。
④ 《太平广记》卷二百九十六"韦公干"条。

原因。《唐律疏议》对部曲奴婢杀主处分之严厉，说明这种现象的严重。唐代史料中杀主之事甚多，如唐初李大亮之兄李大安为其家奴所杀；①懿宗时，昭义节度使沈询为其家奴所杀；②柳超的两个家奴准备杀死柳超，他们说：杀掉主人，"取财而为良人，岂不好乎！"③表现了广大部曲奴婢的反抗心理。

部曲奴婢也常常逃亡，摆脱对主人的依附和屈辱的贱人身份。有的主人剔除奴婢脚筋以防其逃亡，④可见逃亡是严重到了难以防止的程度。当然，残酷的手段并不能有效地制止部曲奴婢的逃亡，正如一个逃亡奴仆公开宣称的那样："愿为夷狄之鬼，耻为世俗苍头！"⑤而在唐代中后期，客观形势又为部曲奴婢的逃亡创造了有利的条件。

部曲奴婢还常常利用封建国家与自己主人之间的矛盾来进行斗争。《唐律疏议》一方面严禁部曲奴婢告主，一方面又宣称："日月所照，莫非王臣。奴婢部曲虽属主，其主若犯谋反逆叛，即是不臣，故许论告。"⑥因此，部曲奴婢就有可能利用这种方式来反抗主人。早在唐初，为武德功臣之首的裴寂，即为奴告而流静州。⑦至德宗时，奴告主之事甚多（如郭子仪的三个女婿及长安令李济、万年令霍晏等，皆因奴告得罪），致使时人有"愚贱之辈，悖慢成风，主反畏之，动遭诬告，充溢府县，莫能判决"之谓。尽管若干大臣大声疾

---

① 《太平广记》卷九十九"李大安"条。
② 《新唐书·沈既济附孙询传》。
③ 《太平广记》卷四百三十七"柳超"条。
④ 《太平广记》卷二百二十"杂药说"条。
⑤ 《太平广记》卷二百七十五"捧剑"条。
⑥ 《唐律疏议》卷二十四《斗讼律》"部曲奴婢告主"条。
⑦ 《旧唐书·裴寂传》。

呼"贱不得干贵,下不得陵上",[1]可是告主之风往后却愈炽。宪宗时于敏专杀他人奴一案,即系于敏之奴王再荣告发,这已超过《唐律疏议》所允许的谋反逆叛事方得告发的规定了。宣宗时,大理卿马曙之奴王庆诬告曙谋反,虽"按之无状",然竟"投曙岭表",王庆却免诬告之罪,[2]《唐律疏议》规定:良人诬告人谋反者处斩。王庆诬告主谋反竟然得免,可见当时对奴告主处分之轻。禁奴告主之法,定于太宗贞观二年(628),高宗永徽四年(653)《唐律疏议》颁布时重申之,德宗建中元年(780)五月二十八日诏书再申之。宣宗时魏謩又引此律固争。然而"主得罪而奴获逞志者,盖亦不少;主无罪而奴获重咎,盖转为罕见之事……法律之不成具文者几何哉"![3]到了五代,奴婢告主之事更多,致使当时"士民家皆畏惮仆隶,往往为所胁制"。[4]统治者鼓励部曲奴婢告主,对部曲奴婢的斗争,在客观上是有利的。部曲奴婢告主谋反逆叛,唐律未言其是否因之得放为良,但据五代时李崧部曲葛延遇告崧得重赏一事可知,可因此放贱为良。[5]此外,由于主人畏告而不得不释放某些部曲奴婢,也是可能的。

然而,原因还不止此。部曲奴婢的反抗斗争,从他们产生之日以来,一直没有中断过。但在唐代以前,却没有造成前面所讲的变化,或未能造成这样大的变化,这是为什么呢?这就需要我们深入

---

[1] 《旧唐书·张镒传》。
[2] 《新唐书·魏征附五世孙謩传》。此案后经謩引律固争,卒论庆死。
[3] 吕思勉:《隋唐五代史》,第16章第3节。
[4] 《资治通鉴》卷二百八十八"高祖乾祐元年冬十月甲辰"条。
[5] 李崧不是军人,其部曲自然亦非军中部属。又,史亦称葛延遇为"仆夫",可见这是一种与唐律中有关规定相近的部曲。新旧《五代史·李崧传》。

到当时的社会经济基础的内部，对唐代在我国封建社会发展史上的特殊性进行考察。

中国的封建社会，从其生产关系的特点来看，可以分为前后两期。在其前期，生产关系中还保留着较多的奴隶制残余，剥削者对劳动者采取强烈的超经济强制，实行人身占有。而在其后期，与生产力发展的水平相适应，生产关系更多地体现出其成熟时期的特点，超经济强制有所减弱而经济强制相对增强，人身占有也较前松弛。唐代则正处于前后两期之际，因而生产关系发生了相对剧烈的变化。在这个变化中，租佃关系的发展，对部曲奴婢等级的衰亡，有着重大意义。

农业生产中的租佃关系不自唐代始，但直到唐初均田制时代，尚未有很大发展。陈乐素先生指出"在均田制宣告废止之前，法制上固不能承认此种［租佃］关系为合法；因此，那些不是有权势的土地所有者，或他的力量不足以勾结有权势者时，还未敢公然与有力无产的农民成立此种主从关系。故此种新体制，毕竟只行于局部，尚非社会的普遍现象"，"占有或役属佃客的，毕竟是王公百官及富豪之家，是社会上的少数有势力者"，而他们"本来有奴婢部曲，负担耕耘，对佃客的容纳量，不能过大"。① 这就限制了租佃关系的发展。直到唐代均田制瓦解后，地主招收佃客成合法，租佃关系才得到长足发展。

租佃关系的发展，推动了社会阶级关系的变化。首先，从农民阶级方面来说，这意味着封建国家支配下的均田制小农，逐渐地

---

① 陈乐素：《主客户对称与北宋户部的户口统计》。

演化为被私家地主剥削的佃农，而由于特定的历史条件，这种佃农既不同于以往世家豪族庄园中的部曲佃客，也不同于后代的自由佃农，而是一种介乎二者之间的佃农，这就是唐宋两代的客户农民。

客户的身份，介乎过去的部曲佃客和后来的自由佃农之间，可视为前者向后者转化的一种过渡形态。一方面，他们尚未丧失"良人"的身份，与地主在法律上都同属封建国家的编户齐民，具有一定的人身权利，并非像部曲奴婢那样完全地成为地主的"私属"。另一方面，他们对地主在人格上无可避免地还存在着依附关系，从宋代的情况来看，在某些方面与过去的部曲颇为接近。

客户的数量，史无明文，不过从一些材料推测，似乎一开始就颇大。早在开元时代逃户已占全国人口的百分之一二十。[1]建中时这个比例更升至五分之二，[2]陆贽说这些逃户"无容足之居"，只好"依托豪强，以为私属，贷其种食，赁其田庐，终年服役，无日休息，罄输所假，常患不充"，[3]亦即变为后来意义上的客户。当然并不是所有逃户都变为客户，但是毫无疑问，他们中的大多数注定只会变成陆贽所说的那种"私属"即客户的。据乐史在宋初太平兴国年间所撰的《太平寰宇记》，当时客户在主客中所占比例约为41%，[4]与建中时全国浮寄人户的比例相近。据此推测，中晚唐客户

---

[1] 《文苑英华》卷七百四十七，柳芳《食货论》述开元之世："人逃役者，多浮寄于闾里，县收其名，谓之客户。杂于居人者十一二。"又开元八年宇文融检括逃户，得户八十余万，稍后的开元十四年户口统计为七百零六万户（《旧唐书·玄宗纪》）。作一比较，约占百分之十二强，与柳芳估计正符。

[2] 《通典》卷七。

[3] 《均田赋税恤百姓》第三条。

[4] 参见张荫麟《北宋的土地分配与社会骚动》，《中国社会经济史集刊》第6卷第1期；李景林：《对北宋土地占有情况的初步探索》，《历史研究》第4期，1956。

的比例肯定也不小。也就是说，客户等级自形成伊始，就已是农民阶级中的重要组成部分，而且随着中晚唐社会经济的发展和赋税的加重，其数量还在不断地增加之中。这样，农民阶级的客户化，似乎成了中晚唐阶级关系中的一个潮流。

农民阶级的这一变化，对于部曲奴婢等级的命运起了决定性的影响。此时，"奴隶生产制是早已过了时的，接近于奴隶的部曲生产制也由于所受压迫的严重而不能提高其劳动兴趣，这就使得大土地所有者掠夺更多的剩余生产品的目的得不到保证。在大土地所有制发展的基础上，地主们企图吸引更多国家编户作为其依附者，企图掠夺更多的剩余生产品就必须改变其剥削方式"。[1]如何改变剥削方式呢？在当时的历史条件下，就是放弃已过时的部曲奴婢生产制，而采用新的剥削客户农民的租佃制。在这种情况下，部曲奴婢逐渐转变为客户农民，乃是不可避免的。事实也正是如此，部曲由于其地位与客户较为接近，较早地消失了。随后，奴婢数量也日益缩小。因此，逐渐地转变为客户农民，乃是唐代部曲奴婢等级的历史归宿。

租佃关系的发展，也进一步推动了地主阶级内部的变化。这一变化最突出的表现，就是庶族地主逐渐地把世族地主的残余完全地排挤出了历史的舞台。庶族地主是庶人身份的地主，对于在其土地上劳动的生产者，其超经济强制力比较弱，不像世族地主那样可以从法律上和实际上占有土地上的劳动者——部曲与奴婢。在当时的历史条件下，庶族地主主要以剥削人身权利相对较高的客户农民为得。因此庶族地主与世族地主的消长，对部曲奴婢等级的命运发生

---

[1] 唐长孺：《均田制度的产生及其破坏》，《历史研究》第2期，1956。

了重要的影响。一方面，庶族地主经济的发展，越来越多地把逃亡的部曲奴婢吸引过去，变成客户，另一方面，它所借以为基础的租佃制的相对优越性，在客观上也迫使那些用部曲奴婢生产制的地主自觉不自觉地改变剥削方式，让部曲奴婢转变为客户。

作为社会生产关系变化的重要体现，唐代封建国家的法令政策也发生了相当大的变化。这个变化也在一定程度上促进了上述转变。自唐初起，封建国家就立法严禁压良为贱并鼓励放贱为良，这就限制了部曲奴婢等级的扩大，但是封建国家同时又严禁部曲奴婢脱离主人，因此阻碍了部曲奴婢摆脱其贱人身份。自两税法实施后，封建国家承认了劳动人民流徙的合法性，而且，朝廷为了争夺劳动人手，要各地官吏大力招徕逃户，把户口增加作为地方官吏考绩的首要依据。因此各地官吏"迭行小惠，竞诱奸甿，以倾夺邻境为智能，以招萃逋逃为理化"，甚至以复除等方法招徕逃亡人户。[①]元和六年三月制书也说："自定两税以来，刺史以户口增减为其殿最，故有……招引浮客，用为增益。"[②]在这种情况下，虽然封建国家并未宣告禁止部曲奴婢脱离主人的法令作废，但实际上，部曲奴婢逃到外地后附籍转为良人，当是可能的。

除了上述原因之外，我们还应注意到，在部曲奴婢向客户农民转化的同时，社会上雇佣关系也有所发展，这对于部曲奴婢等级的命运也有相当影响。盛唐以来，随着社会经济的繁荣，手工业、商业、运输业、服务业等行业中的雇佣关系比过去更为发展了。毋庸赘言，雇佣关系的发展，对部曲奴婢等级的命运也有很大影响。一

---

① 《陆宣公集》卷二十二《均节赋税恤百姓·第三条》。
② 《唐会要》卷八十四。

方面，这种雇佣制下的生产者人身权利较大，劳动兴趣也较高，对剥削者来说，比较合算，从而有助于手工业中奴婢生产制的削弱。另一方面，逃亡的部曲奴婢也有更多的机会找到工作，从而在异地落籍为良。而且，同样重要的是，由于这种雇佣关系的影响，中晚唐出现了大量的雇佣兵，而这也是部曲奴婢摆脱贱人身份的出路之一。前述高固等人的情况，即是如此。

总之，唐代中后期社会经济的发展，阶级关系的变动，特别是租佃关系的扩大、客户等级的形成和发展，表现了生产关系的相对变化。这个变化不能不影响到矗立于其上的社会上层建筑（其中包括等级制度），并且引起后者的相应变化。部曲奴婢等级是前一时期生产关系的产物，此时它必然要随着这个时期的逝去而退出历史舞台。在这样的背景之下，部曲奴婢的斗争以及劳动者阶级的斗争，便收到了以往不曾收到的效果。以"均平"为口号的唐末农民大起义，对于变化中的唐代封建生产关系进行了一次大清理、大总结，把属于封建社会前一阶段已经不再适应生产力发展的那一部分生产关系及其上层建筑扫进了历史垃圾堆。通过这次起义，尽管奴婢制的残余还长期存在，但作为一个社会等级的部曲奴婢却不复存在了。

# 论封建社会中的个体经济

个体经济构成了封建生产方式的基础,[①]正确地认识封建社会中的个体经济,对于我们正确地认识封建社会,具有特别重要的意义。

从理论上探讨封建社会中的个体经济,是对之进行深入研究的第一步。作者在学习马克思主义经典著作过程中,对封建社会中个体经济的内容、性质以及它在历史上的地位、变化和作用等,获得了一些初步的认识。兹将这些认识陈述如下,希望得到读者的指教。

## 一、封建社会中个体经济的涵义与内容

封建社会中的个体经济究竟指的是什么?这一点,在当前对封建社会中个体经济问题的讨论中,似乎还不够明确。在一些文章中,它是封建社会中个体生产的代名词,而在另一些文章中,它指的则是封建社会中的小私有制。然而,根据马克思主义的理论,封

---

[①] 马克思、恩格斯:《马克思恩格斯全集》(以下简称《马恩全集》)第23卷,第371页。

建社会中的个体经济,并不等同于封建社会中的个体生产或小私有制。它们是它的两个主要内容,但并不是它本身。因此,我们有必要从理论上弄清楚究竟什么是封建社会中的个体经济,它的内容包括哪些?

(一)

个体经济是一种历史的经济形态。在它自产生到灭亡之间,经历了漫长的历史时代,跨越了不同的社会阶段,尽管在不同的时代和社会中,个体经济具有不同的特征,但是概括地说,个体经济这一概念指的都是一种以劳动者的个体家庭为基础,进行个体生产的小私有制经济形式。在这种经济形式中,个体家庭、个体生产和小私有制是不可分割的三位一体。

个体家庭,恩格斯同时也称之为一夫一妻制家庭,通常只包括一对夫妇及其子女,即中国古代的"五口之家""八口之家"那样的家庭。这种家庭一般只限于劳动者之中,因为它不是以自然条件为基础,而是以经济条件为基础的。在个体经济中,个体家庭不仅是劳动者生活与消费的单位,而且更重要的是,它同时还是生产的单位。个体经济以个体家庭为基础,原因即在于此。

个体生产,又被称为小生产。个体生产以个体家庭为单位进行,即劳动者在其家属的辅助下进行生产。但是,它之所以被称为个体生产,更重要的是因为这种生产具有个体性质,即单个劳动者(在其家属辅助下)独立地完成产品生产的整个过程。没有生产就没有一切,因而,个体生产是个体经济最主要的内容。

小私有制,是"各个独立劳动者与其劳动工具和劳动资料相结合的私有制"。①小私有制的中心,是劳动者对他所使用的生产资料,在法律上或实际上,拥有程度不等的支配权(这种支配权的范围,可以从简单的使用权、占有权,一直到完全的所有权)。没有这种支配权,个体生产就不能进行,所以小私有制是个体生产赖以进行的条件,并且也因此而成为个体经济的另一个重要内容。

因此,可以看出:在个体经济这一经济形式中,起主导作用的是个体生产,而要进行个体生产,又必须有小私有制。因而,个体生产与小私有制的结合便构成了个体经济的主要内容。个体家庭,则是个体生产的物质承担者,因此它构成了个体经济的基础。

在封建社会里,社会物质生活资料的生产者——农民和手工业者,都是"自己拥有劳动条件的小生产者"。②因此,封建社会中的个体经济,可以说是一种在这样的特定的历史条件下,以农民和手工业者的个体家庭为基础,以他们的个体生产和小私有制为内容的经济形式。我们认为,这个定义比较全面地概括了封建社会中个体经济这一概念的涵义,是一个比较符合马克思主义经典著作中有关论述精神的提法。

下面,我们接着对封建社会中个体经济的内容——个体生产和小私有制进行讨论。

(二)

在封建社会中,自然经济占统治地位。那时农民差不多生产他的家庭所需要的一切:食物、衣服和用具。城市手工业者虽然一开

---

① 马克思、恩格斯:《马恩全集》第23卷,第831页。
② 马克思、恩格斯:《马恩全集》第25卷,第672页。

始就要进行交换,但他们也生产自己所需要的大部分东西,并且在某种程度上也还是一个农民。① 很明显,既然一个家庭要生产自己所需要的大部分东西,就必须从事农业、手工业、畜牧业等生产活动,把耕、织、牧等不同的劳动,集中于家庭内部,通过家内分工来进行。我们知道,在更早的时期,这些不同的生产活动,是通过各种规模更大的生产单位的内部分工来进行的。

一个规模很小的个体家庭,可以进行过去规模要比个体家庭大得多的生产单位才能进行的各种生产活动,必须以较高的物质技术条件为前提,而在封建社会里,这样的物质技术条件已经具备。"铁的冶炼和加工更进一步的改善;铁犁和织布机的推广;农业、园艺业和榨油业的继续发展;除手工作坊以外工场手工业企业的出现,——这就是当时生产力状况的特征"。②

这里,我们特别要指出铁工具在生产中普及运用的巨大意义。恩格斯指出:铁是"在历史上起过革命作用的各种原料中最后和最重要的一种原料。所谓最后的,是指直到马铃薯的出现为止。铁使更大面积的农田耕作、开垦广阔的森林地区成为可能;它给手工业工人提供了一种其坚固和锐利非石头或当时所知道的其他金属所能抵挡的工具"。③ 虽然铁工具的出现与运用早于封建社会,但是它在生产上的普及运用——特别是在古代最主要的生产部门农业中的普及运用——却是到进入封建社会后才实现的。

铁的使用,使生产工具发生了革命性的变化。一方面,生产

---

① 马克思、恩格斯:《马克思恩格斯选集》(以下简称《马恩选集》)第3卷,第312页。
② 斯大林:《斯大林选集》卷下,第447页。
③ 马克思、恩格斯:《马恩选集》第4卷,第159页。

的效能大大提高了，过去要通过简单协作才能进行的生产活动，如今个人就可以独立进行了；另一方面，生产工具的种类增多了，可以进行更多种类的生产活动，以致从前要在较大范围内才能实现的分工，现在在一个较小范围内也可以实现了。因此，在生产工具仍然是细小的、简单的、只适于个人使用的条件下，上述进步加强了产品生产过程的个体性质。由于各种产品生产过程中个体性质的加强，人才有可能将耕、织、牧等不同的生产活动集中到一个规模很小的个体家庭中去，使得个体家庭作为社会经济基本单位的职能得到进一步的发展。

由于耕、织、牧等不同的生产活动集中到一个个体家庭内，这个家庭便可以根据其成员性别、年龄的差异，以及随季节而改变的劳动的自然条件，来调节家庭内的分工协作和安排各个成员的劳动时间，从而造成巨大的人力节约和时间上的节省。[1]因此，作为封建社会中个体生产主要特征的农业与手工业（以及畜牧业）在一个家庭内的结合，表现了生产已经发展到较高的阶段，较之过去只有在更大范围内才能实现的农业与手工业（以及畜牧业）结合的情况，无疑是一个伟大的历史进步。在封建社会的生产力水平上，个体生产是最有利于生产力发挥的生产形式。

因此，我们在研究封建社会中的个体生产和其他社会中的个体生产的异同时，必须对当时个体生产所赖以进行的物质技术条件予以充分的重视。这样，我们才能正确地认识和评价个体生产在不同社会中的意义。

---

[1] 马克思、恩格斯：《马恩全集》第23卷，第95、25、373页。

（三）

封建社会中的小私有制，是封建社会中个体生产的产物，又是这种个体生产的条件。

首先，生产过程的个体性质，排斥生产中的社会分工与协作。由于生产活动由劳动者单独进行，因而他所使用的这一份生产资料，在生产活动的进行过程中，便成了只服从他个人意志的领域，从而在生产资料的使用方面，就具有一种个体的独占性和排他性。很明显，产生这种独占性和排他性的根本原因，还是在于生产工具只适于个人使用这一特点。因此，从实质上来说，"在小工业和到目前为止的各处的农业中，所有制是现存生产工具的必然结果"。[①]

其次，个体生产一般只能从事简单的再生产。在这种生产中，生产的规模、条件、内容等，总是几乎原封不动地保持着，很少发生变化。这常常体现在农民世世代代耕种着同一块土地，或者手工业者年复一年地经营着同一个小作坊。因此，在个体生产中，劳动者对其生产资料的使用，通常带有长期性和固定性的特点。马克思说："在生产过程以及与之相适应的社会关系的停滞状态中，一种生产方式所以取得这个形式（按：即社会固定形式），只是由于它本身的反复的再生产。如果一种生产方式持续一个时期，那么，它就会作为习惯和传统固定下来，最后被作为明文的法律加以神圣化。"[②] 劳动者在生产资料的使用上的这种长期性与固定性，也是导致小私有制的原因之一。

---

① 马克思、恩格斯：《马恩全集》第3卷，第74页。
② 马克思、恩格斯：《马恩全集》第25卷，第894页。

论封建社会中的个体经济 173

个体生产要求劳动者对生产资料的使用具有独占、排他、长期和固定的性质。这种生产上的必要性，决定了小私有制是个体生产赖以进行的必备条件。马克思指出："只要现状的基础即作为现状的基础的关系的不断再生产，随着时间的推移，取得了有规则的和有秩序的形式，这种情况（按：即把现状作为法律加以神圣化）就会自然发生；并且这种规则和秩序本身，对任何要摆脱单纯的偶然性和任意性而取得社会的固定性和独立性的生产方式来说，是一个必不可少的要素。这种规则和秩序，正好是一种生产方式的社会固定形式，因而是它相对地摆脱了单纯偶然性和单纯任意性的形式。"① 因此，如果不以法权的形式来保障个体生产者对其所使用的生产资料的私有权即他们对这些生产资料的使用上的独占、排他、长期和固定的权力，就会打乱社会生产的机制，致使个体生产无法进行，或无法顺利进行。相反，如果他们对其使用的生产资料的支配权力即私有权越强，那么个体生产就越能发挥出其所蕴藏的力量。因此，马克思和列宁一再强调：劳动者对其生产资料的私有权，是小生产的基础，②是小生产繁荣并成为典型形态的条件，③其原因即在于此。

由于小私有制与个体生产之间存在着这种相互依赖、相互作用的关系，因此，只要存在个体生产，就必然存在小私有制。马克思和恩格斯反复指出：在封建社会中，无论劳动者处在何种形式和程度的人身依附关系之中，无论他是一个农奴、隶属农民、依附农

---

① 马克思、恩格斯：《马恩全集》第25卷，第894页。
② 马克思、恩格斯：《马恩全集》第23卷，第830页。
③ 列宁：《列宁选集》第2卷，第297页。

民，还是一个自由农、小农或小手工业者，只要他是作为孤立的劳动者而同他的家人一起生产自己的生活资料，即进行个体生产，那么他所使用的生产资料也就照例是属于他的。当然，应当指出：封建社会中的小私有制，封建社会中劳动者对生产资料的私有权，在不同的时间、地点和条件下，形式和程度会有很大的出入，不能用一个一成不变的模式，去硬套各种不同的历史情况。但是，尽管存在着种种形式与程度上的差别，其本质并无二致。这一点，对于研究封建社会中某些劳动者如农奴、依附农或隶属农，与奴隶社会中的劳动者奴隶、隶农之间的差别，具有重要的意义。

## 二、封建社会中个体经济的二重性

"生产和交换是两种不同的职能。没有交换，生产也能进行；没有生产，交换——正因为它一开始就是产品的交换——便不能发生。这两种社会职能的每一种都处于多半是特殊的外界作用的影响之下，所以都有多半是它自己的特殊的规律。但是另一方面，这两种职能在每一瞬间都互相制约，并且互相影响。以致它们可以叫做经济曲线的横坐标和纵坐标"。[①]

从恩格斯这段话里，我们可以体会到：第一，各种经济形态与交换的关系可有很大不同，有的与交换有关，有的则无关；第二，在与交换有关的经济形态中，生产与交换有密切的联系，能够互相影响、互相制约。因此，在研究一种经济形态时，就不能只注意生产（以及

---

① 马克思、恩格斯：《马恩选集》第3卷，第186页。

生产赖以进行的条件——生产资料的所有制），同时还须注意交换的方面，注意这种经济形态与交换的关系以及交换对它的影响。

我们知道，封建经济兼具自然经济与商品经济两重性。但是在其中，自给自足的自然经济占主要地位，而商品经济则处于次要地位。

为什么封建经济具有这样的两重性呢？毛泽东同志认为，是由于"农民不但生产自己需要的农产品，而且生产自己需要的大部分手工业品。地主和贵族对于从农民剥削来的地租，也主要是自己享用，而不是用于交换。那时虽有交换的发展，但是在整个经济中不起决定的作用"。①也就是说，根源还在于农民个体经济的特点。因此，我们认为：封建经济的两重性，是由封建社会中个体经济的两重性所决定的。

要进行交换，除了一定的社会分工外，还须具备两个条件：

第一，生产必须有一定程度的发展。"只有在生产的东西除了满足这些消费以外还有剩余的时候，这种剩余才能拿去出卖和交换。"②

第二，私有制也必须有一定程度的发展，拿去出卖和交换的产品，必须"首先是私人产品"，③交换者"必须彼此承认对方是私有者，才可能进行商品交换"。④而产品之所以成为私有，又在于生产资料的私有制。

一般地说，只有同时具备这两个条件，才能进行交换，而且这两

---

① 毛泽东：《毛泽东选集》（合订本），第587页。
② 马克思、恩格斯：《马恩选集》第3卷，第441页。
③ 马克思、恩格斯：《马恩选集》第3卷，第345页。
④ 马克思、恩格斯：《马恩选集》第23卷，第102页。

个条件越充分,交换也就越发展。①因此,要判断一种经济形态与交换的关系如何,必须分析上述两个条件在这种经济形态中的情况。

很显然,在封建社会的个体经济中,上述两个条件是具备的,但同时又是不够充分的。

首先,由于封建社会中的个体生产,已经发展到较高的水平,较之过去任何一种生产形式,都有更大的生产能力。因此,劳动者在满足了自己的需要和交纳租税之后,还可以剩有一些产品可投入交换。"这种投入社会交换即拿出去出卖的多余产品就成了商品。"②而且,随着个体生产的发展,这种可以转化为商品的多余产品还会不断增多。但是,由于个体生产本身的规模不大,其生产能力很有限,因此,在供自己消费和交纳租税之后,所余产品已不多。这就决定了个体生产与交换的联系是有限的。

其次,在封建社会中,由于劳动者对其使用的生产资料拥有私有权,因而他对其生产出来的产品也拥有私有权。恩格斯对此做了细致的描述,他说:在中世纪,"个体生产者通常都用自己所有的,往往是自己生产的原料,用自己的劳动资料,用自己或家属的手工劳动来制造产品。这样的产品根本用不着他去占有,它自然是属于他的"。③而且,随着小私有制的发展,劳动者把自己的产品投入交换的权力也会越来越大。但是,只要是封建社会中,劳动者的小私有制总是受到封建生产关系的制约,不可能成为完全的和纯粹的私

---

① 在许多情况下,城市手工业者不一定要具备这两个条件中的第一个。但是,正如马恩所言,中世纪的城市手工业者仍要生产自己需要的大部分产品,在某种程度上还是一个农民。
② 马克思、恩格斯:《马恩选集》第3卷,第312页。
③ 马克思、恩格斯:《马恩选集》第3卷,第130页。

有制。因此，劳动者对自己产品的私有权往往受到多方面的牵制。小私有制与交换的联系是有限的。

因此，在封建社会中，个体经济只是部分地与交换有联系。在其中，交换占有一定的分量，但远未能取得支配地位。这种情况，也使得交换对于个体经济的作用和影响有一定限度。

交换的发展，会促进个体生产和小私有制的发展。对于农民来说，"正如他所知道的新的需要、他的产品市场的扩大，他对于他这一部分劳动力的支配越来越有保证，都会刺激他去提高自己劳动力的紧张程度。在这里，不要忘记，这种劳动力的使用决不限于农业，也包括农村家庭手工业，因此，这里已经有了某些经济发展的可能性"。①交换不仅刺激劳动者去提高其劳动生产率，而且又"为生产提供了新的原料和辅助资料，并由此开办了一些新的生产部门"。②从而扩大了个体生产的范围。这样，便有力地促进了个体生产的发展。

交换对于小私有制的促进作用也很明显。本来，在小私有制形成的过程中，交换便起到了重要的推动作用。在封建社会中，交换对小私有制的促进作用表现在：随着交换的发展，劳动者不仅对其产品的支配权力越来越大，而且对其生产资料的私有权也越来越强，促使这种私有权从简单的使用权、占有权逐渐向完全的所有权接近。一个明显的例子是：城市手工业者，由于他们与交换的联系比较紧密，因此他们对其使用的生产资料私有权也比较充分，很早就已接近完全的个人所有制。在农民方面，随着交换的进一步发

---

① 马克思、恩格斯:《马恩选集》第25卷，第894页。
② 马克思、恩格斯:《马恩选集》第25卷，第376页。

展，他们对主要生产资料——土地——的私有权也在加强，这表现在农民可以在一定条件下买卖土地。列宁指出："这种［小土地］私有制的真正自由，没有土地买卖自由是不行的。"①可见，没有交换的发展，小私有制的进一步发展是不可能的。

但是，交换的充分发展，又会导致个体经济的消亡。在封建社会后期，由于交换进一步发展，使得社会分工扩大，协作加强，从而瓦解了农业、手工业（以及畜牧业）在劳动者个体家庭内的结合，使得个体生产逐渐转向社会化生产。"虽然直接生产者仍然要继续生产至少是他的生活资料的绝大部分，但是现在他的一部分产品必须转化为商品，当作商品来生产。因此，整个生产方式的性质就或多或少地发生了变化。生产方式失去了它的独立性，失去了超然于社会联系之外的性质。"②一旦这种独立性、这种超然于社会联系之外的性质已经丧失，个体生产也就不复存在了。因此，交换的充分发展，将不可避免地导致个体生产的衰亡。

交换的充分发展，还将导致小私有制的衰亡。交换发展的结果，是劳动力和生产资料的商品化。而劳动力与生产资料的商品化，又意味着劳动者与生产资料的分离，意味着劳动者失去生产资料。一旦如此，小私有制的末日也就到来了。

因此，在一定的限度之内，交换对于个体经济的发展是一种积极的因素，但是超出了这个限度，它就转化为一种否定的因素了。

总而言之，在封建社会中，个体经济允许并且需要交换有一定程度的发展，但排斥交换的充分发展。封建经济以自然经济为主、

---

① 列宁：《列宁全集》第15卷，第291页。
② 马克思、恩格斯：《马恩选集》第25卷，第898页。

商品经济为辅的两重性，根源盖在于此。有鉴于此，我们在研究有关问题时，切不可只注意到其中一个方面，而忽视了另一个方面。

## 三、个体经济在封建社会中的地位、运动与作用

封建社会中存在着多种经济成分，其中占主导地位的是封建经济。然而，封建经济又是以个体经济为基础而构成的。因此，从这个意义上我们可以说，个体经济乃是封建生产方式的基础。[①]个体经济的发展状况，决定了封建生产方式的形成或消亡。

封建社会中的个体经济，并不是一个一成不变的事物。相反，在漫长的封建主义历史时代中，个体经济也经历了从幼稚到成熟、由低级至高级的运动过程。而当它发展到最高阶段时，其内部又产生了新的否定因素。新因素逐渐发展，导致了个体经济的衰亡。

因而，封建社会中个体经济的历史作用在于：只有当它得到最充分的发展时，新的、更进步的经济形态才有可能出现。资本主义经济是在封建社会中个体经济充分发展的基础上产生的，而封建社会中个体经济的充分发展又不可避免地走向资本主义经济。因而，在封建社会的历史条件下，个体经济具有进步的历史作用。

（一）

在封建社会中，与封建经济同时并存的还有氏族制经济和奴隶制经济的残余，或资本主义经济的萌芽，但在社会中居于主导地位

---

① 马克思、恩格斯：《马恩选集》第23卷，第371页。

的是封建经济。

在不同的时间、地点和条件下，封建经济具有不同的形式和特点。但是，不论其形式和特点如何，封建经济都有一个共同的地方：它都是由分散的、细小的个体经济所构成的。这些分散的、细小的个体经济，乃是封建经济的组成细胞。[①]这一点，对于我们区分封建经济与其他经济具有极为重要的价值，因为其他任何经济都不由个体经济所构成。马克思和毛泽东都十分强调这一点，他们指出："小农经济和独立的手工业生产……构成封建生产方式的基础"，[②] "在农民群众方面，几千年来都是个体经济，一家一户就是一个生产单位。这种分散的个体生产，就是封建统治的经济基础"。[③]

正是因为个体经济构成封建经济的基础，因此，个体经济的发展状况对封建社会的形成和消亡，起着决定性的作用。

个体经济的出现早于封建社会。当它发展到一定程度时，便在前封建社会里形成封建生产方式的萌芽。而当它进一步发展使得以它为基础的封建经济逐渐取得在社会经济中的主导地位时，又不可避免地导致封建生产方式的确立。因此，封建社会的形成，在不同的民族中，可以通过不同的道路（例如，许多民族并未经历奴隶社会，便径直由原始社会进入了封建社会）。而实现这些不同方式过渡的最基本和最重要的条件，就是个体经济在质和量两个方面的一定程度的发展。

同样地，在封建社会末期，当资本主义生产方式出现以后，尽管

---

① 梅伊曼、斯卡兹金：《论封建社会形态的基本经济规律》。
② 毛泽东：《毛泽东选集》（合订本），第885页。
③ 马克思、恩格斯：《马恩全集》第25卷，第889、893页。

个体经济还存在了相当长的时期，但它在社会经济中的地位和影响却日益缩小。当它在质和量两方面的变化使得它迅速地走向瓦解和消亡的时候，以它为基础的封建经济和封建社会的末日也就到来了。

因此，我们有充分的理由这样说：封建社会是一个建立在个体经济之上的社会，个体经济成为封建生产方式赖以存在的基础。

（二）

个体经济在封建社会中的运动过程，大致可以分为早期、中期和后期三个阶段。在这三个阶段中，个体经济的两个主要内容——个体生产和小私有制，都有其各自的特点。这三个阶段的演进，与封建地租的三种形态的递嬗，基本上是一致的。

在早期阶段，个体经济在主要生产部门中基本上取得优势，但还未能在所有的生产部门中完全地取代旧有的奴隶制或公有制经济。从质的方面来看，这个阶段上的个体经济较前已有很大发展，但发展水平还不高。这表现在：一方面，以铁工具的普及运用（特别是在农业上的普及运用）为标志，这一时期个体生产的能力有很大的提高；同时，劳动者对其生产资料（特别是土地）的使用权和占有权，已经取得了合法的形式。但是在另一方面，生产工具的种类还不多，效能也较低；牲畜的使用还不普遍；生产技术还比较落后，因而个体生产的优越性还远未得到充分的发挥。所以，个体生产还未能完全地排斥奴隶生产或公社生产，以致带有浓厚的奴隶制或公社制影响的农奴制生产关系得以发生和存在。与此相应，劳动者的小私有制也处在较低的水平上。主要的生产者农奴"用实际上或法律上属于他们所有的劳动工具（犁、牲口等）来耕种实际上属于他所有的土地",但是"直接生产者不是所有者,而只是占有者"。劳动者的小私有制,还处在占有的阶段上。由个体经济自身发展状况所决定,这时它与交换的关系还很稀疏,因此之故,封建社会早期的商品经济,也甚为微弱。

到了中期阶段,情况发生了很大改变。一方面,个体经济在量上有进一步的发展,在所有的生产部门里都取得了压倒性的胜利。旧的奴隶制和公社制经济被排挤到了社会的角落,成为残余,而新的资本主义经济又还未萌芽。另一方面,个体经济自身也发展得更为完善了。生产工具的改进,生产技术的提高,使得个人的生产能力进一步提高,从而生产过程的个体性质也进一步加强。生产过程的个体性质的加强,又导致了劳动者对生产资料的支配权力的扩大。农民对土地的私有权,从前一阶段的使用权、占有权,发展到了部分的所有权。作为取得这种部分的所有权的标志,农民已可在一定条件下买卖土地。个体生产和小私有制的发展,引起农民经济的独立性的扩大,这是个体经济更加完善的体现。同时,由于劳动者剩余产品的增多和他对其产品私有权力的加强,个体经济与交换的联系也变得较为紧密了。

后期阶段,也是个体经济发展的最高阶段。这时,个体生产已发挥出它所蕴藏的全部力量。适用于生产过程每一环节的各种工具都已齐全,以致某些产品的某些生产环节有可能从总的生产过程中分离出来,形成新的生产过程;对于自然力如风力、水力等的利用取得很大进展;新的作物品种不断育出或引进,等等。这些,使得个体生产的潜力得到最充分的发挥。并且,劳动者的小私有制也充分地发展起来,日益接近完全所有制。即使在佃农中,也是如此。由于佃农个体生产的高度发展,他对其所使用的土地的实际支配权力也越来越强。同时,在整个社会商品经济进一步发展的前提下,个体生产的充分发展必然走向小商品生产。在这个基础之上,货币地租才得以取代实物地租。而货币地租的发展,又必然"使土地变为自己的农民财产。……从事耕作的土地占有者实际上变为单纯的租佃者。这一转变……使从前的占有者得以赎免交租的义务,转化为一个对他所耕种的土地取得完全所有权的独立农民"。[①]交换与个体经济的关系在这个时期也达到了它在封建社会中的顶点:不仅劳动者的产品越来越多地转化为商品,而且连劳动力和生产资料也开始商品化。

当个体经济得到充分的发展时,新的资本主义经济也开始萌芽了,个体经济的丧钟敲响了。

(三)

个体经济的充分发展,是资本主义生产方式产生的历史前提。

资本主义生产方式的出现,不仅是某一个部门生产力发展的结果,而且是整个社会生产力发展的结果。在资本主义大生产出现以前,个体生产是历史上所有生产形式中最有利于生产力发展的生产形式。因此,如果没有社会生产各部门中个体生产的充分发展,资本主义生产方式就会因为缺乏必要的生产力基础而不能出现。就各个生产部门来说,如果个体生产没有发展到非常专门化的地步,那么作为资本主义大生产基础的分工与复杂协作就不能发生。同时,只有在个体生产充分发展使得劳动者可以自由地支配自己的劳动力

---

[①] 马克思、恩格斯:《马恩选集》第25卷,第899、900页。

时,资本主义的雇佣关系才有可能产生。正因为在封建社会中个体生产"是发展社会生产和劳动者本人的自由个性必要条件",[1]所以它的充分发展才成为资本主义生产方式得以出现的历史条件。

要使个体生产得到最大限度的发展,小私有制也必须充分发展。马克思指出:"诚然,〔小生产〕这种生产方式在奴隶制度、农奴制度以及其他从属关系中也是存在的。但是,只有在劳动者是自己使用的劳动条件的自由私有者,农民是自己耕种的土地的自由私有者,手工业者是自己运用自如的工具的自由私有者的地方,它才显出它的全部力量,才获得适当的典型形式。"[2]因此,从这个促进生产力发展意义上来说,小私有制的充分发展,也是资本主义生产方式产生的先决条件之一。

然而,小私有制与资本主义生产方式的关系远不止此。我们知道,资本主义的生产资料所有制,在内容上,不同于劳动者的小私有制,是最完全、最发达的私有制,但在形式上,它却和最后阶段的小私有制——个人所有制——有相似之处,表现为一种完全的个人所有制。事实上,资本家的个人所有制的形式,就是从农民和手工业者的个人所有制脱胎而来的,尽管其内容已经完全不同。恩格斯指出:在资本主义生产方式之下,"生产资料和生产实质上已经变成社会化的了,但是它们仍然服从于这样一种占有形式,这种占有形式是以个体的私人生产为前提,因而在这种形式下每个人都占有自己的产品并把这个产品拿到市场上去出卖。生产方式虽然已经

---

[1]  马克思、恩格斯:《马恩选集》第23卷,第830页。
[2]  马克思、恩格斯:《马恩选集》第23卷,第830页。

消灭了这一占有形式的前提,但它仍然服从于这一占有形式"。[1]因此,资本主义生产方式的发展过程,即"微不足道的少数人的资本主义所有制代替劳动者私有的、分散的所有制形式的过程",只能出现在小私有制充分发展的国家,而不能出现在那些小私有制不发达,土地尚未成为农民私有财产的国家。[2]

因此,马克思主义认为:个体经济的高度发展,乃是新的资本主义生产方式的温床。斯大林指出:"紧随着农奴制经济到来的,从来就不是而且也不可能是资本主义经济,因为在这两种经济之间存在着小资产阶级经济,它代替农奴制经济,然后过渡到资本主义经济。马克思早在《资本论》第3卷里就说过:在历史上随着农奴制经济到来的,首先是农村小资产阶级经济,在此以后,大规模的资本主义经济才发展起来——从农奴制经济直接跳到资本主义经济的情形,以前没有过,而且也不会有的。"[3]这种"小资产阶级经济",就是充分发展了的个体经济,因为"农业中的小生产者(不管他是在份地上经营还是在其他什么土地上经营,都是一样的),在商品经济发展的条件下,必然是小资产者"。[4]手工业中的小生产者,情况更是如此。正是因为这样的原因,所以"中世纪的城关市民和小农等级"即封建社会中的小生产者并小资产者,是"现代资产阶级的前身"。[5]

当然,也要说明:封建社会中的个体经济的充分发展,虽然

---

[1] 马克思、恩格斯:《马恩选集》第3卷,第311页。
[2] 马克思、恩格斯:《马恩选集》第19卷,第442页。
[3] 斯大林:《斯大林全集》第1卷,第203、204页。
[4] 列宁:《列宁全集》第15卷,第105页。
[5] 马克思、恩格斯:《马恩选集》第1卷,第27页。

为资本主义的发生与发展提供了历史的前提,但是,由于其本身性质所决定,个体经济也排斥生产和生产资料的社会化,排斥资本的社会聚集和科学技术的运用,[①]从而也排斥资本主义生产方式的发展。因此,一旦生产的发展要求突破个体生产和小私有制的限制时,个体经济就不可避免地走向衰亡。所以,个体经济的充分发展,是资本主义生产方式的历史前提,但无论怎么发展,个体经济本身也不会直接转变为资本主义生产方式。

资本主义兴起以后,个体经济还在资本主义生产方式旁边苟延残喘了一段时期,直到工业革命之后,才逐渐消失。在以后的资本主义社会中,也存在着某种形式的个体经济,但是这种个体经济,与本文所论述的封建社会中的个体经济,在内容和性质上都有本质的差异,因而也就不属于本文所论的范围。

在我国,这种封建社会中的个体经济存在了几千年,以后又没有经过资本主义的历史阶段,因而直到今天,我们还可以在各方面都看到它的痕迹。如何从实际出发,正确地认识和对待这种痕迹,是我们当前的一项重要工作。因此,科学地考察和研究封建社会中的个体经济,对它作出正确的结论,不仅对于我们了解过去是必要的,而且对于我们了解现在以及制定未来的发展战略,也是必不可少的。

附注:此文写于1974—1976年,是我把读书心得整理而成的。关于此文的写作情况,详见本卷所收《父亲把我培养成材——深切怀念先父李埏先生》和《良师难遇——回忆吴承明先生》。

---

① 马克思、恩格斯:《马恩选集》第25卷,第910页。

# 父亲把我培养成材

## ——深切怀念先父李埏先生

古人云:"身体发肤,受之父母。"现代教育家说:"父母是孩子的第一位老师。"父母不仅给子女以生命,而且在其人格塑造上也起着非常重要的作用。此外还有一些父母,他们给予子女的不只是顽强的生命和良好的人格,而且还把子女引入一个博大精深的知识领域。一个人如果有能够有这样的父母,就是一个值得羡慕的幸运儿。

我们兄弟姐妹就有着这样两位世界上最好的父母。他们对我们倾注了无限的关爱,精心教育我们,培养我们。他们的言传身教为我们树立了最好的榜样,使我们能够在风云变幻的人生中,恪守做人正道,努力奋发自强,将自己造就成为对社会有用的人才。先父李埏先生更把我引上了史学之路,使我在这个博大精深的知识领域中找到了自己终生的追求,这也使得我成为一个世上少有的幸运儿。

## 一、《诫子书》

我们小时候,家里悬挂着一幅家父手书的《诫子书》。他要我们时时诵读，牢记诸葛亮说的"君子之行"："静以修身，俭以养德"，"淡泊以明志，宁静以致远"。家父如此推崇诸葛亮的《诫子书》，因为此文充分表达了他对子女教育的理念。

在我的青少年时代，"君子"是一个含有贬义的词。一说到"君子"，总是将其与"封建余孽""资产阶级作风"等同起来。但是家父却不以此为然，依然依照先贤所倡导的"正心、诚意、修身、齐家"之道教育子女，希望把子女培养成为真正的君子。

家父认为"正心"的核心，就是孟子所说的"浩然之气"。什么是"浩然之气"？就是大义、气节与社会责任感，"居天下之广居，立天下之正位，行天下之大道。得志，与民由之；不得志，独行其道。富贵不能淫，贫贱不能移，威武不能屈"。"天下兴亡，匹夫有责"，是他经常对我们引用的格言。我们读小学时，他就要求我们背诵范仲淹的名篇《岳阳楼记》，并结合范仲淹的生平，给我们讲解"先天下之忧而忧，后天下之乐而乐"的意义。对于喜欢史学的我，他为我讲他所心仪的"二顾"（即顾炎武、顾祖禹）的气节与操守，认为一个好学者不应逃避社会责任，置国家民族于不顾。为国效力，为民奉献，乃是正心的要义。

家父非常敬佩历史上那些"埋头苦干的人，拼命硬干的人，为民请命的人，舍身求法的人"，[1]号召我们以他们为榜样，作为自己为人的楷模。他手书了司马迁"高山仰止，景行行止，虽不能至，然心向往之"之句，置于案首，并给我们讲解。在他的鼓励下，我

---

[1] 语出鲁迅先生。他说："我们从古以来，就有埋头苦干的人，有拼命硬干的人，有为民请命的人，有舍身求法的人……虽是等于为帝王将相作家谱的所谓'正史'也往往掩不住他们的光耀，这就是中国的脊梁。"

们在少年时代读了不少伟人传记和自传体小说。其中读得最熟的，有艾芙·居里的《居里夫人传》、释慧立与释彦悰的《大唐大慈恩寺三藏法师传》、高尔基的《童年》《在人间》和《我的大学》"三部曲"、奥斯特洛夫斯基的《钢铁是怎样炼成》等。这些人物追求真理的炙热精神和坚强意志，鼓舞了我们一辈子。

家父认为"正心"必须从"诚意"和"修身"做起，亦即应当做到正派，诚实，庄重，厚道，勤奋，敬业。[①]他坚信"不知礼，无以立也"，一个人应当讲文明，有礼貌，因为这是尊重他人的表现。无论何时何地，都不应说粗话，不能欺负人，侮辱人。在那个坚信"革命是暴烈的行动"的时代，家父仍谆谆教导我们，不能随波逐流，一定要遵循正确的为人之道。在他的教诲和熏陶下，我们都做到了克己，自重，平等对人，以礼待人。

家父认为君子应当好学。他引用孔子的话教导我们说："古之学者为己，今之学者为人。"学习的目的是提高自己，故"学而时习之，不亦说乎"？[②]他同时也告诫我们：学习是艰苦的，必须付出全部的精力。他经常用马克思的名言提醒我们："在科学上面是没有平坦的大路可走的，只有那在崎岖小路的攀登上不畏劳苦的人，才有希望到达光辉的顶点。"他还告诫我们：不仅要能吃苦，而且还要专心，才能学好，因为"学须静也，才须学也，非学无以广才，

---

① 家父给我取名，出自《论语》："君子不重则不威；学则不固。"他给长孙取名，出自《淮南子》："心欲小而志欲大，智欲圆而行欲方。"他认为"行方"重于"智圆"，故名之。
② 家父的老师钱穆先生说："学者惟当牢守学而时习之一境，斯可有远方朋来之乐。最后一境，本非学者所望。……圣人深造之已极，自知弥深，自信弥笃，乃曰：'知我者其天乎'，然非浅学所当骤企也。"

非志无以成学",因此"学问之道无他,求其放心而已矣"。我们很小的时候,他用古代弈秋教学生的故事教育我们:一个人学习必须专心致志,心无旁骛,否则,就是有天下最好的老师来教,也是学不好的。①学习的重要方式是读书,因此对于爱学习的人来说,读书是生命中不可或缺的部分。②由于家父的言传身教,③我们兄弟姐妹都成为不可救药的"书呆子",一日不读书,就感到怅然若失。

家父认为中国人应当热爱中国的传统文化,因为这是我们之所以为中国人的根本。④在我们的青少年时代,传统文化被贴上了"封建糟粕"的标签而被鄙视,但是他仍然尽力在家里营造一个中国传统文化的氛围,让我们在其中受到熏陶。每天下午放学回来,常常可以听到我们朗诵唐诗、宋词以及唐宋八大家名篇的声音,或者见到我们端坐桌前,临帖习字的身影。我们小有进步,即得到家父母的嘉许与鼓励。⑤现在回想起来当时的情景,依然令人神往。

---

① 该故事出自《孟子·告子上》,原文为:"弈秋,通国之善弈者也。使弈秋诲二人弈,其一人专心致志,惟弈秋之为听;一人虽听之,一心以为有鸿鹄将至,思援弓缴而射之。虽与之俱学,弗若之矣。为是其智弗若与?吾曰:非然也。"
② 这一点,古今中外名人所见略同。我读俄语时,很喜欢高尔基的名言:"热爱书吧!——这是知识的泉源!""热爱书吧,它会使你的生命变得愉快、舒畅,它会帮助你辨别形形色色的思想、感情、事情,它能教会你尊重别人和自己,它会用爱世界、爱人类的感情振作你的头脑和心灵。"
③ 读书是家父一辈子最大的爱好和乐趣。到了九十高龄,他的一只眼睛几近失明,另一只严重白内障,但他每日仍用老花镜加放大镜读书,乐此不疲。
④ 钱穆先生说:"一个国家和一个民族,他们的一部历史,可以活上几千年,这是文化的生命,历史的生命。……中国人必得在心灵上、精神上,真切感觉到我是一个中国人。……只有中国历史文化的精神,才能孕育出世界上最悠久最伟大的中国民族来。若这一民族的文化消失了,这个民族便不可能再存在。"家父对此深信不疑。
⑤ 家父经常说:"字无百日功。"又说:"古人云:'背得唐诗三百首,不会作诗也会吟。'你们如果背得古文百篇,古诗百首,古文就可过关。"我们兄弟姐妹受他的鼓励,常常展开习字和背书的竞赛。

这种从小潜移默化的熏陶浸淫，对我们的人格塑造和文化品位的养成都起了非常重要的作用。我们兄弟姐妹四人中后来有两人读理科，两人读文科，但都对传统文化充满了热爱，[①]并具有一定的古文素养，能写文字流畅的文章。[②]

但家父并非要我们与世隔绝完全生活在传统之中。他鼓励我们通过书籍来了解广大的外部世界。在我们的青少年时代，现代西方读物基本上被禁绝。因此他尽力让我们读一些尚可找到的西方经典（如《伊里亚特的故事》等）、科技读物（如伊林的《十万个为什么》、法布尔的《昆虫记》等），乃至科幻和探险小说（如凡尔纳的三部曲《海底两万里》《神秘岛》《格兰特船长的儿女》等），让我们扩大眼界。

为了寻求对外部世界的了解，他特别强调学习外语的重要性。在20世纪50年代和60年代，由于实行"一边倒"的政策，中小学里不再教英语，只教俄语。家父如同他那一代的大多数中国史学家一样，对那个北方强邻没有多少好感。但他依然认为俄语是一种重要的语言，要家姊伯敬和我努力学好。为了让我们加深对俄国文化的理解，他还借来一些普希金、托尔斯泰、屠格涅夫、契诃夫的名著，让我们阅读。在这种鼓励下，我从俄语学习中获得很大的乐趣，诵读普希金、莱蒙托夫、涅克拉索夫等人的俄文诗句，是我中学时代的一桩乐事。[③]

---

[①] 这种热爱一直传到我们的下一代。家父在2002年7月30日的日记中写道"（次孙）羊羊主动来学文言文，学书法，自今日始。今日为之讲何谓四书五经，何谓'子曰'、'诗云'，临颜书《多宝塔碑》"。对此家父感到非常高兴，在次日日记中写道："读《汉书·游侠传》。教羊羊书法。"

[②] 其中学化学的家姊伯敬，后来因为文笔优美，当选为云南省文秘学会会长。

[③] 直至今日，虽然我的俄文已经大部分忘却，但是一些多年前背诵过的俄文名篇名句如莱蒙托夫的《孤帆》、奥斯特洛夫斯基的《钢铁是怎样炼成的》中保尔在烈士墓前的沉思等，还会不时来到嘴边。

不同于传统的士大夫家庭,家父非常注意从小培养子女热爱劳动、吃苦耐劳的精神,认为这是健全人格的重要组成部分。虽然他自己从小的生活经历是从学校门到学校门,但是他绝不轻视和鄙视体力劳动。1958年10月,他和云大其他五十多位教师被送到宜良县农村劳动锻炼,改造世界观。在乡下,他努力与农民"三同",把下田农作当作一件大事认真对待,并从重体力劳动中得到了快乐。①1959年5月,他在宜良农村的劳动锻炼期满回来,给我们带来的礼物是一根小扁担、一对小粪箕和一把小镰刀。他教导我们:农村孩子在你们这个年纪都已参加劳动了,你们应当向他们学习;过去文人"四体不勤、五谷不分",是很不好的;你们要"知稼穑之艰难",不能做畏惧劳动、鄙视劳动的少爷小姐。在他和家母的教导下,我们兄弟姐妹从小养成了热爱劳动、尊重劳动的观念。家父不仅要我们热爱劳动,而且也教导我们要依靠自己的劳动来解决自

---

① 在那里,最重的农活是春耕时挖"老板田",一般教师都无法承受,云大去的五十多位教师中,只有两位能够胜任,家父就是其中之一。他在1959年4月22日写给家姊伯敬和我的信中说:"我们自从本月初,就开始了春耕战役中的主力战——挖老板田。在农业生产中,古语说,'一年之计在于春',春天是最紧张的季节。而在这个紧张的季节中,挖老板田又是最紧张最沉重的活计。这个活计,就是把田里的土深翻一次,把广大的田土,一个垡子(按:即大土块)一个垡子的挖了翻过来,让它晒太阳。有我们家小团桌那样大的垡子是很多的。常常一个人无力把它翻过来,而要两三个人共同拉。拉一个垡子就会拉出满身大汗。成天,汗水不住地流。挖上两三天,手也起泡了,腰背也酸痛了。但节令不等人,不能不抓紧时间,所以还得不顾这些痛苦而一天天地干下去。我们云大在这里的同志,有一半人参加了这一主力战,我是其中之一。这一半人中,能从一开始就坚持到今天的,只有郑可立同志和我。现在田已挖了一半,还有二十多天的时间要继续干这个重活。我决心坚持到底,绝不中途败下阵来。经过这一月来的考验,我相信我是能坚持到挖完为止。……挖田虽然是重活,很累,但也很痛快,很有趣。每天散工后,打一大盆热水,把满身的汗水洗去,又喝上几口酒,和农民谈谈笑笑,真觉得无比的痛快。这痛快是在学校时体会不到的。"

己的困难，不能有依赖思想。在中国近代史上著名的"三年困难时期"（1959—1962），昆明同全国各地一样，发生了严重的饥馑，我们也营养极度缺乏。在这个艰苦的时期，家父告诫我们：不要怨天尤人，只能自己解决困难。在他带领下，我们通过自己的劳动来进行"生产自救"。[1]这不仅帮助我们度过了这场可怕的饥馑，而且也使我们深切地体会到劳动是创造财富之源。

我们的青少年时代是一个物质非常贫乏的时代。由于家里人口多，仅靠家父一个人的工资生活，家庭经济情况一直很拮据。家父母对我们非常慈爱，[2]但从不娇惯。他们自奉甚薄，对清贫从无怨言。[3]这种身教胜于言教，使得我们从小就习惯了甘于清贫而不慕奢华。[4]家父经常教导我们衣食来之不易，必须珍惜，绝不能暴殄天物。他还常说："咬得菜根，百事可做。"对于清贫不仅要甘之如饴，还将其作为励志的机会。他经常给我们讲范仲淹"断齑画粥"的故事，要我们无论如果艰苦，也不能放弃自己的追求。这种教

---

[1] 家父带领我们饲养鸡、兔，种植蔬菜，培育小球藻。他不仅"身先士卒"，自己带头做，并且教我们如何干挖坑、下种、施肥、杀虫、积肥等农活，并为我们分配了工作任务。家姊伯敬和我每天回家的第一件事，不是做作业，而是带上家父从农村带回的小镰刀和提篮，去找草、拔草。他带领我们在家旁空地上种的洋丝瓜，由于精心管理，获得丰收，自家人吃不完，还送给邻居。
[2] 家兄伯起一岁时患脑膜炎，因为无钱治疗，遂致瘫痪，丧失了行动和说话的能力，终身卧床。在家父母精心照顾下，他卧床三十余年，直到1976年去世，连一个褥疮都没有长过。多年为我家看病的云南大学校医室李云鳌医师说：在家父母身上，可以看到世上最伟大的爱。
[3] 记得在我们青少年时代，家父吸烟，总是吸最廉价的香烟。吸完还要把烟蒂保留起来，取出其中的烟丝，放入烟斗再吸。
[4] 我们兄弟姐妹的衣服，都是由长辈劝，一传再传，直到彻底报废（当时中国学生的衣服式样基本上男女无别，因此家姊的一些衣服稍加改动后，弟弟们也可接着穿）。我在小学高年级时，因为穿鞋磨损快，又无力购买新鞋，因此有时穿木屐去上学。到了"文化大革命"后，我去读研究生，还穿带补丁的衣服。对于这些，我们也从未当作一回事，更未有何怨言。

育，对我们的一生都有重大影响。

虽然家父对我们要求严格，但他是一个开明和民主的家长。特别是在选择人生道路的问题上，他更是完全尊重子女的意见，不把自己的意志强加于他们。[1]他在生活中仔细观察我们的兴趣和潜质，和我们平等地讨论未来的发展，然后因势利导，予以积极的引导。因此后来我们兄弟姐妹四人，各人都依据自己的兴趣，选择了不同的专业道路。而在四人中，只有我选择了治史的道路。正因为如此，我也受惠于家父最多。

## 二、"两司马"

我很早就对历史产生了浓厚的兴趣。家父发现了这一点，就对我循循善诱，希望把我培养为一个良史。

家父最敬佩的古代史家是"二司马"，即司马迁和司马光。[2]我在小学时，他就要我背诵司马迁的《报任少卿书》和司马光的《资

---

[1] 伯敬读中学时，文科、理科都很好。在当时社会风气的影响下，她准备报考理科。家父认为她学文科更合适。但还是尊重她的选择。伯敬对家父说："学了数理化，走遍天下都不怕"。家父则回答说："三百六十行，行行出状元。你说'学了数理化，走遍天下都不怕'，我也可以说'学了文史地，走遍天下都不[受]气'。中学的课程都是最基本的知识，都应该学好"。在家父的教导下，她在努力学习数理化的同时，也不放松文史。虽然她在大学里学的是化学，但是后来发现自己的真正长处在文科。由于先前打下了良好的文科基础，因此得以转行走上经济研究的道路。舍弟伯约，在大学本科时学的是心理学，后来发现自己的真正兴趣在认知科学，所以在读研究生时又改换专业。这些，家父都非常理解和支持。
[2] 家父在2002年7月7日日记中写道："桌上有一册《通鉴》，信手翻开，乃《唐纪一》，读之竟夕。史部古籍中，我最爱读者为两司马之书（即《史记》与《通鉴》）。解放前为《民意日报》的《地方论坛》写文，即曾以'司马夷然'为笔名。'夷然'者，埏字之谐音也。"

治通鉴进书表》，从中体会他们为史学的奉献精神。他强调：司马迁因李陵案而遭受了残酷的迫害，"肠一日而九回"，但为了史学而坚强地生活下来，完成了被鲁迅先生誉为"史家之绝唱，无韵之离骚"的《史记》。司马光虽身居高位，但从未放弃对史学的热爱，自称"凡百事为，皆出人下，独于前史，粗尝尽心，自幼至老，嗜之不厌"。为了写《资治通鉴》，他"研精极虑，穷竭所有，日力不足，继之以夜"，全部精力皆"尽于此书"。正是出于这种对史学最高境界的追求，二司马才能够为人之所不能为，成为良史。家父常对我说："你倘若有志于治史，就必须把他们作为学习的榜样，以毕生的精力和全部的热情从事之，写出真正可以传世的著作，而不可将学问当作牟取功名利禄的工具，不可曲学阿世，媚俗邀宠；否则，倒不如去从事其他职业为是。"这些教诲成为我一生的座右铭。

家父培养我的治史能力，从基础抓起。我上小学时，他要我读吕思勉先生的《白话本国史》作为入门。到了中学，则要我精读其师张荫麟先生的《中国史纲》。他对《中国史纲》十分推崇，认为这是史学和文学完美结合的典范。为了让我知道什么是好史学，他还要我阅读一些中外史学名著。在初中时，他指导我开始读《资治通鉴》，并配合有关章节，阅读贾谊的《过秦论》、杜牧的《阿房宫赋》、苏轼的《留侯论》、王夫之的《读通鉴论》等著名史论和文章，以提高自己对历史人物、历史事件和历史经验的见解。《资治通鉴》一书因此也成为我一生用力最勤的史学名著。

对于一个现代史家来说，最难得的是历史感，亦即对传统社会的感性认识。倘若缺乏历史感，治史就很有可能成为一种"纸上谈兵"。①近代中国社会处于不断的急剧变化之中，传统的印记处在迅速的消失之中。对于一个生活在20世纪五六十年代的青少年来说，培养历史感谈何容易！为此，家父要我阅读一些历史题材的中外文学名著，从中感受历史的氛围，增进对历史的感性认识。我最早读的中国文学名著是《水浒传》，十岁时读完了此书，受到家父的夸奖。②在我十三岁的生日那天，他送我一部人民出版社出的直行繁体标点本《三国演义》作为生日礼物。这部小说出版于"三年困难时期"，纸张极为粗陋，看起来很吃力，但我却百读不厌。此外，我青少年时代心爱的读物还包括瓦西里·扬的《成吉思汗》、阿·托尔斯泰的《彼得大帝》、雨果的《九三年》等。这些中外名著激发了我对历史的无限兴趣。它们在使我获得浪漫想象的同时，也获得一些历史感。

家父也注意引导我学习史学理论。在1958年的"史学革命"之后，"阶级斗争"论成了中国史学界的指导理论，但这很难说是一种真正的史学理论。有鉴于此，我进入高中后，他要我阅读马克思的《资本论》。这并非"趋时"，而是他确实非常看重此书。③他并

---

① 经济史学家约翰·希克斯在《经济史理论》一书中，说经济史学者必须经常问自己这样的问题："如果我处于那个地位，我应当做些什么？"（原注：那个地位——例如我是一个中世纪的商人或者一个希腊的奴隶主），因此，"只有已感觉到了自己像什么人，才能开始猜测"。

② 家父在日记中记道："1959年6月21日 星期日 重儿爱读书。日前偷偷地看了几回《西游记》，因我把书还了图书馆，他又看了《水浒》。到昨天，把七十一回本全看完了，而且很记得其中的故事。真出乎我的意外。记得我看此书时是十二三岁在腾冲时。他今尚未满十岁，比我还早看两三岁呢。"

③ 早在20世纪40年代，在张荫麟先生的影响下，家父就开始阅读《资本论》英文版。1949年以后，他细读《资本论》多遍，并在1958年6月17日的日记写道："今天，读完了《资本论》第一卷！……当读完时，我真愉快！……遗憾的是，郭（沫若）、王（大力）的译文颇有不流畅的地方。深悔当年在宝台山（即家父在北大文科研究所读书的地方——引者）没有把德文学好。决心乘胜前进，出明日起，续读第二卷，争取在一个月内读完！"他对此书用功甚勤，

不是把马克思当作神灵来盲目地顶礼膜拜，而是将其视为一位对经济学做出巨大贡献的伟大学者而予以尊敬。①为了帮助我更好地了解作为学者和普通人的马克思，他让我阅读保尔·拉法格等人写的《回忆马克思、恩格斯》，使得我对这位伟大学者产生了一种亲近之感。

## 三、与郭沫若先生商榷

深受其师陈寅恪先生关于"独立之精神，自由之思想"的教诲影响，家父认为独立思考是做良史的关键。但是在我青少年时代那种氛围中，要进行独立思考是非常困难的。因此家父在培养我独立思考能力方面也颇费心思。

独立思考绝非凭空乱想，而是必须以事实为依据。他在求学时，深受当时重史料学风的熏陶，认为史料学和考据学的方法是历史学的基本方法，对经济史研究具有极为重要的意义。他在北大史学研究所读研究生时，所长傅斯年先生一再对研究生们强调史料学

---

因此发现中共中央编译局出版的中文版有一些错误。例如《资本论》中文版中有一句"生产越是发展，货币财产就越是集中在商人手中，或表现为商人财产的特别形态"。但家父认为不符逻辑，他核查了恩格斯校阅过的英文版，指出为第一句应为"生产越是不发展"才对，于是在1964年发表《略论唐代的"钱帛兼行"》一文中指出了这一错误。郭沫若先生看后核查德文版，证实家父所言正确，于是当即给《历史研究》去信，建议中央翻译局加上这个重要的"不"字。

① 时隔四十年，我在清华大学讲授经济学说史，读到美国新制度经济学家罗伯特·海尔布罗纳的《几位著名经济思想家的生平、时代和思想》。海氏在该书中把亚当·斯密、马克思和凯恩斯分别视为18、19和20世纪最伟大的经济学家。家父对马克思的尊敬，正是出于此。

的重要性，提出"史学便是史料学"。①家父的同窗们也都非常重视史料。②因此，作为培育我的独立思考能力的第一步，他每每要我直接从第一手史料入手，经过仔细分析，然后得出自己的结论。

1963年，《历史研究》第4期发表了戚本禹的《评李秀成自述——并与罗尔纲、梁枯庐、吕集义等先生的商榷》一文，宣称李秀成是叛徒，"认贼作父"。此文发表后受到史学界的广泛批评。我当时正读初二，读了戚文后，觉得与我读过的史学著作很不一样，于是与家父讨论。家父没有说什么，只是拿来影印的原本《忠王自述》，叫我通读。我读后觉得戚文强词夺理，气势汹汹，不是说理，而是扣帽子。我对家父谈了此看法，他说不论什么人的文章，都不能盲目相信；要读原始材料，独立思考，得出自己的结论。家父的这个教诲，使我深刻地体会到治学就不能盲从。

20世纪60年代初，郭沫若先生在报刊上发表多篇文章为武则天翻案。他1962年发表了历史剧《武则天》，更将翻案工作推到了高峰。该剧本发表后，郭先生又发表《我怎样写〈武则天〉》一文，强调剧本"根据尽可能占有的史料和心理分析，塑造了武则天的形象"。在这些翻案作品中，他说武则天"以一个女性的统治者，一

---

① 傅斯年先生指出："史学的对象是史料，……史学的工作是整理史料，不是作艺术的建设，不是做疏通的事业，不是去扶持或推倒这个运动或那个主义。"见傅斯年：《史学方法导论》，收于《傅斯年全集》第2册，台北：联经出版事业公司，1980，第5、6页。
② 例如，吴承明先生认为：史料是史学的根本，绝对尊重史料，言必有证，论从史出，这是我国史学的优良传统。治史者必须从治史料开始，不治史料而径谈历史者，非史学家。由于史料并非史实，必须经过考据、整理，庶几接近史实，方能使用，因此史料学和考据学的方法可以说是历史学的基本方法。从乾嘉学派到兰克学派，中外史家都力图通过考证分析，弄清历史记载的真伪和可靠程度（吴承明：《论历史主义》，《中国经济史研究》第2期，1993）。

辈子都在和豪门贵族作斗争，如果没有得到人民的拥护，她便不能取得胜利，她的政权是不能巩固的"。由于郭先生的特殊地位，此剧在全国各地上演后受到一片赞扬。然而，从史学的角度来看，此剧在许多方面是颇有问题的。1962年，家父在《学术研究》第5期上发表《梅花、元宝和马——读〈武则天〉札记三则》，对此剧中不符合唐代史实的一些情况进行了批评。在当时的社会氛围中，这样做是需要大智大勇的。家父此举给我很大的启迪：位尊权重的权威也不一定正确；对于他们的错误，也应当批评指出。

在家父的这种独立思考精神的影响下，我也开始怀疑郭先生在剧本《武则天》及相关文章中对武则天的看法。剧本中的武则天，口口声声说她一切都是为了"天下老百姓"，"我要为天下的老百姓做点事，我要使有才能的人都能够为天下的老百姓做点事"。我认为这些话既无史料依据，又有违马克思主义关于人民群众与统治者之间关系的观点。①当时我刚进高中，初生牛犊不怕虎，想写文与郭先生商榷。家父对此表示了谨慎的赞同：一方面，支持我通过写此文，锻炼自己的独立思考、搜寻运用史料和写作史学论文的能力；另一方面，明确告诉我这只是练笔，因为我的学力还远不足胜任此问题的讨论。依照家父的指示，我在课余努力读两《唐书》和《资治通鉴》的有关部分，从中寻找相关的史料，并仔细读了普列汉诺夫的名著《论个人在历史上的作用问题》，作为理论指导。在此基础上，我写成了一篇长达万言的文章。写好后，虽然只有家父一人是该文的读者和评议者，但这却是我从事史学研究的开端，因

---

① 郭先生在其他文章中对于武则天的评价也存在同样的问题。

为从此写作过程中，我不仅获得了最初的史学论文写作训练，而且培养了自己独立思考的能力。

## 四、"文化大革命"灾难中

1965年11月10日《文汇报》发表了姚文元的《评新编历史剧〈海瑞罢官〉》，揭开了"文化大革命"的序幕。11月底，北京各大报刊登了姚文，把批判《海瑞罢官》的运动推向了高潮。在巨大的压力下，吴晗先生也不得不于1965年12月27日在《北京日报》上发表《关于〈海瑞罢官〉的自我批评》。家父由于与吴晗先生的师生关系以及在1962年在《云南日报》上发表的一组读史札记，在1966年夏即"揪"了出来，打成"云南三家村""资产阶级反动学术权威""牛鬼蛇神"，在《云南日报》上点名批判。

在这个由上而下的"横扫"狂潮中，家父是一位有名的历史学家，又是云南省最为知名的"牛鬼蛇神"，自然首当其冲，在劫难逃。1966年5月9日，云大历史系召开"声讨吴晗反党反社会主义罪行大会"，会上家父受到严厉批判，这是"文化大革命"十年中家父所遭受的批判的开端。自此以后，他受尽了肉体和精神的迫害。但是他决定像司马迁一样，"隐忍苟活，幽于粪土之中而不辞"，不仅自己要勇敢地生活下去，而且要鼓励子女在逆境中自强不息。

在那个举国疯狂的时代，一个人倘若被贴上"反革命"的标签，就立即成了"阶级敌人"，连同其子女，都成了社会中的"不可接触者（Untouchable）"。他知道，对于这些单纯而文弱的孩子们来说，背负着"黑崽子"的沉重十字架活下去，就已经很不容易；如果还要他们立志自强，那么更需要有坚强的意志。他写下了孔子对仲弓说的话："犁牛之子骍且角，虽欲勿用，山川其舍诸？"对我们讲解说："你们不要因我被打倒而自卑自弃。你们要在逆境中仍然自强不息，努力不懈，要'干父之蛊'。"在他的激励和示范下，我们默默而坚强地生活下去，度过了这场史无前例的大浩劫、大灾难。

由于家父被打成"牛鬼蛇神"，我也理所当然地立即变成了"黑崽子"，并领受了"黑崽子"的各种待遇。在经受了"文攻武卫"等灾难之后，我于1969年初被送到位于中缅边境的瑞丽县农村插队，接受"再教育"。

1966年秋，在"中央文革"的鼓动下，全国出现了抄家浪潮。家父是云南大学最早"揪"出来的"牛鬼蛇神"，又被省委机关报公开点名批判，在这个抄家浪潮中自然首当其冲。家里的藏书被扫荡一空，只有几部古籍逃过此劫。在这几部书中，有一部是世界书局缩印版《资治通鉴》。毛泽东在"文化大革命"前曾号召中共高级干部读《资治通鉴》，当时中共湖北省委书记王任重就因发表读此书的心得而获得毛泽东的赏识。因此之故，此书在抄家运动中也得以幸免。我下乡时带去了此书，农作之余，在油灯下反复细读。读书时遇到不少问题，苦于无人解答。我曾步行百里，到芒市民族中学向戴静华老师请教。[①]但这也不是常法，因此写信向家父求教。在当时那种政治氛围中，信中只是问了一些古文的字义和对史事的解释，绝无涉及政治的言辞。但是万万没有想到的是，家父

---

[①] 戴静华先生是20世纪50年代北大历史系的高才生，是著名史家邓广铭先生指导的研究生，专攻宋史，颇有成就。但于1957年被打成"右派"，下放到云南省德宏州芒市民族中学教书。"文化大革命"后平反改正，到云南民族学院历史系任教。

此时仍然处于"群众专政"之下。此信落到"革命教师"手里,他们就此对家父展开了新一轮批斗,同时还以云大历史系革命委员会的名义,致函我所在的瑞丽县姐勒公社革命委员会,说老小"牛鬼蛇神"还在搞"封资修",公社革委会应对小"牛鬼蛇神"严加管教。公社革委会主任收到此函后,立即把我传唤到公社里严厉训斥,没收了我的全部个人往来书信,并剥夺了我回乡探亲的权利。至于以后的招工、招生等"好事",当然更非我可想的了。所幸我所在寨子的傣族乡亲和知青"插友",却根本不理会上面的这一套,对我依然亲切如故,因此我仍能继续坚持学习。

在"文化大革命"期间,外语学习成了禁忌,但家父依然鼓励我学习外文。他引用梁任公的话,说学会一门外文,就好像开辟了一块殖民地。特别是英文,最为重要,非学不可。在他的鼓励下,我在乡下开始自学英文。在当时那种环境中,没有老师,没有语音学习手段,甚至连课本也难以寻觅。幸亏我在去边疆农村插队前夕,偶然得到一本苏联出版的英文教科书。下乡之后,我就用这本教科书自学英文,获得了英文的基础知识。

由于"出身不好",再加上因上述"通信事件"而"负案在身",我自然被排除在招工、招生之外。因为劳作辛苦,营养不良,我不幸染上了肝炎。到知青回城大潮之后,我才得以办理"病退"回到昆明。回到昆明后,面临的是失业。为了养活自己,只好到处打零工,先后做过人防工程测量员、中学代课老师等工作。后来得到家父过去教过的学生黄学昌先生的帮助,来到云大教师食堂做临时工,每天清早蹬三轮车到郊区菜市场拉菜,回来后洗菜、淘米、煮饭、揉面、做馒头,开饭时间为就餐师生打饭菜,然后清洗炊具和其他用具,直到晚上,一天干十二小时,节假日还要轮流值班,每月工资二十八元,干一天有一天的收入。为了保住这份将来有可能转为正式工的工作,我干得很卖力。但是半年之后,到了正式工招工指标下来时,我以及与我情况相似的几个云大教师子女被告知:"这些名额要留给家庭出身好的人,你们就请开路吧!"于是我又流落社会,依然靠打零工为生。到了1974年夏,昆明市教育局要招收一批中学教师。在当时,一个人但凡有一口饭吃,绝不会做这种社会地位低下的"孩子王"。由于"出身好"和"有关系"的人不屑做这种"低贱"工作,因此教育局不得不降格以求,到本市待业青年中招收。借此机会,我谋得了一个中学教师的职位,虽然月薪仅有三十八元,也没有集体宿舍可栖身,但好歹有了一个固定的饭碗。

在这个"运交华盖欲何求,未敢翻身已碰头"的艰难时世,家父一直用先贤的名言激励我:"舜发于畎亩之中,傅说举于版筑之间,胶鬲举于鱼盐之中,管夷吾举于士,孙叔敖举于海,百里奚举于市。故天将降大任于是人也,必先苦其心志,劳其筋骨,饿其体肤,空乏其身行,行拂乱其所为,所以动心忍性,曾益其所不能";"贫贱忧戚,庸玉汝于成也"。有这些话的激励,我在这不堪回首的十年中,没有自暴自弃,丧失人生的追求。到了今天,回首这段往事时,我可以自慰地说:在毁了整整一代人的这十年中,多亏了家父的鼓励和教导,我才没有像千千万万同辈人那样成为时代的牺牲品,也没有因自己的懒惰和消极,导致后日因虚度年华而悔恨,碌碌无为而羞耻。[1]

---

[1] 语出奥斯特洛夫斯基小说《钢铁是怎样炼成的》,原文为:"人最宝贵的东西是生命,生命属于人只有一次而已。一个人的一生应该是这样度过的:当他回首往事的时候,他不会因为虚度年华而悔恨,也不会因为碌碌无为而羞耻。"

## 五、"我的大学"

"文化大革命"开始时，全国大学都关闭了。到了1971年5月，毛泽东发出指示："大学还是要办的，我这里主要说的是理工科大学还要办，但学制要缩短，教育要革命，要无产阶级政治挂帅，走上海机床厂从工人中培养技术人员的道路。要从有实践经验的工人农民中间选拔学生，到学校学几年以后，又回到生产实践中去。"谨遵这一"最高指示"，国务院科教组转发《北京市革命委员会科教组关于高等学校试办补习班的报告》，大学开始招收工农兵学员。当时招生，取消文化考试，采取"自愿报名，群众推荐，领导批准，学校复审"的办法。这是"前门"，在过"推荐""批准"和"复审"这三关时都大有讲究，"黑崽子"基本上是没有希望通过的。在当时进大学，无论是"前门"或者"后门"，最大受益者是"文化大革命"中发迹的新权贵的子女，出身于工农家庭和其他劳动人民家庭的青年，其实只是陪衬。张春桥的女儿就是一个典型的例子。她依靠其父的权势，当毛泽东发出"知识青年到农村去，接受贫下中农的再教育"的"最高指示"后，就堂而皇之地参了军，从而不必像千千万万同龄人一样上山下乡，做"社会主义新农民"。而到大学招收工农兵学员时，她又一路顺风地从"前门"进了大学。如果有过硬的"关系"，或许可能从"后门"进入大学。但是对于我来说，出身既"不好"，又没有"关系"可依靠，因此无论"前门"还是"后门"，都是紧紧关闭着的。

1972年5月，北京大学为第一届工农兵学员举行了隆重的开学典礼，江青、姚文元等人也出席了这次活动，会议特意传达了毛泽东的指示精神，要求大家为"毛主席的革命路线争光、争气"，并重点指出工农兵学员的任务是"上大学、管大学、用毛泽东思想改造大学"。自此，全国各大学也开始招收工农兵学员。

有一天，我在云大看到新生入学的场景，心里五味杂陈，充满了说不出的滋味。虽然我知道在当时那种情况下，即使进了大学也学不到多少知识，但是我还是非常羡慕这些工农兵学员：毕竟他们衣食无忧，有书可读，也有时间可读书呵！家父看到我心事重重，便很恳切地对我说："伯重，依照我的处境，你要想被推荐上大学，那是永远不可能的。但是你要想清楚上大学是为了什么。如果是追求真正的学问，那么在现在这种大学中很难做到，因此上不上大学并不重要。你在家里跟我学，一定可以学得比大多数工农兵学员更好。虽然不能上大学，只要你努力，你就一定会成功，成为一位真正的史学家。"你要坚信"天生我材必有用"，做人不可自大，亦不可自小。①我仔细玩味他的话，认为非常正确，绝非用来宽慰我的"酸葡萄"之语或"阿Q精神胜利法"。于是我便心平气和地对待不能上大学一事，深信只要自强不息，老天终会开眼，天无绝人之路。

然而，要读书，还必须解决一些实际问题。首先，要有一个可以放下一张书桌的场所。1971年，我家被逐出原住房。我家七口人，和另外一家五口人，同挤在一套住宅中。由于空间狭小，家里只能放置高低双层床睡觉，连做饭的地方也没有，只能露天做饭。正如家父1980年9月18日日记所云："自1971年迁此，蹐促斗室中将

---

① 家父的座右铭是"做学问不可自大，亦不可自小"，因此给自己的书房取名"不自小斋"。

十年，但能食宿，不能工作，甚以为苦。"此时连放我睡觉的床的地方都没有，遑论看书写字之处！在家父的支持下，我和朋友们用土坯和石棉瓦搭建了一间简陋的小屋，仅可以放一张单人床和一张桌子。这间小屋冬寒夏热，蚊虫、蚂蚁横行肆虐，一遇刮风，尘土和树叶就从石棉瓦缝隙中簌簌而下。但是家父用刘禹锡《陋室铭》里的名句"斯是陋室，惟吾德馨"来宽慰我，用孔子赞颜回的话"贤哉回也！一箪食，一瓢饮，在陋巷，人不堪其忧，回也不改其乐"来勉励我。其次，读书要有时间。1967年10月，中共中央下令中小学复课，而此时的中小学被定位为"毛泽东思想大学校"，主要任务是组织学生参加各种政治运动。我到昆明第十三中学教书，每天大部分时间都耗在这些活动中，属于自己的时间少得可怜。我向家父抱怨没有时间读书，他引用陶侃的话对我说："大禹圣者，乃惜寸阴；至于众人，当惜分阴。"并谈到董遇的"读书三余法"，[①]说一个人只要想读书，时间一定可以挤得出来的。在那种逆境中，这些鼓励给我极大的精神力量，使得我不敢松懈，抓紧工作之余的每一点时间，躲进小屋埋头读书，并以鲁迅诗"躲进小楼成一统，管他冬夏与春秋"之句自我解嘲，并且自得其乐。这间小屋成了"我的大学"的课堂和宿舍。

虽然条件艰苦，但是最为幸运的是我有一位世界上最好的老师。家父热爱学术，渴望有人能够跟他学习。当时云大历史系革命委员会分派给家父和其他"老家伙"们的任务，是在工农兵学员进校前，去为新生打扫宿舍；到新生入学时，列队到学校大门，欢

---

① 所谓"三余"，即"冬者，岁之余也；夜者，日之余也；雨者，月之余也"。

迎新生，抢着替这些年纪相当于自己孩子的学生背扛行李；以及其他诸如此类的工作。特别是家父，因为是"牛鬼蛇神""反动学术权威"，当然没有资格去教那些肩负着"上大学，管大学，用毛泽东思想改造大学"使命的工农兵学员。因此在"文化大革命"十年中，他唯一可教的学生只有我。

家父一再教导子女和学生："读书必有得力之书"，"一个人做学问，总要有几部得力的书是写在脑子里，如此，一辈子受用不尽"。对于一个有志于历史的青年，这种得力之书首先是史学名著。从乡下回来后，在家父的指导下，我继续努力研读《资治通鉴》。此时家父从一位历史系青年教师手中买得一部中华书局出的标点本。此标点本系"文化大革命"前周恩来奉毛泽东之命出面，邀请聂崇岐、王崇武先生等多位著名学者，以多年之力完成的，是集一代学者之力的杰作。但是智者千虑，必有一失。他们所作的标点，也难免有一些可商榷之处。由于反复细读《资治通鉴》，我发现了一些标点不妥。根据我对有关史实、史事的理解，并查阅前四史、新旧《唐书》、新旧《五代史》的有关记载，我把《资治通鉴》标点本中的标点错误作了一番梳理，写了一个详细的纠错表。[1]这个细读过程，对我的史学基本训练起了重要的作用。在此同时，在家父的鼓励下，我也尽力搜寻并阅读了一些当时尚可找到的西方史学名著，如普鲁塔克的《梭伦传》、兰克的《教皇史》

---

[1] "文化大革命"后期，吕叔湘先生和几位学者为中华书局校勘标点本《资治通鉴》的标点，后来把其中有代表性的130多条分30类，写成《资治通鉴标点琐议》，许多标点古书的人为之震动（见云阳《语言学家吕叔湘》）。后来我在杂志上看到吕先生的这篇文章，感到非常振奋，于是将该纠错表冒昧寄给吕先生，不久得到吕先生回信加以鼓励，并说已将该表转给了中华书局。

等。读这些著作，也使我多少得知一些西方史学传统。

由于我对经济史特别感兴趣，家父指示我必须学习经济史学的名著，以此为榜样进行研究。在当时的条件下，能够找到的经济史名著寥若晨星。我读得最认真的是日本学者加藤繁的《中国经济史考证》，该书对我以后的治学具有很大影响。此外，当时还能找到一些苏联学者写的经济史名著，如梁士琴科的《苏联国民经济史》、波梁斯基的《外国经济史（封建主义时代）》等，也是当时我用心读过的书。

法国年鉴学派的旗手布罗代尔（Fernand Braudel）有一句著名的口号"没有理论就没有历史"。家父自己从年轻时起就很重视史学理论。在我自学的过程中，他经常强调理论学习的重要性。在1980年以前的中国，基本上没有西方经济史学理论和经济史研究著作可读。因此在"文化大革命"中，家父让我阅读20世纪50年代翻译出版一些苏联学者写的经济史学理论名著，如梅伊曼和斯卡兹金的《封建主义生产方式的运动》、波尔什涅夫的《封建主义政治经济学》等。他说：这些苏联学者虽然教条主义严重，但治学态度仍然十分严谨，穷数十年之力，钻研马克思主义理论，建立起了一个完整的经济史学理论体系，因此仍有其学术价值。阅读这些著作，使我第一次接触了一种系统的史学理论；而对这种理论的思考，也使我获得一种理论的思考能力。[①]几十年后，我在国际会议上与俄

---

[①] 我在读这些书时，写了不少札记和读书心得，后来整理成《封建社会中的个体经济与共同体经济》一文，敬请家父指导。他在1980年9月26日的日记中又写道："伯重撰《封建社会中的个体经济与共同体经济》一文，去年在京时曾阅其初稿。今又阅其二稿，大有进境，已奠立马克思主义理论基础矣。"此文后来以《论封建社会中的个体经济》为题，刊于《漳州师范学院学报》1987年第1期。

国同行谈天时提到这些著作，他们不禁感到十分惊讶：想不到还有中年一辈的中国经济史学者读过这些著作。

由于家父的指导，我在史无前例的十年浩劫中虽然历尽艰辛，但却始终坚持自学，不敢自暴自弃。在十分艰苦和险恶的环境中，不仅自修完了大学历史系本科生的课程，而且还自学了英文。借用高尔基著名的自传体小说《我的大学》的书名，这段灾难深重的岁月成了"我的大学"时代。如果说，在"文化大革命"以前我还只是一个对历史有浓厚兴趣的中学生，那么经历了这个"我的大学"，我已走上了一条以史学为自己毕生事业的"不归路"。而把我带上这条路的人，正是家父。

## 六、《北宋方腊起义》

在"文化大革命"前夕和"文化大革命"中，由于奉行"以阶级斗争为纲"，史学界唯一允许做的是研究古代的农民起义。这种"研究"实际上只是从史籍中选取一些符合需要的记载，填入八股式的框架，来证实"阶级斗争是历史发展唯一动力"是"放之四海而皆准"的普遍真理。但是在当时，这却是唯一可以接触古书的途径。1974年初，上面下令要出一些关于农民起义的读物。云南人民出版社编辑李惠铨先生是家父过去的学生，师生感情颇佳，于是他请家父用笔名写一本北宋方腊起义的小册子。家父本无意做此事，但我很想得到这个机会，因为这是当时可以合法接触古书的唯一途径和可以进行史学写作的唯一机会。他觉得我的想法可以，于是对李惠铨先生作了肯定的回答。然而，由于我没有受过史学研究的系统训练，因此一切都必须从头开始。

依照当时流行的做法，这类读物的写作是按照早已定下的调子，从"文化大革命"前出版的历史教科书和资料集中信手拈出几条史料，再用立场鲜明的革命口号和战斗词汇敷衍成文，于是一篇紧跟上面精神的文章就炮制出来了。尽管这是最省力也最安全的方法，但是家父认为决不可这样做，而要利用这个机会静静地读一些古书，并学习史学文章的写作方法。通过这个过程，使自己接受史学研究的基本训练。

家父对自20世纪50年代初批判俞平伯先生的《红楼梦研究》开始的那种"大批判史学"深恶痛绝，深恐我受这种恶劣学风的影响。因此在指导我写《方腊起义》时，要求我按照正规的史学研究路子，从系统地细读基本史籍入手。于是我从《宋史纪事本末》开始，认真读了《宋史》《续资治通鉴长编》以及《宋会要辑稿》《文献通考》的若干部分，对北宋的政治、社会、经济、财政等情况，有了一个比较全面的了解。然后从这些史籍中，把与方腊起义有关的史料摘抄出来，做成卡片，分类排比，分析史料的异同，辨别真伪正误，并发现史料之间的内在联系。在此基础上，写成长编，然后再动笔写作，首先分析北宋的社会经济状况，以此作为背景，描述方腊起义的过程，最后讨论其历史意义。

由于家父的严格要求，这本仅三四万言的小册子，我写得异常辛苦。我常常感到已精疲力竭，但是家父仍然不满意，要我再改。一改再改，数易其稿。最后他对全书进行了认真的修改，特别是第一章，更作了改写。在修改过程中，他和我认真讨论作改动的理由，从而使我又一次得到宝贵的指导。此书于1975年刊出，在当时那种极左的氛围中,此书尽管只是一本通俗读物,但还保持了一些学术的味道,也很少有那个时代特有的暴力语言,因此受到了一些前辈学者的注意,并得到了他们的鼓励。二十年后,我在北京忽然接到一份关于方腊起义的研讨会的通知,邀请我到方腊起义的发源地淳安县参加一个全国性的方腊起义讨论会。虽然我因事未能赴会,但仍然感到很高兴:二十年前在特殊环境中完成的处女作,到今天还有人知道,因此也还没有同那个时代刊出的车载斗量的文章一同被抛入历史的垃圾堆。

## 七、"评法批儒"与"围攻杨荣国"事件

《方腊起义》书稿基本完成后,中国又出现了一个新变化。长期盛行的"阶级斗争"史学在登峰造极后,逐渐走到了终点,演变为以"批林批孔""评法批儒"为代表的"路线斗争"史学。

把孔子和林彪两个风马牛不相及的人物捆绑在一起作为"人民公敌"而加以口诛笔伐,愤怒声讨周公"制礼作乐"的"滔天罪行"而热情讴歌秦始皇"焚书坑儒"的"伟大功绩",实在是荒唐到无以复加的地步。

经过多年大破"四旧"、大批"封、资、修",我国的传统文化遭到了灭顶之灾。然而,在"批林批孔""评法批儒"运动中,为了从古代文献搜寻歌颂法家和批判儒家的史料,许多一直被严令封禁的古书得以重见天日,法家的"光辉事迹"和儒家的"反动言论"也堂而皇之地上了传达"最高指示"和"无产阶级革命司令部声音"的"两报一刊"。关于"儒法斗争"的史料汇编被印刷成小

册子，分发到千家万户，所有人都必须认真学习。

然而，由于多年的历史虚无主义教育，广大人民对祖国历史的了解可以说是一片空白，对被钦定为"儒家"和"法家"的那些历史人物更是一无所知。现在上面发下一大批儒、法两家代表人物名单，要逐级组织"评法批儒"。这不免难住了各级革命委员会，因为这些革委会的绝大多数成员也从未听说过这些佶屈聱牙的古人名字。为了落实上面的指示，他们不得不到大学里找人，讲解什么是"儒家"和"法家"，各时期"儒法斗争"的背景和具体内容如何，等等。然而，在当时大学里，当权的"革命教师"们虽然在玩阴谋，耍诡计，下狠手害人整人方面，本事早已远远超过申不害、韩非子等"法家"祖师爷，但是要他们对申、韩的"香花"和孔、孟的"毒草"进行文字解读，那却是太过于为难他们了。不得已，上面只好去找那些已被打倒的"老家伙"，要他们出来讲解。家父亦在其中，虽然是奉命行事，但他在讲解中却精心"走调"，把唐太宗等向来为人称颂的仁君归入"法家"队伍而加以肯定，而对钦定的"法家"代表以及农民起义领袖则不忘强调其历史局限性。1975年，家父在《思想战线》第6期上发表《试论历史局限性》一文，针对大有来头的对法家和农民起义领袖要"无限拔高"和"不能写历史局限性"的谬论发表不同意见，旋即遭受围攻，但他却决不"认错"。此外，他还不时塞入一些经济史的"私货"，[1]让大众多了解一些祖国历史。由于大众对真正的历史知识的渴求，也由于

---

[1] 例如杨炎的两税法这样罕为大众所知的历史事件，也被他放进讲稿中，因而使得众多听众头一次听到杨炎这个名字，并得知这位因废除过时的均田制和创建符合历史发展趋势的两税法而名垂史册的中唐改革家及其悲剧的一生。

家父文史通贯,口才出众,其讲解生动活泼,深受欢迎。因此,在这个特殊的时代,他以一种特别的方式,向大众传播了关于祖国历史的知识。

家父内心中对于以"儒法斗争"为中心的"影射史学"充满反感。他对我说:这种"史学"荒谬绝伦,毫无学术可言。他对"评法批儒"运动的反感很快就公开表现了出来。这场"批林批孔"和"儒法斗争"中的重要人物之一是中山大学的杨荣国,他宣称:"林彪反党集团相互包庇,干坏事,就是来源于孔子,就是孔子的思想的具体化。……林彪搞阴谋诡计也是学孔子的。……林彪的两面派作风,也是从这里学来的。……林彪从思想到生活方式都是孔子的一套","他(林彪)要搞法西斯政变,就要宣扬孔孟之道。一旦政变成功,就要大肆贩卖孔孟哲学。"[①]1975年,这位红极一时的大人物来昆明宣讲"儒法斗争"。当时的云南省委宣传部长梁文英是一位来自军队的干部,为人正派,对杨荣国的那一套颇不以为然。他邀请了几位云南省史学界的知名学者与杨荣国座谈,在座谈会上家父和时任云南大学《思想战线》杂志主编的马曜先生,对杨的说法提出了尖锐的批评,使这位不可一世的御用学者大失脸面。他回到北京后即向江青告了一状,于是江青怒不可遏,当即发话,说"云南有个梁文英,专说屁话,组织围攻杨荣国同志"。此话一出,梁文英马上被停职检查,家父也再次成为大批判的对象。在位于昆明市中心的昆明百货大楼墙上,贴出了"愤怒声讨走资派梁文英组织牛鬼蛇神、反动权威李埏等人围攻杨荣国同志"的巨幅标语和大字

---

① 杨荣国:《批判孔子报告》,中共保定地委宣传部1974年印行,第2、5页。

报。于是，在1966年作为"牛鬼蛇神""反动学术权威"而被《云南日报》大张旗鼓地点名批判后近十年后，他又再一次冠以"牛鬼蛇神""反动学术权威"之名而在社会上名声大噪。然而与1966年不同的是，此时"文化大革命"已是日薄西山，气数将尽了。尽管"革命群众"在大字报中依然气势汹汹如昔，但家父已不再恐惧，众多相识与不相识的人见到他时，都对他的直言不讳深表敬佩和支持。这个事件又一次给我以深刻的教育：一个学者绝不可唯上违心，曲学阿世。

## 八、"要做老鹰，不要做鸽子"

在史无前例的"文化大革命"浩劫中，家父对生活、对学问的坚定信念鼓舞着我们努力学习。他悄悄地咏颂他年轻时喜爱的英国诗人雪莱的名句："If winter comes, can spring be far behind?"（冬天来了，春天还会远吗？）坚信黑暗必将过去，光明必将到来。

1976年秋，平地一声惊雷，结束了"文化大革命"这场史无前例的大劫难。漫漫的长夜终于过去，灿烂的曙光出现在了天际。家父对此感到无比欢欣鼓舞，奋笔撰写了《论周公旦的历史地位——兼评"四人帮"批周公的罪恶用心》一文，发表在《光明日报》1977年12月1日"史学"版上。这是他自1966年被打成"牛鬼蛇神"以来发表的第一篇文章，也是云南省史学界最早批判"四人帮"的重头文章。

1977年，邓小平发出了改变千百万青年的命运的指示："为了应急，应付现在青黄不接的状况，在1966年、1967年高中毕业的学生中采取自愿报名、严格考试、硬性抽调吸收进大学的办法，培养一批人才"；"不管招多少大学生，一定要考试，考试不合格不能要。不管是谁的子女，就是大人物的也不能要。我算个大人物吧！我的子女考不合格也不能要，不能'走后门'。"在邓小平的努力下，国家决定恢复高考，对于我们这一代人来说，命运转折的时刻到来了。

当恢复高考的消息传来后，我感到非常振奋和激动。经过十年的努力，我已自修完了"文化大革命"前大学历史系本科的主要课程。因此从知识基础来说，我考上一所大学历史系应当说是胜券在握。但是家父对我说："你的学力和功底已达到研究生水平，因此你如果参加高考，考上应当是没有问题的。但是进入大学后，你将不得不把四年光阴用在学习那些你已经掌握的知识上。这对于你来说是一个巨大的浪费。你现在快要二十八岁了，未来的四年是你青年时代的最后阶段，也是决定你能否成为一个好学者的关键时期。我觉得你不应该浪费你最好的年华，而应该好好准备，日后以同等学力参加研究生考试。虽然现在国家还没有恢复招收研究生，但研究生培养制度一定会提到日程上的。你一定要对自己有信心，对国家有信心。"为了证实自己的看法，他写信给老朋友熊德基先生，征求他的意见。熊先生当即复信，说："依照伯重的学力，考上研究生的希望很大，因此可不必参加高考，而以集中精力准备研究生考试为是。"熊先生的信更加坚定了我们父子的决心，于是做出了一个令所有人吃惊的决定：不报考大学。在"文化大革命"十年中一心想读大学而被拒之门外的我，竟然放弃了这个千载难逢的机会，确实令几乎所有认识我的人都跌破了眼镜。

果然如家父所意料的那样，第二年邓小平批示要恢复研究生教育，于是国家宣布招收研究生。这时家父和我又一次讨论报考研究生的事。几乎所有关心我的人都建议最好报考云大。理由是：第一，你只上过一年高中，虽然坚持自学，但怎能与那些"文化大革命"前毕业的大学生竞争呢？因此还是要以务实的态度选择学校。云大地处边疆，生源不如外地名校，竞争相对缓和，同时这里熟人多，可以托人走走关系，因此考上的可能较大；第二，你父亲是著名学者，教你一定不遗余力，因此日后学习上的困难比较少些。然而，家父却对我说："你不要考云大，更不要考我的研究生。"理由是：第一，云大比起外地名校，学术水平本有差异，经过"文化大革命"浩劫，情况更是一塌糊涂，你在这里不一定能学到最好的知识；同时云大历史系人事复杂，那些在"文化大革命"中整人的人还在当权，即使你考上这里的研究生，也很难专心学习。其次，孟子说："父子之间不责善。责善则离，离则不祥莫大焉。"因此古人提倡"易子而教"。我的学问路数，经过这么多年，你已经熟悉。现在你应当找其他优秀学者，向他们学习，这样才真正学得好。至于是否能够考上外地名校，你应当有自信。我对子女的前途，可以用一个比方说明：看你是一只鸽子还是老鹰了，要是鸽子，尽可以待在身边，招手就可以回来，可是我不想你们成为鸽子。要是老鹰，那就让你们尽情地飞翔，天下之大，尽可去的。

在他的鼓励下，我报考了厦门大学韩国磐先生的研究生。在众多竞争者中，我以最低的学历和最高的考分（古文和英文第一名）的成绩，被厦大录取。1978年8月，收到了厦大的研究生录取通知书。10月初，告别了家人亲友，愉快地奔向东海之滨的厦门，翻开了人生新的一页。临行前夕，家父与我挑灯长谈，谆谆告诫为人为学之道，并惠赐万有文库精装本《四库提要》一部。这部书系当年吴晗先生赠送家父之书，扉页上还有吴先生题赠之言。在"文化大革命"中，家父用糨糊把该书的扉页与封面页粘了起来，使人无法看到题字，因而红卫兵抄家拿去后，不知这是一部什么书，未当作一回事，随手扔在抄来的书堆中，未予销毁。"文化大革命"后发还抄家余物，此书又回到家父手中。家父语重心长地对我说："当年我做研究生时，吴晗先生专门买来这部书送我，说此书是治史必备之书，叫我放在手边，随时翻阅。当时他生活极度拮据，还为此破费。这件事，我至今每想起就感到无限的感激和不安。现在我把它转送给你，希望你继承我们这一代人的事业，薪火相传，真正做一个好历史学家。"带着他的殷切希望和热情鼓励，我登上了去厦门的火车。我充满坎坷的学史之路，从此也转入坦途。

自此以后，我有幸遇到韩国磐、傅衣凌、吴承明、方行等多位名师。他们都给了我宝贵的教诲和深切的关爱，使我得以在治学之路上一帆风顺。但是，把我培养成材的关键人物仍然是家父。正如我在拙著 Agricultural Development in the Yangzi Delta, 1620—1850 "鸣谢"中所说的那样，家父不仅是我在"文化大革命"苦难岁月中开始学习中国经济史的第一位老师，而且也是我一生中最好的老师。在我几十年的治学历程中，每当遇到困难或者诱惑而对自己所选择的人生道路产生动摇时，脑海里就会出现家父慈爱而肃穆的面容，耳边会响起他的谆谆教导，于是自己立刻提醒自己：勿忘初衷，要像"两司马"一样，把良史之路走到底。

自离开昆明去厦门求学，三十一年转眼就过去了。我离开昆明后，家父依然一如往昔，时时给我鼓励和指导，并为我学业上的每一点进步感到由衷的欣喜。①他的这种无限关爱和鼓励，是我在治史之路上得以一路顺畅的重要原因。

去年五月十二日，家父不幸驾鹤西去，留给我们兄弟姐妹无尽的哀思。目前家姊伯敬正在整理家父生前日记，从她已经整理出来的部分中，我们看到了世间最伟大的父爱。在读这些日记时，往事一幕幕在脑海中浮现，家父的音容笑貌宛在目前。我为有这样一个好父亲而感到骄傲，同时也深深地感到自责：家父对我们，只有付出，而没有索取。我们对他表达的孝意，不管如何微小，他总是牢记在心；②而他给了我们无限的厚爱，③却从来不望回报。我三十多年一直在外工作，远离膝下，仅只是暑假能够回来探望父母，少奉甘旨，未克尽人子孝道。如今天人永隔，悠悠寸草心，永难报三春晖矣。

---

① 1980年5月，他在日记中写道："本月，工作生活如常，而会议甚多。既少暇又无可记者，故日记中辍。然月中回顾，亦有二三事堪记于下：先后得伯重两函，述迩来读书心得。他从唐人著作中注意到，唐代农耕有一大进步，即越冬作物的普遍种植，于是从一作制发展为两作制。唐建中创行两税法，盖即如此。后阅日人天野元之助所著书，亦论及两作制，然未及两税法。他拟再多集一些资料，为文申述之。这是很可喜的。当即复书予以鼓励。我早年从鞠清远辈之说，以为两税即户税地税。近数年前，读书稍多，始疑其非也。宋人并两税为二税，明人称夏税秋粮，皆唐人夏秋两征之故，称两税之延续。然未及深考，亦未思及一年二作问题。重儿之见，可为这一重大问题提出极有价值的论证解释，作出科学的定论。"在1981年6月3日日记中写道："旬日前始阅重儿毕业论文稿，至今日毕。约八万余言，述唐代中下游地区农民生产。进步甚大，能独立研究矣。"
② 家父在1961年5月1日日记中记："五一节放假。……重儿欲以其所储金，买酒一瓶作节日礼物遗我，以价昂，力却之，殊感安慰也。"这样一件小事，我自己早已忘却，但家父却记在日记中。读至此，不禁感慨万端。
③ 家父在1967年1月7日的日记中写道："敬、重两儿参加'云南大学农奴戟长征队'，明日将发，取道贵阳赴广西、井冈山，以达首都。这是可喜的事。但我犯错误，愧为人父，五内如焚。夜复失眠达旦。"在次日的日记中又写道："未明即起，帮助孩子们准备行装。十时许，两个儿女背着背包昂首辞家而去了。我站在门里，遥望他们的背影，心都要激动的跳出腔子来。看看他们走上毛主

我们兄弟姊妹仅可告慰家父在天之灵的,是我们没有辜负他的培养,刻苦自励,终于都成为对国家有用之才。①似乎是命运的有意安排,家父年轻时的一些经历,分别在我们身上重演;②他的一些梦想,也在我们身上变为现实。③就我而言,少时家父为我讲解《太史公自序》,特别讲到司马谈临终之际对司马迁说的话:"余死,汝必为太史;为太史,无忘吾所欲论著矣。且夫孝始于事亲,中于事君,终于立身,扬名于后世,以显父母,此孝之大者。"司马迁回答说:"小子不敏,请悉论先人所次旧闻,弗敢阙。"家父说:"司马迁后来完成了父亲的未竟之业,以毕生之力,写出了不朽之作《史

---

席指引的光明前程,我高兴!但一想到我自己,又不禁眼泪直向肚子里流。伯约为重儿到武成路修鞋店取了鞋子,直送到东站外交给重儿,下午一时许回的家。我问了又问,问他们是怎样走着,有多少人,姐姐哥哥教导什么……我能去送他们一程,该多好啊!终日心慌心跳不止,服溴剂三次。"1969年我被送去瑞丽插队。2月6日上午临行之时,家父和家姊到昆明小西门为我送行,他眼中充满泪水,但却竭力控制着不让泪水流出来。他一直伫立在那里,目送我乘坐的卡车远去。我每回想起此情此景,就不由得想起朱自清先生的名作《背影》。这些,都深刻地体现了家父对我的挚爱。

① 我们兄弟姐妹四人后来都成了在不同领域里的学者。家姊伯敬是云南省政府发展研究中心研究员,舍弟伯约是重庆大学心理语言学教授,伯杰是中国对外经济贸易大学德国文学教授。
② 我们兄弟姐妹四人都各自重蹈家父的部分人生经历。家父本科读的是北京师范大学,伯约后来在该校读了本科。家父研究生读的是北京大学,伯杰在该校读了本科和研究生。家父生前长期任教于云南大学,伯敬曾在该校读了本科。家父1957年受聘为中国科学院历史研究所兼职研究员,我本人也曾在中国社会科学院(前身为中国科学院哲学社会科学学部)经济研究所任研究员。此外,我和伯约、伯杰也都继承了家父的职业,成为传道授业解惑的老师。
③ 家父年轻时很常羡慕他的老师陈寅恪先生和张荫麟先生,"以求学之故,奔走东西洋数万里",学最好的知识,做最好的学问。他一直希望有机会出国深造和交流,但是直到1990年他已76岁时,才有机会第一次(也是一生中唯一的一次)出国,应英中友协之邀,并由英中友协资助,访问英国伦敦大学、牛津大学、剑桥大学。而我们兄弟三人,自20世纪80年代后期开始,都多次出国,在美国、英国、法国、德国、日本、加拿大等国的著名学府学习、研究或者讲学。

记》，这才是真正的孝道。这一点，你要牢记在心。"此语后来他又对我说过两次，一次是在"文化大革命"初期，一次是在1978年我考上研究生时。这是他对我的殷切期望，我一直不敢或忘。我如今也已年届耳顺，虽然百无一用是书生，但如家父期望的那样，继承了他钟爱的史学事业，部分地完成了他的未竟之业。这，也可以说是我对他老人家将我培养成材的大恩大德所作的一点小小回报吧。

最后，我还要说的是：家父是一个好老师，这不仅对自己的子女来说如此，而且对众多的青年来说也如此。他以教书育人为天职，也以此为人生至乐。他常挂在口头的一句话就是"得天下英才而教之，人生至乐也"。因此，他对学生倾注了满腔挚爱，努力把他们培养成材。许多学生对他的精心栽培都有美好而深刻的记忆。在"文化大革命"时期，有少数热爱学习的青年（包括他学生、知青、工人、军人、中学教师等）私下来看他，他总是热情鼓励他们读书，潜心钻研，不要虚度青春年华。这些青年在1977年后大多数进了大学，成为学者、教师和其他社会急需的人才。"文化大革命"结束后，看到经济史研究后继无人情况严重，家父觉得多带出几个好学生，让他们能够传承经济史学事业，比自己写书更为重要，因此将主要力量用于培养学生。他不仅教书极为认真，深受学生欢迎，[①]

---

① 家父在1980年5月的日记中写道："本期为三年级开'唐宋经济史'选修课。旁听者甚多。教室可容百人，每讲均座无虚席（按：其时历史系学生总数不过二百余人）。学生反映极佳，对我称誉甚至，我深受感动。日前虽美尼尔氏病复作，服药后即力疾上课，并重新备课，查阅参考书，可谓全力以赴。刻下讲到两宋海上贸易，翻阅系中所藏阿拉伯史几遍。希提的《阿拉伯简史》（马坚译Philip K. Hitti, *The Arabs, A Short History*）一书，则细过一遍，深爱之。希提有《阿拉伯通史》，简史可共缩写本。惜通史，校图书馆无藏，不得见。"由此可见他对学生的认真负责态度。

而且还创造了"因材施教"和"因势利导"的"两因原则"和言传身教的方法，尽力发掘学生潜力，精心培养他们。[1]他特别看重那些出身贫寒而刻苦努力的学生，培养他们不遗余力。他的辛勤努力收到了丰硕的结果，培养出了一批在经济史研究领域中做出了重要成就的学者，使得他开创的云南大学中国经济史学科成为我国经济史学重镇之一。家父虽然未能重写他的《唐宋经济史》和《中国土地制度史》两部专著，但是他在指导其高足们学习和研究过程中，和他们共同写作了《中国封建经济史论集》《中国经济史研究》《中国古代土地国有制史》《宋金楮币史系年》等重要著作。这些著作对我国经济史学的发展作出了重要贡献。因此可以说，他的未竟之业大部分由他的弟子们完成了。这些，都是他对后辈的精心培养所得到的回报。作为一位良史和良师，看到自己心爱的经济史学事业蒸蒸日上，后继有人，家父也可以含笑九泉了。

---

[1] 家父后来将他教书育人的经验，做了总结，写成《关于导师工作的几点意见》，发表在《中国高等教育》1988年第2期上。他在文章中说："导师只要遵循'两因原则'，言教身教并重就好了。……'两因原则'和言教身教是我对自己提出的要求。我虽然未能完全做到，但我相信这样的要求是完全必要的。我要用这个要求鞭策自己，勉力把党和人民交给自己的培养研究生工作做好，做一个循循善诱的导师！"

# 永久的思念

## ——追忆韩国磐恩师

1985年夏,我博士研究生毕业,离开了求学七年的母校厦门大学,离开了韩国磐、傅衣凌两位恩师。自此之后,每每打算写回忆恩师的文字,但动笔之时,恩师的音容笑貌就出现在眼前,不禁心潮澎湃,难以自已,千言万语,竟不知从何说起。总想把恩师当年对我的谆谆教诲和倾心栽培,完好地呈现给世人,但是越是这样想,就越觉得手中的笔似有千钧之重。因此之故,日复一日,年复一年,一直未能写完这篇回忆文字。到了今天,两位恩师已离开我们多年了,我也年过古稀,往事往往记一漏万。为了使记忆不至于随着时光日渐消减湮灭,我如今尽力把保存在内心深处的那些记忆梳理出来,写成文字。两位恩师对我恩重如山,我自然绝不能沿袭俗套来写回忆他们的文字。如果是这样做的话,就辜负了他们的教诲和期望,不配做他们的学生。因此必须秉承恩师的一贯信念,实事求是,不溢美,不夸大,把我所感受到的恩师的人品学问,如实呈现给世人。因为所欲言者甚多,因此这个追忆文字也分为两篇,分别追忆国磐恩师和衣凌恩师。

一

我在"文化大革命"十年中失学,但自学一直没有中止。我下乡插队时,带了一部世界书局小字本的《资治通鉴》,每日农活干完后,晚上在油灯下细读。到了1974年,最高领袖发起了"批林批孔"和"评法批儒"运动。为了从史籍中寻找儒家的"滔天罪恶"和法家的"丰功伟绩"的"证据",一些古籍也有限度地开放了。此时我已病退回到昆明,先靠打零工为生,后来被招聘为中学教师。工作之余,在家父指导下学习宋史。家父认为要学好宋史,必须先学好隋唐五代史,因此读了不少唐宋史籍。这些经历,我在《父亲把我培养成材——深切怀念先父李埏先生》一文中已详述,兹不赘。[①]

1978年,国家恢复研究生培养制度。得知此消息后,家父和我讨论报考研究生的事。他仍然认为我应当先学好隋唐五代史,为日后专攻宋史打好基础。同时,他也希望我到外地名校去求学,以扩大自己的眼界,得到更好的教育。具体到哪个学校,从哪位老师学习,我们也进行了深入的讨论。他认为厦门大学地处东海之滨,环境优美安静,是一个潜心治学的好地方。更重要的是,韩国磐先生是一位非常好的学者,师从他,一定能够获得最好的指导。因此之故,我报考了韩国磐先生的研究生。

报考之后,我心里一直忐忑不安。这是我国自1966年以来第一

---

[①] 见李埏、李伯重著《良史与良师:学生眼中的八位著名学者》,清华大学出版社,2012。

次招收研究生,在1966—1978年的12年中,被积压了的无数青年才俊,都热切地期盼着这一天的到来。我在"文化大革命"十年中,自修了中国史、古文和英文,觉得可以放手一搏。当然,这是一个非常冒险的决定。依照当时的政策,像我这样已经参加了工作的人要报考大学或者研究生,都只给一次机会。何况我当时已经是28岁的"高龄"(尽管入学后才知道,我在厦大首批招收的45位研究生中年龄尚属偏低,而在历史系招收的6位研究生中,居然还是最"低龄"),如果这次考试失利,那么多年来的求学之梦就将破灭。因此,这是我的背水之战。在这种高度紧张的精神状态中,我参加了这次决定命运的考试。

1978年6月,我在昆明参加了全国研究生入学考试的初试。一个月后接到厦门大学的通知,得知我通过了初试,需于8月份到学校参加复试。于是我当即向我任教的昆明第十三中学请了假,购买了火车票,怀着忐忑不安的心情,奔向朝思暮想的厦门。那时昆明到厦门没有直达火车,需要在江西鹰潭转车。从昆明到鹰潭的火车,一路上穿山越岭,足足走了两天,到鹰潭后,找个廉价旅馆住一夜,次日乘坐慢车,车行一天,方到达厦门。因为一路上都是乘坐硬座,车上又很拥挤,因此到厦大后已经筋疲力尽。幸亏当时年轻,到厦大招待所后休息了一天,基本上就恢复了,接着就参加复试。复试之后,依照规定,可以去礼节性地拜见导师,于是我和一同参加复试的杨际平等考生,一起去鼓浪屿拜谒韩先生。

由于复试已结束,虽然还不知考试成绩,但是我自觉发挥尚佳,自觉考上的希望很大。在这样的心情支配下,看到的一切都倍感美好,而鼓浪屿确实又是一个非常美好的地方。我们几人从厦大门口乘坐公共汽车到达轮渡码头，坐船过海，来到鼓浪屿，沿着蜿蜒的小径步行到韩府。鼓浪屿有海上仙山的美称，到处绿树成荫，鸟语花香，令人心旷神怡。韩府在当年日本领事馆院内，浓密的榕树掩映着几幢日式建筑，清幽洁净，令人有人间天堂之感。来到韩府叩门，国磐师和慈萍师母开门欢迎。这是我第一次见到恩师。

当国磐师出现在面前时，我看到的是一位清癯消瘦的学者。由于刚做过食道癌的手术不久，身体颇为虚弱。据家父说，二十多年前与国磐师在北京相识时，国磐师正值盛年，风度翩翩。但是后来历经各种政治运动风雨，备尝人情冷暖，加上工作过劳，营养不良，自1958年以后，饱受胃肠、肝脏病患之苦，一直疾病缠身。1962年，中国人民解放军军事科学院副院长郭化若将军到厦门视察。工作之余，请厦大推荐几位历史学者来谈谈历史。王亚南校长推荐国磐师出席，彼此交谈之后，甚感投缘，遂由历史谈到文学，以至诗词酬唱，成为莫逆之交。郭将军是军中少有的才子，所著《孙子译注》甚具功力，为中外学者所重。[1]他见韩先生体弱多病，于是安排他到南京军区在杭州的疗养院疗养了一年，使得国磐师的健康得以大致恢复。但是不久又到"文化大革命"，国磐师被打成厦大"三家村"之一，被关进牛棚，家被抄了数次。国磐师才恢复不久的身体，在此时狂风暴雨的摧残之下垮了下来，全身浮肿，连年肝功能不正常。1975年春夏之际，又诊断出患了晚期食道癌，情况危急。郭将军闻知后，伸以援手，安排到福建省立医院，由名医李温仁大夫亲自主刀，打开胸腔，切除整个食道，将胃上提

---

[1] 郭化若：《孙子译注》，上海古籍出版社，1984。

于肋骨外,上接喉头,由于胃就在薄薄的一层皮下,非常容易受凉,因此只好用一块保暖小棉片挂在从喉头到上腹部之外。这个手术非常成功,用国磐师自己的话来说,"经过这样的手术后,我又越过了鬼门关,走上了阳关大道"。但这个手术虽然挽救了国磐师的生命,但自从之后,国磐师就不能像正常人那样进食,活动也颇受限制了。

虽然国磐师当时才59岁,按照今天的说法还是中年,但由于我们对这样一位大名鼎鼎的前辈学者敬佩有加,因此心里都认为他是一位"老先生"。及至见面之后,第一个感觉,就是他是一位待人亲切的忠厚长者。他一口略带下江口音的普通话,清晰简洁,温润悦耳,正如一位厦大历史系早年的学生卢茂村在回忆国磐师上课的文章里所写的那样,"声调抑扬顿挫,语句清晰,速度不紧不慢,中间稍加停顿,让人回味。由于他语言清楚,诲人不倦,笑容常挂在脸上,因而同学们都很爱听他的课"。的确,他和我们谈话,非常和蔼可亲,使得我们因敬仰而产生的紧张情绪也放松了下来。因为这是一次礼节性的拜访,因此双方都未谈考试的事,但他告诫我们:对于我们未来的学术生涯来说,能够上研究生当然是非常重要的,但不是唯一的出路。万一这次考不上,还有别的机会,因此不要认为这次考试就是决定一切的。听了他的这番话,大家对考不上的担忧,也稍感松了一些。

拜见过国磐师之后,我们也纷纷上路返乡。回到昆明后不久,收到厦大寄来的录取通知书。我即告别了家人,再次登上东去的火车,来到厦门,开始了在国磐师指导之下的研究生学习。

## 二

国磐师是隋唐五代史名家，白寿彝先生总主编的《中国通史》称其"多有创见，自成体系，为隋唐史研究作出了非同一般的贡献"。①我们入学后的头一年，他给我们开隋唐五代史专题的课，讲授隋唐五代史中的重要问题，诸如隋唐时期的历史环境、地缘政治结构、时代特点、国家权力机构及其运行机制、法律体系、经济基础、财政改革的评价等，并力求多角度的了解上述领域的研究成果、学术观点和发展趋向。这些内容，是他当时正在写作的《隋唐五代史论集》中的重要部分。他把自己最精要的研究无私地传授给学生，可见对学生的关爱之深。

在当时，历史系研究生人数很少，而且因为国磐师身体欠佳，不能来学校，我们都去韩府上课。上课时，国磐师讲大约一节课的时间，然后是茶歇，稍事休息，接着是学生提问、导师答疑和大家讨论。上课结束后，再稍坐，放松闲谈，随即告辞回家。除了这门课程外，国磐师给我和际平师兄两个隋唐五代史的学生另开一门专业课。这门课很特别：对读《旧唐书》和《新唐书》。这两部书，对于我和际平兄都不是新书。我们在此之前都已阅读或者翻阅过这两部书的大部分篇章。际平兄是北大历史系1961年毕业的高才生，早在1977年就在《历史研究》上发表了《释"戮力本业，耕织致粟帛多者复其身"》的论文，在同辈学者中是佼佼者。②我虽然是自学，

---

① 白寿彝主编《中国通史》第6卷《隋唐时期》（上册），第165页。
② 杨际平：《释"戮力本业，耕织致粟帛多者复其身"》，《历史研究》第1期，1977。

但在长期精读《资治通鉴》的过程中，也读了这两部书的大多数篇章，并且使用其中史料写了《通鉴标点正误七十条》《唐代部曲奴婢等级的变化及其原因》《唐代社会的等级划分与命名》《唐代部曲奴婢身份浅析》《唐代部曲奴婢异称考》等文稿（这些文稿，除了第一篇外，到了20世纪80年代之后经修改先后发表）。①因此，对读两《唐书》确有必要吗？我们对此心里都有疑问。但是国磐师认为治唐史，两《唐书》不仅是最基本的史料来源，而且是传统史学的重要著作，因此必须把这两部书吃透，作为自己研究的根基。我们听了都深以为然，于是开始了这门"两《唐书》对读"课的学习。

虽然两《唐书》对我和际平兄都并不陌生，但是以前读这两部书，主要是为了搜寻史料，并未认真通读。国磐师要我们逐卷细读，具体的做法是：一、对于传，如果同一人的传记在两部书中都有，要仔细阅读后找出对相关史事的记录的异同，其不同之处，要查阅《资治通鉴》、《全唐文》、新旧《五代史》等书中的记录，辨明对错，并做出解释；有些人的传记，只在一部书中有，要探寻另一部书中没有的原因。这个工作的目的，不仅使我们熟悉唐代主要人物的情况，而且也更加清楚唐代历史演变的轮廓；二、对于志，对读后发现不同之处，要查阅《大唐六典》《唐律疏议》《唐大诏令集》等书，辨明正误，补足缺失。通过这个工作，我们得以全面了解唐代的各种典章制度。除此之外，国磐师为我们二人专门讲唐

---

① 李伯重：《唐代部曲奴婢等级的变化及其原因》，《厦门大学学报》第1期，1985；《唐代社会的等级划分与命名》（原名《〈唐律疏议〉中所见的社会等级》），《云南社会科学》第5期，1988；《唐代部曲奴婢身份浅析》，《文史》第32辑，中华书局，1990；《唐代部曲奴婢异称考》，《唐研究》第6卷，北京大学出版社，2000。后四篇收入李伯重《千里史学文存》，杭州出版社，2004。

代的修史制度、两《唐书》的修纂情况和各自的优缺点，以及介绍唐代其他重要史籍。国磐师对我们要求很严，要我们逐字逐句地对两《唐书》，不懂的地方，要一一记下来，上课时提出来讨论。这两部书（特别是《旧唐书》）中的许多文字（特别是"史臣曰"和"赞"）是用四六骈文写的，典雅工整，用典丰富，但往往文字晦涩，佶屈聱牙，读起来十分困难。国磐师要求我们对这些文句和词语也不能放过，必须查阅工具书，弄明白其意思。国磐师精于古典文学，对唐人诗文中的词语典故十分熟悉，在我们上课时，针对我们自己不能解决的问题，一一予以解答。也有一些词语典故，他一时难以确定其出处，在我们下课回家后，他还查阅相关文献，到下次上课时再回答。这门课程，每周一次，为期一年。经过这样严格训练，我们不仅对唐史有了更全面和更深入的了解，而且古文阅读能力也大大改进了，以后读起不同体裁和文风的古代文献觉得更为顺畅。在读陆宣公奏议那样的骈文文字时，不仅能够更好地理解其意，而且也能够欣赏其文笔之美了。

国磐师的《隋唐五代史纲》，1961年出了第一版，1977年出了修订版。1979年，出版社要出新版。国磐师对前两版做了重大改动，我和际平兄自告奋勇，为国磐师誊写修订稿。这次誊写，给我们上了一门生动的课，我们从中深切体会到国磐师对学术著作的高度负责的精神。

到了读研的第二年，进入研究选题和论文准备阶段。这时国磐师和我们讨论的问题就比前一年更加集中了。我和际平兄依然每周一次去韩府，经多次讨论交流，逐渐确定了我们论文的大致方向。我因为在"文化大革命"中练笔，写过一本《北宋方腊起义》的小册子，①在阅读史料的过程中，对宋代江南有一些了解。同时，我对以往我国史学界以生产关系（特别是阶级关系）为中心的做法感到厌倦，因此想去做生产力及其变化的研究，我想选择唐代江南农业为对象进行研究，写作硕士论文。际平兄有一次在图书馆看到《敦煌资料》第1辑，被其深深地吸引，认为这是研究北朝隋唐经济史、研究北朝隋唐均田制实施状况的绝好资料，从此一头扎进去，把利用敦煌吐鲁番文书研究汉唐经济史作为他的主要研究方向。我们作这样的选择，都从国磐师《隋唐五代史论集》和《南朝经济试探》《北朝经济试探》等著作中受惠良多。他对我们的选择十分认可，于是我的硕士论文便定为《唐代长江中下游地区农民个体生产的发展》，际平兄的论文题目则定为《略论均田制的几个问题》。题目定下来之后，我们便集中精力作论文，先前掌握的史料功底，此时发挥了很大作用。我们提出要到北京、西安、河西走廊和敦煌收集资料和实地考察，国磐师也予以大力支持。

第三年，硕士论文完成后，由于是新中国成立后第一次授予学位，学校非常重视。为此，国磐师邀请了史学名家王仲荦先生、史念海先生、吴枫先生三位中国唐史学会副会长来主持答辩（史先生临时有事未能成行，派遣助手黄永年先生代表他出席），阵容之盛，今天难以想象。答辩之日，答辩场所挤满了旁听者。国磐师从鼓浪屿专程来学校主持答辩，众多学子也得以一瞻风采。答辩进行顺利，我和际平兄也成为国磐师指导下最早获得硕士学位的研究生。

---

① 千里、延之：《北宋方腊起义》（千里为李伯重），云南人民出版社，1975。

国磐师对学生的精心培养是有口皆碑的。1982年，值厦门大学成立六十周年校庆，国磐师赋诗道："饱历沧桑六十年，学宫高耸鹭江边。才栽桃李风云合，拟整乾坤教化先。毓就英才光禹域，招徕俊秀继前贤。欣逢大庆人争乐，碧海苍山日更妍。"这首诗，表明了他尽力培养学生、为国育才的心迹。正是因为他以培养学生为己任的这种精神，使他在育才方面做出突出贡献，从而在1989年被评为全国优秀教师。

## 三

在从国磐师学习的三年中，我赴韩府不下百余次。有一两次去韩府后忽来风雨，过海轮渡停止服务，国磐师就留我在韩府过夜。随着师生之间的相互了解日益深入，国磐师在我们心目中的形象，也不只是一位学问精深的史家，一位循循善诱的良师，而且也是一位文采斐然的诗人，一位富有生活情趣的长者。

国磐师自幼就有文学天赋，虽然出身贫农之家，但家中却不乏读书风气，因此他从小受到古典文学的熏陶。他晚年回忆说，"儿时夜读背书的情景，如在目前。当时母亲、姐姐，白天忙于农活、家务，夜里就点起一盏油灯，小碟子大的灯盘中装点菜油，放根灯草点着，大家围绕着这一灯如豆的照明工具，刀尺声和读书声交织着。当自己背诵到韩愈《雉带箭》的诗句'原头火烧静兀兀'时，顿觉灯光照亮满屋，真是虽苦犹乐"；"我是从小学时抄录优美的文章开始，在中学时，就抄过整本书。由于所在中学没有朱淑真的《断肠集》，在友人家见到后，就借来把全集抄下。在大学一年级时,曾抄过六朝人鲍照、江淹、庾信、徐陵等人的许多诗篇,可惜这些以后都丢失了";"当我读中学时,虽然会写点古文、骈文和歌诗,但还不会填词。因此,利用了一个暑假的时间,足不出户,专心在室内学习填词一个月,居然在一个月内粗略地懂得了填词门径,能够按谱填词了";进了大学后,"读历史系时,还未忘怀文学,时常搞点诗词古文,写过些关于抗战的诗。一九四三年的《新福建》杂志,就曾第一次发表了我的旧体诗。这时,有人劝我转到中文系。我一时把握不定,请教于一位老先生,这位老先生指点我说,不要囿于文学的范围,应该向史学多开拓些境界。这是个关键性的指点,就这样,我读完了历史系全部课程"。从这些回忆,可以看到国磐师的才气和文学修养。他的部分诗文后来结集为《韩国磐诗文钞》,于1995年出版。从这些诗文中,可以略窥国磐师的功力和灵气。只可惜我生性愚钝,虽然家父母都工于词章,但我对诗词之道始终未能领悟,因此对国磐师的诗词,只能徒自羡慕而已。忝为国磐师的学生,未能学到他精深的中国古典文学修养的皮毛,实在有愧。倒是中文系有一位研究生林继中兄,琴棋书画俱精,后来成为唐代文学史专家,他也常来韩府旁听国磐师的课,请教唐史问题,并和国磐师谈诗论词,深得其中之乐。

  由于身体的原因,国磐师通常很少进城和来学校,可以说基本上是蛰居鼓浪屿,潜心治史,但也绝非一位不食人间烟火的学者。上课之余,我们也会聊聊外界发生的事情。更加熟悉之后,我发现国磐师的兴趣很广。有一次在韩府,收音机里播放福建人民广播电台的节目开始曲,我随口说:这是一首我的家乡云南的民乐,国磐师随即说:这首乐曲是《小荷包》,很好听的。我听后顿时感到国磐师是一位热爱生活、能够深切领悟生活之美的人。这一点，我们是无法企及的。

## 四

在恩师门下受业三年，从他身上所学到的，不但是知识，而且也是一个优秀学者的为人之道。

恩师早年人生经历迥异，但他们都自幼就志于学。国磐师出身贫寒，依靠族人的资助才得以读完小学和中学。抗战时期，家境贫寒的他考入苏皖学院，因为设在福建的苏皖学院对录取的学生不仅可免去全部学杂费，而且还包食宿，因此家境贫寒的国磐师报考了该校。考上之后，踏上了南下的颠沛流离求学之路，历尽艰难，到了福建，开始了求学生涯。之后，他转学到内迁长汀的厦门大学，因成绩优异，申请到膳食贷金，并获得嘉庚奖学金，同时还在长汀中学兼教文史课，拿到些微兼职薪水，方得读完大学。

生活的艰辛，并未阻止恩师求学的热诚。他回忆道："我是从穷学生苦读中走过来的。穷，是书生本色；病，也和我结下不解之缘。在读小学时，我就曾因病休学一两年。抗日战争时期到福建时，更是贫病交迫。有一段时间，连寄一封信的邮票也买不起，更不论其他了。一双鞋子穿了三年，在'粗砂大石相磨治'下，鞋面虽然未破，鞋底却早磨穿，脚掌和地面结成了不可分离的伴侣。虽然如此，'山重水复疑无路，柳暗花明又一村'。我的'又一村'就是读书之乐。确实，当你尝到了读书的味中味时，什么困难和痛苦都会抛掉的。"

中华人民共和国成立以后，恩师结束了颠沛流离、动荡不安的生活，得以积极投入学术工作。但是和同辈人一样，他也经历了各种政治运动的冲击。早在20世纪50年代中期，他就在"胡风反革命集团案"经受了无妄之灾。1955年，掀起了"肃清胡风反革命集团"的大规模政治运动，厦大召开全校批判大会，点名郑朝宗、陈碧笙、黄典诚、徐元度、傅衣凌、韩国磐等知名教授为厦大"胡风分子"，随即将这些人羁押于校内，勒令交代"反党反社会主义的罪行"。尽管二位恩师与胡风素不相识，也从无往来，但仍然难逃厄运。国磐师被批斗，慈萍师母也因此受株连，失去了工作。在此之后的1957年的"反右"运动、1958年的"史学革命"运动、1959年的"拔白旗"运动等连续不断的政治运动中，恩师都在所难免。到了"文化大革命"，他和王亚南校长一起，被打成厦大"三家村"，再次被羁押起来，反复批判。

但是，在这样的逆境中，恩师也从未放弃过自己的学术工作。1975年，人民出版社要重新出版恩师的《隋唐五代史纲》，请他进行修订。修订工作一开始，他就废寝忘食地工作，但不久发现食道癌。手术后，身上还插着管子，他就在病榻上，一字一句地开始了《隋唐五代史纲》修订。为了督促自己及早完成修订工作，他拟就了一张新的工作日程表，要求自己每天按日程表完成相应的工作量，完全忘记了病魔。1977年，《隋唐五代史纲》修订本出版，比1961年初版增加了十万字，几乎是对整本书的重新改写。

"文化大革命"结束后，恩师迎来了学术上的黄金时期。他在1976年赋诗言志："南山射虎心犹壮，东海斩鲸志未磨。却喜而今形势好，同心四化整山河！""朱颜皓首人争奋，揽月攻关志益坚。纵使衰残驽钝者，也随骐骥共争先。""文化大革命"以后的岁月，他的新学术成果不断推出，达到了他学术生涯的顶峰。

以学术为志业，全部精力都献给学术，这是恩师一生的追求，为我们树立了光辉榜样。

## 五

硕士毕业后，我转向攻读明清史，无力再继续做唐史，因此也没有像过去那样每周去韩府上课了。但是过一些日子，总会去看看恩师和师母。我毕业离开厦大后，每逢过年过节，都会写信或者打电话给恩师和师母拜贺年节。我的硕士论文经修改后，以《唐代江南农业的发展》为题，由农业出版社于1990年出版。出版之前，我向国磐师求序。国磐师欣然同意，惠赐了如下序文：

> 凡人之学问，或来自工作实践，或来自实验，或来自读书。自实践而来者真且确，但以一人之身，何能事事皆从实践中来，故由此得之者盖有限。自实验来者亦自可贵，但事有不可实验者，如过去之历史，重演尚不可能，何况乎见诸实验！唯有图书，总结诸事诸物之经验成果，凡有志向学者，均可从中汲取知识，历观古今中外兴亡成败之迹，驾驭山川水陆声光电热之方，青可取之于斯。故每个人之学问，直接来自实践实验者，费力费时而难且少，间接得之于图书者，则较简易而居多。如学习历史科学者，固可由考古文物、实地调查，掌握若干真事实物，然大半以上则得之于传世文献。抑且苟无文献所

载年代知识,纵得商彝周鼎,秦砖汉瓦,亦不知其为何时物,是得宝而不识宝,亦奚能为!然则书不可不读,乃一定不易之理,亦举世之公论也。

唯读书亦有方。处于今之世,汗牛充栋,已不足以喻书之多。一人竭尽毕生之力,于书山学海之中,所能习而得之者,真沧海之一粟。因此,既须勤于读,更须善于读。不善读者,如古之时,有白首而老于场屋,犹为童生。善读者,未至弱冠,已为状元,而历位卿相。然善读者,又非一途,不同之学科则有不同之方法。概而言之,钩玄提要,含英咀华,推陈出新,取精用宏,似亦庶几其可矣。

博士李君伯重,十年前就学于厦门大学,从余攻读硕士研究生时,探讨唐代长江中下游个体农民生产之发展,遍读唐代古史诗文以及有关著作,既能总其纲要,又能深入解剖,条分缕析,时出新意,固已崭露头角,迥出流辈,为师友所称道。其后转而攻读明清经济史,取得博士学位。后又曾至美国讲学。接触中外学者益多,阅历益增,学识日益精进。于是,就昔日研究唐代长江中下游个体农民经济之基础上,参阅中外有关著作,撰成《唐代江南农业的发展》一书,其中论述益精,创见益多,李君真勤于读书,善于读书,为当今青年史学家中之佼佼者,此书即其成绩卓著之效也。

或曰:读书著书,不过见之于空言,其于世也何补?曰:读书所得,固为间接经验,而间接经验本亦来自实践,吾人可以检验其是否合乎时地之宜,合则再行之,不合则修改而使之合,否则摒弃之,庶几有所选择而不至于茫然无所适从。至于史书，总结前代经验，以为龟鉴，尤为可贵而不能舍弃者。曹操下屯田之令曰：秦人以急农兼天下，孝武以屯田定西域。是以秦汉为借鉴，而收屯田之效者。如今实行农业现代化，固然古今时移事异，然在水利、农具、劳力、耕牛、栽培技术等诸多方面，不犹有类似者在乎？前事不忘，后事之师，则李君关于唐代江南农业生产之著作，其亦有可以为今日之借鉴者乎！

然则书籍所载本非空言，李君此书亦非空言，皆有助于实践者。实践非借图书无以传世，图书正所以传播实践经验于时空间者。余既欣然于李君新著之问世，亦因以志余之怅触云尔。

己巳之年仲春之月韩国磐志于鼓浪屿之老榕书屋

这篇序文，是我们师生情分的一份珍贵纪念。

## 六

在20世纪80年代和90年代，由于各方面条件的限制，很少有机会回到厦门看看。直到1997年，才得借开会之机，重返鹭岛。会议期间，我抽空出来，去到鼓浪屿韩府，看望恩师和师母。他们见到我非常高兴，畅谈之后，留我在家里便饭，一切都似乎又回到近二十年前了。但我万万没有想到的是，这是我最后一次见到恩师和师母了。

2003年的一日，忽然接到陈明光兄的电邮，告知国磐师已仙逝。骤然听到此噩耗，非常震惊，也非常悲痛。当即给明光兄去了

一个唁电,全文如下:

> 厦门大学韩国磐先生治丧委员会:
>
> 昨日从黄纯艳博士处,骇悉国磐恩师已驾归道山,曷胜悲悼!我是国磐师在"文化大革命"后招收的首批研究生之一,在学期间,蒙国磐师精心培养,言传身教,令我终身受惠无穷。自1985年夏毕业离开母校后,虽然函电未断,但仅在1997年得有机会重返厦门拜见。彼时目睹国磐师风采依旧,精神矍铄更甚于前,深感欣慰。不意忽尔驾鹤西归,令我无任悲恸!国磐师一生治学,道德文章俱足垂世为楷模。今一旦仙逝,作为国磐师的弟子,我感到万分悲痛。因远在千里之外,无法到厦门与国磐师遗体告别,不胜怅恨!请在追悼会举行之日,代我在国磐师灵前献上一个花圈,表达我的哀思。待日后有机会到厦门时,再躬赴国磐师墓前上香致哀。
>
> 此外,请转达我对国磐师哲嗣的亲切慰问,盼他们节哀顺变,善自珍重。
>
> 李伯重<br>2003年8月7日

2019年,在国磐师诞辰百年之年,厦大举办了隆重的纪念韩国磐先生诞辰100周年暨韩国磐史学研究学术研讨会。我本来已做好了准备来参加,但因会期改动,与我在北京参加主持的一项国际活动时间冲突,而后者日期是早已确定的。因此之故,未能如愿前往,深感遗憾。不过,得知此次纪念活动办得很成功,我深感高兴，也非常感谢众师兄弟为此付出的努力。相信国磐师天上有知，对此也会感到欣慰的。

　　自1978年初识恩师，不觉四十多年过去了。当年的青年学子，如今也成了古稀老翁。但是我每次去到厦门，总会走到恩师故居前，静静地伫立良久，觉得又回到了过去，依然是当年的那个青年学生，怀着敬仰的心情，走进恩师的书房，坐在他的对面，注视他清癯的面容，聆听他的谆谆教诲，那份温馨，那份情义，就像一股暖流，回荡在心头，感到无比温暖，无比幸福。

# 哲人虽去，教泽长存

## ——深切缅怀衣凌恩师

2011年是傅衣凌师一百一十岁冥寿，谨将回忆衣凌师的文章作为一瓣心香，敬献于恩师灵前，略表对恩师的深切怀念之情。

## 一、良师

我是1978年夏去厦门大学读研究生时才拜识恩师的。但是在此之前很久，我就已经从他的著作中受益良多，成为他的未曾谋面的学生了。

受家父的影响，我很早就对史学感兴趣。家父见状，就指导我学习历史。我经常到他的书架上翻阅他收集的史学著作，其中就有衣凌师的《明清江南市民经济试探》《明清时代商人及商业资本》等著作。出于好奇，我也浏览了这些书。初读了之后，虽然还不能真正领悟衣凌师的观点和方法，但一个突出的感觉是：它们与其他学者的著作颇有不同。这使得我对"什么是史学研究"这个问题有了新的认识。当然，衣凌师的思想和功力，还是要等到成为他的入门弟子，亲炙他之后，才能越来越深刻地领悟到。

我因"文化大革命"而失学，因此格外珍视求学的机会。1981年秋硕士毕业后，我决意要继续深造，完成博士研究生的培训。当时国磐师未能招收博士生，而主持答辩的王仲荦先生对我很满意，提出让我去山东大学，在他指导下读博。但是厦大教务处长刘振坤同志找我谈话，说这事学校领导已讨论过，认为我是本校培养的第一批研究生，成绩又很好，因此要我留在本校。如果我一定要继续攻博，那么就读衣凌师的博士生。我决定遵从学校的意思，师从衣凌师读明清史。我做出这个决定并非完全是被动，因为如上所言，早在"文化大革命"之前我在初读衣凌师的著作之时，就感到无论是从研究的对象还是研究的方法、使用的史料等方面，他的研究都全然不同于我当时所见过的史学著作。他的著作虽然读起来比较吃力，但是读后觉得眼界大开，粗知史学研究天地之广，令研究有无限的发展空间。到了厦大读硕时期，衣凌师的课，我也去听，因此对于我来说，衣凌师并不陌生。当我做这个决定时，有关心我的老师对我说：你先前没有念过明清史，一下转过来，实际上是从头念起，也就是说，你要用三年时间完成别人六年的学习。这个幅度转得过大，风险太大。但是我想，我对衣凌师的学术的确非常敬仰，希望从他那里学到更多的东西。如果自己尽到了努力，失败了也就算了，没什么好抱怨的；但如果自己的努力获得成功，不就更好吗？由于这是国家第一次招博士生，厦大在办手续上没有经验，因此从1981年夏硕士毕业到1982年秋正式入学读博士，中间隔了近一年。

我1978年入学后，初次见到衣凌师，那时他已经做了副校长。像许多初次见到他的后辈一样，我对他充满敬仰，但也感到很紧张。但见面之后,发现他话不多,但很和蔼,使我的紧张情绪逐渐放松了下来。

我读硕士期间虽然学的是隋唐五代史,但当时因为历史系研究生很少,因此中国史的研究生课程,大多都是学隋唐五代史和学明清史的同学一起上的,因此我在头一年也听了衣凌师的课。开始听衣凌师的课,觉得并不容易。一方面,衣凌师的福州口音较重,像我这样未曾接触过福建方言的人,听起来很吃力。虽然衣凌师随时把讲课中涉及的许多专有名词写了出来帮助我们理解,但我们常常还是感到似懂非懂。记得刘敏师兄(后为避免重名引起的麻烦,更名刘秀生)说过,有一次他陪衣凌师去中国社科院历史研究所做学术报告,为衣凌师板书。报告会结束后,一些听众对刘敏兄抱怨说:"怎么你只写我们听得懂的,而我们听不懂的你都不写?"另一方面,如刘敏兄回忆所言:"研读他(衣凌师)的著作,发现这是另一套语言系统。过去我们学习历史,接触的语言是历史唯物主义、社会发展史、阶级斗争、农民起义等教科书式的语言。衣凌师的语言与教科书的语言格格不入,十分费解。如他著作中频现的乡族、乡绅、商人、市民、民变、奴变、佃仆、世仆、甲户、乙户、家生子、靛民、菁客、棚户、矿盗等,都是陌生概念。谈到社会发展,他认为中国古代社会是弹性社会,有自我伸缩力;中国社会的发展是迟滞的,有发展,有停滞,有倒退,但总体还是发展的,是迟滞的发展;在发展过程中往往是死的拖住活的,有的可能被拖死,这就是中断;还有离乡不离土,离土不离乡等。这些都被时人视为另类观点。这些迥异的概念和观点构成了他的独特的史学体系。这个体系在那个时代和者甚寡,或被视为异类。……先生运用的史料也与众不同，除了经史子集、明清笔记以外，民间契约、文书档案、家谱族谱、地方志书、口碑资料等都被大量引用。"①

随着听课增多，特别是做了他的博士生之后，和衣凌师接触更加密切，上述两方面的问题逐渐得到解决，从而对衣凌师的学术思想和治学方法的理解也越来越深入，获得的教益也越来越丰厚。在过去，学者们总是以朝廷及朝廷制定的制度为出发点，"自上而下"地看中国历史及其变化。而在衣凌师的课上，我才第一次认识到应当"自下而上"地看中国社会。毕竟，绝大多数中国人生活在基层社会中，他们到底是如何生活的？基层社会是如何组织起来的？这些重大问题，都不是过去盛行的以阶级分析和阶级斗争理论为主导的中国史研究所能给予令人信服的解答的。绝大多数的普通中国人和高高在上的庙堂之间的关系也非常复杂，绝非过去我们假定的那样，一个"高度中央集权"的国家就可以将其意志一直贯彻到基层的。同时，中国历史及其发展变化有自己的特点，套用从欧洲历史得出的"普遍规律"，并不能使我们清楚地认识中国自身的特点。他的这些观点，在当时都可以说是石破天惊的，使我受到极大的震撼，也使我开始认真重新思考中国历史。这种思考一直持续到今天。随着阅历的增加，我越来越体会到衣凌师思想的博大精深。幸运的是，他在课上讲的这些内容，后经整理，成为《明清社会经济变迁论》和《明清封建土地所有制论纲》这两部明清社会经济史研究的经典之作，使得更多学人得以受益。他开创的区域社会经济史研究，也给我重大影响。我后来几十年一直专力于明清江南经济史

---

① 刘秀生:《师从傅衣凌先生》。

研究,就是这个影响的一个结果。

衣凌师的学术视野广阔,是少有的真正学贯中西、多学科兼通者之一,这是和他求学经历分不开的。他对我说:你将来一定要走出国门,深入了解国外的学术,汲取其精华,用来研究中国历史。他说:做明清史,一定要学日文,日本学者的研究工作从来没有中断过,他们读汉文的能力是西方学者很难比得上的。遵从他的指教,我在厦大就读了三年日文夜校,当时学得不错,还翻译了一篇日本学者天野元之助关于中国农业生产工具史研究的长文,毕业以后发表了。我在衣凌师家里的书架上,第一次见到马克·布洛赫的《封建社会》、斯波义信的《宋代商业史研究》、藤井宏的《新安商人研究》等名著的日文原版,并借了其中一些去浏览,大大开阔了研究的眼界。"文化大革命"之前在衣凌师极力争取之下,厦大图书馆从日本订购了一些史学研究的工具书和学术期刊。我做了他的博士生后,他叫我要经常查阅京都大学人文科学研究所编的《东洋学研究文献类目》,充分了解国际学界在我研究的领域中的成果,并且尽可能地去阅读日本的史学期刊上的相关文章。这些,都使我在未来的学术生涯中受惠良多。

1979年,受美中学术交流委员会的邀请和安排,衣凌师到美国斯坦福大学、哈佛大学、芝加哥大学、耶鲁大学、普林斯顿大学、南康州大学、纽约州立大学奥尔伯尼校区、加州大学伯克利校区和洛杉矶校区讲学三个半月。这是当时学界的一大盛事。在讲学期间,他会见了诸多美国汉学家和历史学家、社会学家,如施坚雅、魏斐德、何炳棣、邹谠、谢文孙、孔飞力、牟复礼、刘子健、余英时、杜维明、郑培凯、陈明铼等学者,和他们进行了学术交流。回国之后，他在系上做了访美的专题报告，使得我们这些由于几十年的闭关锁国而对西方学界一无所知的年轻学子，感到眼界大开。他在访问纽约州立大学奥尔伯尼校区时，通过郑培凯教授，为厦大争取到一个博士生的全额奖学金名额。为此，厦大组织了一次全校研究生的英文考试，我的成绩第一，取得申请资格。衣凌师非常高兴，专门约我谈话，向我介绍这个学校以及美国的汉学研究情况，令我即着手准备去留学。后因厦大有关部门经办此事的职员不熟悉业务，以致办理手续迟缓，错过了申请的期限，最终未能成行。衣凌师对此非常生气，但也无可奈何，嘱我不要灰心，以后一定还会有机会。虽然我这次未能出去留学，但在读博期间，由于衣凌师在国际学界的名气，不少海外著名学者来厦大拜访他，其中我见过的就有孔飞力、黄宗智、滨下武志、滨岛敦俊等。滨岛敦俊先生更说来这里拜见衣凌师，是"学术朝圣"。王国斌等年轻学者，也是他们来厦大拜见衣凌师时，和我相识的。北海道大学博士生三木聪更是申请了日本学术振兴会的奖学金，专程来厦大，从衣凌师进修，和我们一起学习达一年之久。从这些学者身上，我学到了不少东西。我毕业后，依然谨遵衣凌师关于应当尽早去海外开阔眼界、学习新东西的教导。在此方面，总算没有辜负恩师的期望。

衣凌师对我们的关爱，也体现在他对我们的严格要求上。他对我们说：明清士子入国子监，要两耳不闻窗外事，一心只读圣贤书，这就是"坐监"。你们既然已经在读博士，就要专心"坐监"，心无旁骛。我和刘敏师兄都秉承师教，刻苦学习。厦大图书馆的资料不够，就利用暑假，到北京各重要图书馆查阅文献，收集资料。去得最多的是位于柏林寺的北京图书馆（今国家图书馆）古籍部。

我们当时借住在中国社科院历史研究所的抗震棚里，每天清晨骑自行车去北京图书馆，从早到晚读古籍。中午图书馆工作人员午休，我们也走出阅览室，就着图书馆提供的白开水，吃带来的干馒头，作为午饭，然后又回到图书馆，一直看书看到闭馆，方才骑车回到住处。两个多月，天天如此，周日也到一些不闭馆的图书馆。这样的高强度工作和过于简单的饮食，使我的身体垮了下来，染上了肝炎，只好回到老家休养，而刘敏兄还在继续奋战。我们心中都有一个信念：决不能辜负衣凌师对我们的期望！

我原来是学隋唐五代史的，现在改学明清史，转弯幅度很大。我自知明清史基础薄弱，请衣凌师指点应如何补基础。他给我开了一个长长的书单，分门别类列出明清史籍上百种。他说：你既然要做明清社会经济史，就必须打好明清史的功底。这些书，你一时读不完，可以慢慢读，以后将受用不尽。我1988年应黄宗智先生之邀，去加州大学洛杉矶校区历史系为研究生开明清经济史课。我把这个书单提交黄先生过目，征求他的意见，看看是否可以作为研究生的阅读书目。黄先生看后，说这个书目不适合于研究生，而适合于我们这些中国史教授。可见衣凌师对我们的要求和期望之高。

1984年，衣凌师被查出患有胃癌，学校安排到福州省立医院进行手术，历史系教师和研究生都纷纷去探望和陪护。我因1983年去北京查阅资料时染上甲型肝炎，后来虽然痊愈，但身体状况还是不甚理想。此时我放心不下衣凌师，要求去探望。系领导叮嘱我探望可以，但不可密切接触，以防万一有病传给衣凌师。我到福州后，为慎重起见，戴着口罩去见衣凌师。恩师手术进行顺利，但人很虚弱，讲话吃力。他见到我来，感到很高兴，但在简短的谈话中，仍然不离学术，要我抽时间去看一些外地看不到的资料。我抽空去了福州的鼓山，在那里的福州画院内看到一块《安澜会馆碑记》，记载说"［浙江］材木之用，半取给于闽。每岁乡人［浙江木商］以海舶载木出［福州］五虎门，由海道转运者，遍于两浙"。安澜会馆是浙江木商于乾隆三十八至四十年在福州台江中洲建立的，到了嘉庆十年六月，这些木商立了这块碑。这段碑文清楚地说明乾嘉时期闽浙之间木材贸易的繁盛，是一段珍贵的史料。我向衣凌师报告了此事，他在病榻上虽然翻身都有困难，但听了我的报告，立即兴奋起来，告诉我说包含社会经济史史料的碑刻资料，各地都有一些，可惜学界注意不够，你以后应当大力搜寻，作为重要史料来源。可惜的是，我后来没有像陈支平、郑振满、陈春生等师弟那样谨遵恩师的指示去做田野调查，收集碑刻资料。这是我至今仍然感到有愧于恩师教诲的。

衣凌师对学生具有高度的责任感，这也表现为他对学生"爱之深，责之切"。他招收的第一批硕士生中有一位黄君，自学成才，报考中国社科院历史研究所的明清史专业的研究生，专业课考得不错，但外文成绩较差，未能录取。中国社科院的那位前辈惜才，将其推荐给衣凌师。黄君先前未接触过社会经济史，这方面的知识比较欠缺，入学后虽努力学习，然因方法不甚得当，加上性格有些固执，因此他未能顺利进入明清社会经济史的学术领域。到了硕士论文写作阶段，他和衣凌师讨论论文选题。他提出一个题目，衣凌师认为不合适，要他重新选题。黄君未能认真考虑衣凌师的意见，而是自作主张，依照旧有题目和思路擅自动笔写作。我们都劝他要与衣凌师商量，但他仍然固执己见，认为写好后再呈交衣凌师一定可以通过。他很快写好了，交给衣凌师。衣凌师看后，感到问题严重，亲自来到我们宿舍找黄君谈话。当时历史系中国史专业1978级和1979级两个年级的几位研究生都住在一间大宿舍里。那天晚上大家都在宿舍里学习，忽见衣凌师来到宿舍，坐下后，对黄君进行了严厉批评。我们从来没有见到过衣凌师如此生气，都感到震惊。事后仔细想想，体会到衣凌师如此生气，乃是由于他对学生学业的高度负责，即古人所说"爱之深，责之切"。倘若衣凌师不是出于这种责任感，就不会如此生气。正如今天我们常见的那样，许多导师根本不在乎学生学习情况如何，听之任之，落得师生彼此皆大欢喜。

衣凌师严格要求学生，但绝不是一位专制霸道的老师。他是社会经济史的一代宗师，是采用社会学方法来研究社会经济史的"社会史学派"的奠基者。我的一些师弟在此方面都学得很好，研究农村、农村家族结构、宗族等，取得很大成就，后来成为新兴的"华南学派"的中坚人物。我一直对生产力研究感兴趣，而进行生产力研究，更多需要采用经济学的方法。为此，我和衣凌师多次讨论，我应当选择什么学术路子。他说：你要做生产力研究，要采用经济学方法，这就更接近吴承明先生的研究特点，因此你应该多向他请教。为此，他还为我安排专门去拜见吴先生，我的博士论文答辩，他也特别邀请吴先生来主持。由此可见，衣凌师的胸怀何等宽广！

衣凌师在开创区域社会经济史研究时，因为各方面的原因，选择福建作为主要研究对象。这为全国各地的区域社会经济史研究树立了典范，但因衣凌师奠定的基础，福建仍然是在厦大做地方社会经济史研究的首选之地。我到衣凌师门下后，也考虑过做福建地方社会经济史。但是要做这个研究，必须进行田野调查和对地方（特别是农村）社会有相当的感性认识，而这就需要研究者具备较好的语言知识和一定的基层社会（主要是农村）实际生活经历。而我在这两方面都欠缺。福建的五大方言，我完全不会。我曾经试图学习闽南语，但在厦大招收的头两批研究生中，外地同学占多数，都不会福建方言。少数福建同学，也因福建五大方言之间的巨大差别，彼此之间基本上也用普通话沟通。由于缺乏语言环境，虽然在厦门七年，福建的几大方言，我依然未能学会。同时，我在昆明城里长大，"文化大革命"中被送到云南西南边疆的德宏傣族景颇族自治州瑞丽县农村插队，所在的农村是一个典型的傣族村寨，村民们都不会汉语，生活方式和社会状况和内地全然不同，可以说是另外一个世界。因此我虽然在那里生活了三年，也学会了傣语，和傣族老乡打成了一片，但对内地农村却基本上不了解。不会方言，对农村缺乏感性了解，如要到基层做田野调查，搜集和解读具有地方特色的民间文书，当然很困难。而不做这些工作，就很难对地方社会进行深入的研究。因此对于我来说，做福建地方社会史困难太大，况且读博三年，时间短暂，学习负担很重，也不可能抽出大量时间从头学习方言和到农村住下深入了解农村生活。而当时几位在读硕的师弟陈支平、郑振满等都是非常出色的青年学者，在语言和实际生活经历两方面也具有天生优势。如果做福建的地方社会经济史，我肯定比不上他们。如果我主要依靠文献资料来研究地方社会经济史，那么资料条件最好的地区当然是江南。而且我对江南地区的历史关注已久，早在"文化大革命"中就写过一本小册子《北宋方腊起义》。后来做的硕士论文，内容也是关于唐代江南农业的，所以可以说对江南是"情有独钟"。在正式师从农凌师之前，我就从他的

《明代江南市民经济初探》《明清时代商人及商业资本》等著作中获取了许多知识和观点。如果主要依靠文献资料来研究明清生产力问题，江南无疑是上选之地。因此，我想博士论文继续以江南为对象。对此，和衣凌师讨论之后，他很支持我的想法，鼓励我选择江南经济史作为自己的研究对象。

到了读博的第二年，应当开始准备博士论文了。选择题目是做论文的关键。我觉得很难选题，向衣凌师求教。衣凌师说：对于一个学者来说，最重要的是要有独立思考的精神，你可以根据自己的情况，选择最合适的题目，而我作为老师，将帮助你判断这个题目是否有较高的学术价值，是否有充分的史料来源，以及依靠你现在的能力，是否能够做下去。考虑到我的情况，他支持我的想法，以明清江南的生产力问题作为研究方向。这个方向决定后，我经过反复思考，拟出了七八个方案，逐个和衣凌师讨论，逐个排除，最后剩下一个研究工农业生产力的方案，但想不出一个合适的题目。衣凌师说那就实事求是，写成一组专题论文吧，因此定名为《明清江南工农业生产六论》。文章写作过程中，衣凌师患了胃癌，身体虚弱，但仍然不时召见我，了解我写作中遇到的困难，并提出针对性的指导意见。论文答辩时，答辩委员会由吴承明、王仲荦、韩振华、陈诗启和衣凌师五位著名学者组成，答辩委员会主席由吴先生担任。衣凌师身体虚弱，由助手搀扶入会，坚持全程参加了我和刘敏兄两个学生的答辩。看到衣凌师羸弱的身体端坐在答辩委员会席上，我不禁心潮翻滚不已。此情此景，永远留在我们的心里。

毕业时，衣凌师希望我留校工作，并得到学校的大力支持，学校教务处长刘振坤同志到宿舍来看望我，对我说："你是我校傅、韩两位名师培养出来的学生,大家对你的看法都很好,学校希望你留下来,传承和发扬傅、韩两位名师的学术,你的爱人学校将把她调到厦大,安排她先去进修法医学,然后在厦大新成立的法律系工作。"我非常感激恩师、校系领导和师友们的盛情,但是我太天真,觉得如果研究江南,就应当到江南去生活一段时间,否则做的研究就有"纸上谈兵"之嫌。因此之故,还是坚持要去江浙工作。彼时浙江全省尚未有博士,得知我有这样的意思后,浙江省社会科学院即派了人事处长程雪蓉同志到厦大,动员我去那里工作,并且登门拜见衣凌师,恳请他允许。学校和衣凌师一直未松口,程处长就一直住在厦大招待所,反复做工作,最后病倒在厦大。衣凌师见此情况,叫我去傅府深谈,见我还是坚持自己的想法,颇为伤感地说:"你既然执意要走,我也留不住。你去到那里后,如果觉得不合适,欢迎你随时回来。"我当时心里非常难过,感到对不起恩师的一片深情,打算到浙江工作几年,待做出些成绩后,再考虑回来侍奉恩师。不料这一去,竟成永诀。

去到杭州后,虽然我很喜欢杭州,浙江省社科院领导对我也很好,但是我很快发现这并非我想象中那样的做学问的好地方。但此时返回厦大,一则浙江方面绝对不会放我走,二则我先前决意要走,现在什么成绩也没做出,回去愧对恩师,因此也就暂时不做此打算了。不过衣凌师要我努力争取机会出国学习和工作的希望,我倒是做到了。到杭州后不到半年,1986年元月2日,我就赴美参加一个由经济学家罗斯基(Thomas Rawski)和历史学家李明珠(Lilian Li)组织,鲁斯基金会(The Henry Luce Foundation)、美国学术团体联合会(American Council of Learned Societies)和美国全国科学基金（The National Science Foundation）资助的"为中国历史研究提供经济学方法"工作坊（The Workshop and Conference on Economic Methods for Chinese Historical Research），接着又应加州大学洛杉矶校区中国研究中心主任黄宗智先生之邀，在工作坊会议之后访问该中心。承蒙黄先生厚意，邀请我于1988年元月到该校任教半年。在那里上课结束后，我获得哈佛燕京图书馆、耶鲁大学图书馆、密西根大学图书馆、普林斯顿大学图书馆的读书补助金，到这些图书馆去查阅资料。在耶鲁大学时，东亚图书馆副馆长马敬鹏先生给我很多帮助，有一天忽然对我说：听说衣凌师仙逝了。我听后非常震惊，但当时因通讯不便，无法证实此消息，而且因为不知真伪，也不敢找人打听。待回国之后，方得核实此噩耗，但恩师的追悼活动都早已经进行过了，因此竟未能到恩师灵前，点上一炷清香。我的博士论文在毕业后继续增益修订，写成《发展与制约：明清江南生产力研究》一书，由台湾联经出版事业公司于2002年刊出。本期能得衣凌师惠赐序文，作为师生情谊的纪念，但令我痛心的是，此心愿永远也不能实现了。

在衣凌师百年冥寿的2011年，师弟支平组织了纪念活动，并主编了《相聚休休亭：傅衣凌教授诞辰100周年纪念文集》。傅门弟子都来到了厦大，共同缅怀先师。恩师天上有灵，看到此景，当会深感欣慰。还令恩师欣慰的是，傅门弟子秉承恩师的教诲，努力治学，都作出了一定成绩。其中一件可以告慰恩师之事，是国务院学位委员会第六届学科评议组历史组成员共14人，来自中国史、世界史和考古三大领域，其中竟有3人是衣凌师的学生。这个"傅衣凌现象"也成为当日史学界的一段美谈。

## 二、良史

1919年，马克斯·韦伯在慕尼黑大学作了《以学术为业》的著名讲演，在这个激励了几代人的著名讲演中，他对青年学生们说：一个真正的学者，必须有"我只为我的天职而活着"的信念，献身于学术而非利用学术谋求私利，"我们不知道有哪位伟大的艺术家，他除了献身于自己的工作，完全献身于自己的工作，还会做别的事情。……不是发自内心地献身于学科，献身于使他因自己所服务的主题而达到高贵与尊严的学科，则他必定会受到败坏和贬低"。只有这样，才会有对学术充满发自内心深处的热情。"没有这种被所有局外人所嘲讽的独特的迷狂，没有这份热情，坚信'你生之前悠悠千载已逝，未来还会有千年沉寂的期待'……没有这些东西，这个人便不会有科学的志向，他也不该再做下去了。"[①]

马克斯·韦伯的这段名言点明了一个真理：一个人只有以学术为志业，全身心地投入学术，甘愿为学术奉献一切，才能成为一位真正的学者。而恩师正是一位这样的学者。

衣凌师于中国帝制灭亡的1911年出生于福州一个小康之家，五岁入私塾发蒙，同年不幸丧母，幸得继母的抚育，视同己出。1924年考入初中，毕业后，入马江海军艺术学校读书，因无意于军旅及艺术，半个学期后自动退学。1927年考入福州第一高级中学，读书期间开始接触新文艺，和邓拓（子健）等几个志同道合的同学，

---

[①] 马克斯·韦伯：《学术与政治：韦伯的两篇演说》，生活·读书·新知三联书店，2005，第23、24、27页。

发起组织"野草社",油印出版了《野草》刊物,并投稿福州报纸的副刊发表。他此时所写的第一篇论文《三民主义的人口论》,也被杂志采用。18岁高中毕业之年,父亲营业失败,因病去世,顿时家道中落。遗下弱弟稚妹,嗷嗷待哺。继母支撑门面,十分艰苦,但仍然想方设法让他继续升学,考进私立福建学院经济系,兴趣也从新文艺作品扩大到新兴的各种社会科学。因为对历史特别喜欢,于是转学到厦门大学历史系。当时国内学术界正展开社会史的大论战,引起了他浓厚的兴趣,和陈啸江、庄为玑等几个同学组织了历史学会,出版了《史学专刊》,附在《厦大周刊》内发行,其中有他写的《汉化番化考》等论文。学会经常举行学术报告会,除了同学轮流报告外,也请老师作报告。学会还组织去泉州参观,由林惠祥先生带队,从厦门坐船到安海,参观石井乡和郑成功遗迹,然后到泉州参观开元寺、清真寺及郑和行香碑等,以扩大眼界。大学毕业后,他在福州做了短期的中学教师,随后于1935年东渡日本,进法政大学研究院,师从著名学者松本润一郎博士学习社会学。日本著名图书馆东洋文库藏有许多中国古籍,他经常去那里看书,并于周末常去神保町旧书店,猎获了许多难得的资料。日本史专家宫崎龙介先生在东京开办经纶学社,衣凌师也去听他的日本史课程,并努力学习古日语。后因中日两国关系恶化,他提前回国,去福建省银行经济研究室工作,并积极投入救亡运动。在抗战和内战的动荡岁月,他先后在协和大学、福建学院、福建省研究院社会科学研究所等单位任职,虽然工作不断更换,但他的历史研究从未停止。中华人民共和国建立后,一直在厦门大学任教。他在厦大工作数十年,也在各种政治运动中一再受到冲击。其中最早的是1955年在

"胡风反革命集团案"中经受的无妄之灾。在此轰轰烈烈的"肃清胡风反革命集团"运动中,厦大也未能幸免,全校召开批判大会,会上点名厦大"胡风分子"有郑朝宗、陈碧笙、黄典诚、徐元度、傅衣凌、韩国磐等教授,他们随即被羁押于校内,勒令交代其"反党反社会主义的罪行"。在这些打击对象中,衣凌师又是重点清查对象。衣凌师和胡风素不相识,也从无往来,但因1954年,一位在新文艺出版社工作的青年人陈梦熊考上了厦大历史系。该出版社副社长俞鸿模先生和衣凌师是老乡和留学日本时代的好友,写信给时任厦大历史系主任的衣凌师,希望对陈梦熊在生活上和学习上能有所关照。等到"肃清胡风反革命集团"运动开始,俞鸿模先生被打为"胡风分子",衣凌师也被牵连,成为"胡风反革命集团"在厦大的安插"钉子"。①

在此之后的1957年的"反右"运动、1958年的"史学革命"运动、1959年的"拔白旗"运动等连续不断的政治运动中,衣凌师都在劫难逃,备受冲击。到了"文化大革命",他和王亚南校长一起,被打成厦大"三家村",被羁押起来并被反复批判。特别是因他和邓拓是同乡和中学同学,受到的冲击格外严重。1975年,衣凌师从厦大退休,其原因在今天听起来真是匪夷所思。衣凌师次子顺声,"文化大革命"开始时还在读中学,随即被作为知青安排到深山农村插队多年,生活极为艰苦,更完全没有学习的条件。衣凌师无权无势,无法把儿子弄回城来,成为一家人的心病。当时国家出了一个政策,在职的国家员工可以办理提前退休手续,让出"名

---

① 肖永钫:《发掘"文墓"和揭开"文幕"的学人——访中国现代文学史料专家陈梦熊先生》,《图书馆杂志》第4期,2005。

额",让插队多年不能归来的子女回城,但不安排工作。为了让儿子回城,衣凌师只好申请退休。当时厦大的"革委会"完全不把衣凌师这样的"牛鬼蛇神"放在眼里,当即批准。顺声得以回城,在厦门大学食堂打零工,而衣凌师则成了一个普通的退休职工。到了"文化大革命"结束后,中国迎来了"科学的春天",[①]衣凌师才得以恢复工作。我初到厦大时,去傅府拜见衣凌师,看到衣凌师书斋里挂着一幅徐渭的《墨葡萄图》,上有徐氏题诗:"半生落魄已成翁,独立书斋啸晚风。笔底明珠无处卖,闲抛闲掷野藤中。"不知怎么,这幅图和这首诗从此就深深印在我脑海中。现在想来,这应当是衣凌师在那不堪回首的岁月中心情的表露吧。

生活的艰辛,并未阻止恩师求学的热诚。衣凌师回忆道:"对历史的研究,我从未停止过。有一次,因躲避日机轰炸,撤退到永安城郊黄历村,在一间无主的破屋里,我发现一个大箱子,打开一看是从明代嘉靖年间到民国的土地契约文书,其中有田地的典当买卖契约,也有金钱借贷字据及分家合约等,还有二本记载历年钱谷出入及物价的流水账。这些都是研究农村经济史的可贵资料。狂喜之余,于是我利用这批资料,再查阅一些有关地方志,从地权的转移与地价、租佃关系、借贷情况等方面系统地研究永安农村社会经济的结构。我发现明清时代农村虽然有些变化,但在山区农村仍然保持闭锁的自给自足的形态,一切的经济行为,差不多都是在血族内部举行的,而这氏族制的'产不出户'的残余,即所谓'先尽房亲伯叔,次尽邻人'的习惯,成为中国历代地方豪族能够保持其特

---

[①] 这是郭沫若先生1978年3月31日在全国科学大会闭幕式上讲话的标题。见郭沫若《科学的春天》,《人民日报》1978年4月1日。

殊势力的基础。这一点是中国农村社会经济的秘密。后来我把这些资料写成《明清时代永安农村的社会经济关系》和《清代永安农村赔田约的研究》等文章。这种引用大量民间资料，即用契约文书、族谱、地方志来研究经济史的方法，以前还很少有人做过。"[①]衣凌师在战火中做的这个开创性工作，是中国社会史研究的里程碑。在以后的逆境中，恩师也从未放弃过自己的学术工作。他在"文化大革命"中饱受冲击，被迫退休，但学术工作从未中断。他后来给我们上课的主要讲义就是在这个时期写的，后来修订后成为《明清社会经济变迁论》和《明清封建土地所有制论纲》。"文化大革命"以后的岁月，他新的学术成果不断推出，达到了他学术生涯的顶峰。

衣凌师怀抱着追求真理，"不惜以今日之我与昨日之我相战"的精神，在晚年的研究中，表现得更加清楚。这样做，需要广阔的胸襟和极大的勇气。他说："每一位有时代感和学术责任感的史学工作者都有必要重新反思自己的思维方式、学术观点和价值观念。"而他自己正是这样做的。在《中国传统社会：多元的结构》这篇临终前所写的大作中，他指出："长期以来，人们坚信不疑：如果没有外国资本主义的入侵，中国也将和西欧一样，自发地依靠自身的力量进入资本主义社会。这一立论是从马克思关于西欧资本主义起源的历史概述引申而来的，但不一定完全符合马克思本人的观点。马克思指出：'把我关于西欧资本主义起源的历史概述彻底变成一般发展道路的历史哲学理论，一切民族，不管他们所处的历史环境如何，都注定要走这条道路。……这样做，会给我过多的荣誉，同

---

① 傅衣凌：《中国传统社会：多元的结构》，《中国社会经济史研究》第3期，1988。

时也会给我过多的侮辱。……极为相似的事情，但在不同的历史环境中出现，就引起了完全不同的结果。'所以，关于中国传统社会结构的讨论，必须从中国历史发展的实际出发。""鸦片战争以前的中国社会，与西欧或日本那种纯粹的封建社会（Feudalism），不管在生产方式、上层建筑或者是思想文化方面，都有很大差别。为了避免在比较研究中出现理论和概念的混淆，本文使用'中国传统社会'一词"。[①]衣凌师本是对"中国封建社会"（或者说是"具有中国特色的封建社会"）这一理论做出重大贡献的学者，但是经过一生的不断思考，最后提出了这个推翻他自己曾经信奉的学界主流看法的重要观点，是非常不容易的。这也表现了他以学术为志业、以真理为毕生追求目标的伟大精神。

　　衣凌师的这种献身学术的精神，一直继续到他生命的终点。由于恩师最后的年月我未能随侍左右，因此有许多情况一直不甚知晓。近来读了杨国桢先生回忆衣凌师最后的日子的文章，深受感动。杨先生写道：他于1988年4月11日"乘机从北京返回厦门。行装甫卸，便去探望衣凌师，禀报北京开会情形，告诉他《中国通史参考资料》古代部分第七册这个月由中华书局出版了，不过还没有收到样书。屈指一算，距离交稿已有5年，他叹了口气说：'总算了结一桩心愿。'又说：'《治史五十年文编》出版问题，叶显恩那里看来没有希望了，还是你出面和安徽人民出版社交涉好了。'由于我与安徽人民出版社素无来往，过去一年多我都不敢过问。衣凌师可能想到我现在是全国政协委员了，说话不至于被不理不睬吧。

---

① 傅衣凌：《中国传统社会：多元的结构》，《中国社会经济史研究》第3期，1988。

于是，我用全国政协委员的名义写信给安徽人民出版社负责同志，询问《傅衣凌治史五十年文编》处理情况，并表示：如果贵社出版有困难，能否将排版好的铅板奉赠，由我们另找出版社出版？结果，他们很快就答复，同意将铅板无偿赠送。我计划收到时，联系由厦门大学出版社出版，衣凌师知道了，也很开心。顺手拿出一篇稿子，名为《中国传统社会：多元的结构》，是陈春声的笔迹，要我看看，帮忙润色。拜读之后，深感这次'今日之我和昨日之我交战'跨度很大，唯恐'风乍起，吹皱一池春水'。写作此文的来由，究竟是衣凌师深思后授意，还是学生提议他接受？我不知道也不方便问，只有顺其意，在我认为容易引起误解的、有'出格'之嫌的个别语句作了修正，并征得衣凌师点头认可。到了5月，衣凌师病情恶化了，逐渐陷入昏迷状态。14日下午，他的挚友章振乾夫妇得知其病重的消息，从福州赶来厦门大学医院探望，他已说不出话来。18时15分，一代史学大师与世长辞"。[1]在恩师最后时刻守护在身边的师弟陈春生说道："衣凌师不幸于1988年5月逝世，他老人家直至生命最后一刻仍关心祖国学术事业、关怀后辈成长的精神，学生将永远铭记。"[2]衣凌师的这篇封笔之作，确如杨先生所言，"'今日之我和昨日之我交战'跨度很大"，体现了衣凌师一生信守以学术为志业的初衷。我读后，深受震撼，认为这是中国史研究中最重要的著作之一，也更加体会到恩师那种博大的胸怀和服膺真理的大智大勇。

---

[1] 杨国桢：《大师遗爱惠我行》，澎湃新闻2018-11-03（http://m.thepaper.cn/rss_newsDetail_2522736?from=sohu）。
[2] 陈春生：《市场机制与社会变迁：十八世纪广东米价分析》，中山大学出版社，1992，第336页。

衣凌师是真正的学者，他和学生之间的关系也是一种完全以学术为基础的师生关系。我在厦大求学，和恩师交往密切，接触很多，他对我们几位研究生非常关心，我们也在恩师家吃饭多次。但是在和他的交往中，无论是上课还是私下谈话，其内容除了学术，还是学术，极少言及其他。因此之故，我们对恩师的身世和经历，基本上不得而知。一直到了他身后，才从许多回忆和追思文字中了解一些。这绝不是因为他把学生当作外人而不说，而是因为在他心中，学术高于一切，师生关系也是以学术为根本。他觉得导师就是传道、授业和解惑的人，而不是其他。和衣凌师有半个世纪之长的友谊的章振乾先生，在衣凌师追悼会前一天（即1988年5月17日）写了《他不仅仅是一个历史学家》的悼念文章，其中说道："衣凌是个历史学家，可他对于自己的历史却不感兴趣。从这点，我们也可感到他的谦逊和高尚的品格。"[①]恩师这种以学术为志业、一切以学术为重的人生追求，是他传给学生的宝贵精神财富。桃李不言，下自成蹊。尽管恩师从不对我们进行说教，但我们却从他的一言一行中深切地领会到怎么才能把自己培养成为一个真正的学者。

---

① 转引自杨国桢《大师遗爱惠我行》。

# 良师难遇

## ——回忆吴承明先生

从某种意义上来说，人与人之间确实存在着一种缘分。荀子说："人虽有性质美而心辨知，必将求贤师而事之。"一个人能够遇到好老师，是他一辈子的福气。然而这种福气是可遇而不可求的，正如佛家所云：世间万物皆因缘而生，因缘聚则物在，因缘散则物灭。我本人在读书和工作时，有幸得到多位良师的指导，因此我是非常有福之人。在这些老师中，吴承明先生是给我指导最多、帮助最大者之一，他和我的师生情谊已有三十余年之久。

我很早就对经济史感兴趣。1978年考到厦门大学，就是专门投到韩国磐先生门下攻读隋唐五代经济史的。在此之前，我已在家父李埏先生指导下读了一些经济史方面的著作。在1980年以前的中国，基本上没有西方经济史理论和经济史研究著作可读，因此我在"文化大革命"中开始学习经济史时，能够读到的只是20世纪50年代翻译出版的一些苏联学者写的经济史学理论著作，如梅伊曼和斯卡兹金的《封建主义生产方式的运动》、波尔什涅夫的《封建主义政治经济学》等。读这些书时，我写了不少札记和读书心得。到了厦大后，正值经济改革开始之时，经济学界对我国的个体经济问题展开了热烈的讨论。许涤新先生是我国最早关注这个问题的学者之一。改革开放开始后，他首先提出对于个体经济，不要再像过去那样要进行社会主义改造。对农民，要既肯定他们是公社的社员，即集体经济中的成员，又恢复并适当扩大自留地，鼓励多种经营，发展家庭副业，承认他们是具有个体经济性质的经营者。许先生的观点引起我强烈的兴趣。"初生牛犊不怕虎"，我于是把原来的札记和读书心得整理成《封建社会中的个体经济与共同体经济》一文，寄给许先生，请他赐教。①1979年，厦大经济系举办了一个关于中国经济的会议。我忽然接到经济系一位老师转来的口信，说参加会议的吴承明先生要见我。我从未见过吴先生，感到非常意外和兴奋，②于是匆匆去到会场去拜谒。到了那里，在会议间隙时间，见到了吴先生。因为时间紧，他只是很简要地说："你寄给许先生的文章，许先生读了，感到很高兴，并转给了中国科学院经济所经济思想史研究室主任朱家桢先生。朱先生读后觉得有价值，因此请我就开会之便，在厦大见见你，并转达朱先生希望你毕业后去该研究室工作之意。"我听后感到非常振奋，感谢了许、朱先生的盛意，随

---

① 此文后来以《论封建社会中的个体经济》为题，刊于《漳州师范学院学报》1987年第1期。
② 吴先生与家父在抗战时期都在西南联大历史系读书，曾有两年的同学之谊。毕业后，吴先生去了美国，遂断了联系。到了新中国成立后，吴先生被安排到中央外资企业局、工商行政管理局等单位，主要从事资本主义经济改造研究工作，与家父在研究方面的联系不多，加之他们各自在北京、昆明，相距遥远，因此竟然是数十年未能相见。到了"文化大革命"之后，吴先生关于经济史的文章不断刊出，引起学界的高度关注。家父在昆明也读到了一些，深为赞佩，告诉我要特别注意学习。因此虽然一直没有机会拜识吴先生，但我对吴先生的学问早已"心向往之"了。

后向吴先生做了自我介绍,请吴先生予以指导。但因吴先生这次来开会时间很紧,无法多谈,因此他叫我以后有机会来北京再详谈。这次见面,就是我初识吴先生。我当时的第一感觉是:这样一位大学者,待人却如此谦和,对后辈完全没有架子,因此决心一定要找机会到北京去求教吴先生。

1979年暑假,我和师兄杨际平到北京去看书,为硕士论文收集资料。到北京后不久,我即去东大桥路吴先生寓所拜见他。到了吴府,只见房间狭窄,光线晦暗,家具简陋。由于空间太小,家中仅有一张书桌,堆满书刊和文稿。吴先生的许多著作,就是在这张书桌上,在昏暗的光线下写成的。那时吴师母已中风多时,生活不能自理,虽然请了保姆,但是吴师母的生活起居,都是吴先生亲手料理,不要他人插手。尽管工作、生活条件如此恶劣,却不见吴先生有何不悦之色,谈起学问,依然侃侃而言,丝毫没有怨言。我心里不禁深深感叹:像吴先生这样的国际著名学者,真是像孔子赞颜回所说的那样:"一箪食,一瓢饮,在陋巷,人不堪其忧,回也不改其乐。"我感觉,刘禹锡《陋室铭》中的"斯是陋室,惟吾德馨"之语,其吴先生之谓欤?

在这间陋室中,吴先生和我谈起如何做经济史。他说:"做经济史,必须要对经济学有较好的理解。真正意义上的经济史研究,在方法上要进行数量分析,在研究对象上则要研究GDP等问题。政治经济学只是经济学中的一种,要研究经济史,特别是明清以来的经济史,只学有政治经济学的知识是远不够的,还必须学习西方经济学。"他还说:"由于多年的封闭,在经济史研究方面,国内的做法和国外的做法有很大不同。你应当多读些国外学者做的经济史研究著作，特别是读原文。"这些话，对我震动很大。我请他推荐几本国外的书，他当即推荐了柏金斯（Dwight Perkins）的《中国农业的发展（1368—1968）》（*Agricultural Development in China, 1368—1968*）和伊懋可（Mark Elvin）的《中国过去的模式》（*The Pattern of the Chinese Past—A Social and Economic Interpretation*）。他说：前一本书是经济学家写的中国经济史，而后一本书则是历史学家写的中国经济史，两者各有千秋，都应当认真阅读，从而了解西方的中国经济史研究中有代表性的研究方法。听了吴先生的话，我即去北京图书馆（现国家图书馆）查阅，找到了后一书。由于当时没有复印机，更没有数码相机，因此我只得一边阅读，一边随手译为中文。①由于时间有限，我仅将该书第三编做完。当时这两部书在中国绝大多数大学中无法找到。我后来对家父谈起此书，他即记在心里。1980年，美国弗吉尼亚大学教授易社强（John Israel）来昆明，为他的西南联大研究收集资料。他采访了家父。交谈中，家父谈到了此二书。易氏回到美国后，对柏金斯教授说起此事，柏氏即将其书寄了一本给家父。易氏又到书店购买了一本伊懋可的书寄给家父。家父将二书都寄给我，我才得从容读完全书。这两本书是我第一次接触的西方学术著作，也是我读得最认真的西方经济史著作，对我后来的研究影响至大。

1981年冬，我通过硕士论文答辩后，转到傅衣凌先生门下，攻读明清经济史博士学位。就是从这个时期开始，吴先生的著作不断刊出，在经济史学界引起一阵又一阵的震动。我迫不及待地搜集

---

① 这些译文，后来经整理，与王湘云博士翻译的上、中两编，成为一个全译本。后来一直等伊懋可先生校阅，但他因为事冗，至今尚未完成校阅。

他的文章，力求先睹为快。在学习这些文章的过程中，我更加深刻地体会到他一年前对我的教诲的深意。于是我遵照他的指教，开始比较系统地学习西方经济学。学得越深入，对吴先生研究的特色感受越深刻。不仅如此，吴先生精深的史学功底和优美的文风，也成为我学习的样板。因此我一直私淑他，他也时常给我具体的指导。1985年，我的博士论文完成，傅衣凌师邀请吴先生来主持我的论文答辩。自此，我也得忝列吴先生之门墙。

我博士毕业后，去到浙江社科院工作。1986年秋，美国学术团体协会（American Council of Learning Society）决定举行一个中国经济史会议，旨在促进经济学家和历史学家之间的对话。这个会议包括两次会议：第一次会议于1987年初在夏威夷大学东西方中心（East-West Center）举行，主要是经济学家对历史学家讲可以用于研究经济史的方法；第二次会议则是1988年在图桑（Tuson, Arizona）举行，由历史学家向经济学家讲可以用于经济史研究的方法。会议筹备者罗斯基（Thomas Rawski）教授请吴先生推荐一位中国学者，吴先生即推荐了我。1987年1月2日，我到了夏威夷，这是我第一次出国（也是第一次乘坐飞机）。在这两次会议上，虽然我由于英文听力不佳，大部分发言未听懂，但是把会议上的文章带回来阅读，收获还是很大，开启了我国际求知的过程。参加这两次会议的历史学家主要是治中国经济史的中青年学者，除我之外，还有李中清（James Lee）、王国斌（R. Bin Wong）、濮德培（Peter Perdue）、彭慕兰（Kenneth Pomeranz）等几位。这些学者都与吴先生有学术联系，后来都成为"加州学派"（California School）的中坚。

1988年，多蒙黄宗智教授盛意，邀请我到加州大学洛杉矶校区讲学半年。当时我在杭州因为家累重，身体又很不好，加上经济窘困，因此感到犹豫。与吴先生商量，吴先生大力鼓励我去，并且主动提出借给我三五百美元，以帮助我解决经济困难。在当时，三五百美元是一笔巨款。虽然我谢绝了他借钱给我的好意，但是我依然非常感谢他的厚爱。在他的鼓励下，我下决心去。这也为我开了日后往来太平洋教书的先河。

　　我后来在美国工作，1993年决定回国，但是希望到中国社科院经济所，在吴先生和方行先生等前辈的指导下工作。吴、方先生为此积极努力，克服了各种困难，使得我终于如愿来到经济所。在经济所工作的几年中，有机会得更多地拜见吴先生。

　　在经济所工作的五年期间，有幸和吴先生更多见面，更深入地讨论经济史的理论问题。吴先生虽然是一代宗师，但是在学术问题的探讨上却完全采取平等的态度。因此我们后辈在吴府上与吴先生可以天南海北，无所不谈，即使是与他观点相悖的看法，也可以直言不讳，提出讨论。

　　1995年，在上海举行了一次中国经济史会议。会上我提交了一份题为《现代中国史学中的"资本主义萌芽情结"》的论文，对我国的资本主义萌芽研究提出质疑，认为这是西方中心论的产物。这篇文章后改名为《"资本主义萌芽情结"》，刊出于《读书》杂志1996年第8期。文章发表后，引起国内外读者的热烈回应，《读书》随后发表了数篇看法各异的读者（包括黄仁宇先生）的来信，成为一时讨论的热点。

　　众所周知，吴先生是在中国资本主义萌芽研究方面具有至高无上的地位,他的研究成果代表了此项研究的最高水平。他读了我的文章后,和我进行了讨论,明确表示以往讨论的资本主义萌芽问题,事实上许多是市场问题,因此以后应当强调的是市场经济研究,而非资本主义萌芽研究。他后来在学术会议上也提出了这个看法,说自己将不再使用资本主义萌芽这样的词汇。他的这种做法,不仅表现了他晚年思想活跃不减往昔,而且更表现了他以学术为天下公器的大智大勇,如果自己"觉今是而昨非",那么就不惜公开改变的观点。这是何等令人崇敬的学者本色啊!

我后来从社科院到了清华,仍然继续得到他的指教和关爱。每逢节日或者从国外回来,都去吴府拜见吴先生,他也经常留我便饭,借以畅谈。每到那里,总见他在阅读新出的西方学术著作,手不释卷,兴趣盎然;或者是在奋力笔耕,孜孜不倦,新见迭出。他到了八十多岁高龄还学习使用电脑,不久即能上网查阅资料,并和后辈通电邮。这使我非常吃惊,也非常高兴,因为这表现了他依然生气勃勃,心理上仍然年轻,充满活力。

今年六月,我从香港回北京。听说吴先生身体欠佳,于是立即去探望。彼时他已十分衰弱,但是见到我非常高兴,交谈达半个小时之久。他还想多谈,但是我怕他过劳,遂告辞而去。不意这竟是与他的最后一面。两周之后,我在上海得到噩耗,吴先生已驾鹤西去,留给我无尽的哀伤和思念。

1997年吴先生八秩大寿时,我写了一篇《吴承明先生学术小传》,向大众介绍这位学界的传奇人物。文章中说:吴先生"本是性情中人,无论投身何种事业,都充满为追求真而献身的热情。也正因如此,他才能在治学中达到'不以物喜,不以己悲'的境界。……尽管年事已高,又经历了悼亡、丧子等人生不幸,但吴先生在精神上依然年轻,不减当年"。这就是我心中的吴先生的完整形象:他不仅是一个杰出的学者,而且也是一个真正的人。我有幸遇到这位名师,是我一生的福气。他给了我宝贵的教诲和深切的关爱,是我在学问与人生道路上的引导与动力。对他的恩德,我是永远感激不尽的。20世纪90年代初,台湾联经出版社准备出版我的博士论文《发展与制约:明清江南生产力研究》;[1]1998年我的英文专著*Agricultural Development in the Yangzi Delta, 1620—1850*完成。[2]吴先生为此二书写了序言,对我多所勉励。这些序言,今天也成为他和我之间的三十余年的师生之谊的永久纪念。

---

[1] 该书经刘翠溶教授审阅通过,并提出详细意见。但是后来到2002年方刊出。
[2] 该书由英国麦克米兰出版公司(The Macmillan Press Ltd., Houndmills, England)与美国圣马丁出版公司(St. Martin's Press, Inc., New York, USA)于1998年刊出。

## 附录：
## 谈中国经济史的研究与写作

经济史学家、北京大学人文讲席教授、北京大学历史学系教授李伯重的英文新著 New Perspectives on Chinese Economic History（《新视野下的中国经济史》）近日由清华大学出版社出版，收录了二十六篇关于中国经济史的英文论文。李伯重教授是新中国成立后首批文科博士学位获得者之一、国际著名经济史学家，长期从事中国经济史方面的研究。这些文章发表于不同刊物、不同场合，最早的写于1986年，最晚的发表于2021年，涵盖了李伯重教授三十五年的学术历程。应《上海书评》之邀，经济史学者周琳近日就本书对李伯重先生做了四次采访，李先生分享了他五十年来的学术研究与中英文写作经验。

**周琳**：New Perspectives on Chinese Economic History这本书的篇章是怎么选择的？在内容上有什么特别的考虑吗？

**李伯重**：这本书分为两个部分，收在两个部分中的文章都是按时间先后顺序排列，没有在内容上做特别的区分。但是这本书的确有一个主线，就是我个人的经历。

在我这一代的学者中，我的经历在某种程度上可以说是比较特殊的，其中一个方面就是有相对较多的海外工作经历。在海外从事教学和科研工作，必须运用英语，因此我从1986年开始，就不断用英文写作学术论文以及讲演文稿。三十多年来，写了几十篇，现在选出二十六篇结集出版，成为本书。之所以这样做，一方面是海外一些学人对我的研究有兴趣，希望能够对我的研究多有些了解，另一方面是对我自己过去的工作做个总结，同时也给国内外青年学者提供一个如何成长的例子，作为他们探索学术人生时的参考。因此这部论文集的两个部分，都是依照文章写作的时间顺序编排的。姑且不论其学术含量如何，年轻学者可以看到我是如何学习英文写作的，从最初那篇比较幼稚的写作，到后来相对成熟的表述，经历了很长的过程。

年轻学者需要了解的一点是：我的英文是到了成年以后才从字母表开始自学的。我在中小学时，唯一能学的外语是俄语。到了"文化大革命"时期，我被送到边疆农村，作为"知识青年"去"接受贫下中农的再教育"，那时才开始自学英文。学习是在一天农田劳作之后回到住处，晚上在油灯下进行的。不仅没有老师，而且也没有课本，更不用说录音带等学习设备了。由于一个偶然的机会，得到了一本苏联出版给苏联人学英文的教科书，于是我就用这本书进行自学，当然走了许多弯路，而且学的只是"哑巴英文"。这个学习不仅费时费力，而且还招致了风险（我在一篇文章中谈过此事，该文已收入拙著《良史与良师：学生眼中的十位著名史家》）。由于当时全国青年的英文水平都非常差，所以我在1978年考厦门大学的研究生时，英文居然考了第一名。到了厦门大学，才

附录：谈中国经济史的研究与写作　271

开始正规的英语学习，由厦门大学外语系郑朝宗教授等学者担任老师。郑先生是著名英国文学专家，他为这届研究生开的课是读英国著名文学作品（如莎士比亚、夏洛蒂·勃朗特等）的原著选读，这对于我们这批英文基础很差和对西方文化了解甚少的研究生来说，难度实在太高，因此学习兴趣也不太高。而且那时也没有多少英文的中国史著作可读，因此对英文没有予以特别重视。再加上我们的专业是中国古代史，那时认为日语对研究更有用，因此我把很大一部分精力用来学日语，在英语方面花的精力就少了。

直到1986年，经吴承明先生推荐，我到美国参加学术会议（这也是我第一次出国），才开始用英文写学术文章。限于当时的条件，我仅读过寥寥可数的几本海外学者写的中国经济史英文原著。特别是德怀特·珀金斯（Dwight Perkins）教授的《中国农业的发展（1368—1968）》（*Agricultural Development in China, 1368-1968*, Edinburgh University Press, 1969），这本书对我的学识和英文有重大影响。我读得非常认真，每个生词都查了字典，在写作时尽力模仿他的文风和表述。在工具书方面，我也只有当时国内出版的英汉辞典和汉英辞典各一本，对经济史的英文写作帮助有限。我想请一位精通英文的经济史前辈学者来指导英文写作，但也无法找到。因此只好硬着头皮，尽力写这篇文章。这次写作非常辛苦，以致病倒。文章写好后，借来一台英文打字机，从头学习打字。好不容易把文章打完，送还打字机时，不料打字机从自行车上掉落摔坏，只好用几个月的工资去购买一台新打字机还给人家。这次会议结束后，蒙黄宗智先生邀请到加州大学做一个短期访问，随后又请我于1988年去那里教书一个学期。自此之后，开始不断到美国、英国和日本的一些名校和研究中心教书和做研究。在这些教学和研究中，我不断努力提高英文，最后才能够参加国际经济史学坛的许多重要会议和活动，并且在一些重大的国际学术会议上做主旨报告。这个过程表明：一个人只要努力，即使起点低，条件差，仍然还是能够做出一些事来的。现在的年轻学者各方面的条件，比我这一代学者要好太多了，我相信他们只要努力，肯定能够做出比前辈学者大得多的成就。

**周琳**：写作本书第一篇文章的时候，也就是20世纪80年代，您为什么会选择生产力研究？这好像并不是那个时候的很多学者会选择的研究方向。

**李伯重**：1949年以后，中国学界几乎没有人谈生产力。这是因为有一段时间政治上"极左路线"的影响，人们所理解的"革命"就是变革生产关系，因此学界也批判"唯生产力论"，连研究现实经济的人都不敢深谈生产力的问题，所以历史上的生产力的研究几乎没有人做。我年轻的时候也没有条件接触海外的经济史研究成果，因此完全不知道海外经济史研究到底研究些什么，以及怎样进行研究。当时只能读马列著作，在"文化大革命"中，我读了《资本论》三卷，觉得马克思对生产力也是相当重视的。此外，我也读过一些20世纪50年代翻译过来的苏联经济史学家的作品，像梅伊曼、斯卡兹金、波尔什涅夫等，觉得这些学者对马克思主义的研究比国内大多数学者要深，但他们也还谈到了生产力问题，这就和当时的国内研究很不相同。国内学者长期说"生产关系"，说来说去就是那么一套，没有什么新的东西可以讲，所以我就想试试新的东西。

到了1978年，我考上了厦门大学的研究生。这时刚好改革开放了，可以找到一些海外出版的学术著作来读。我读得最熟的一本就是上面提到的德怀特·珀金斯教授的《中国农业的发展（1368—1968）》，这本书研究的最重要对象是"经济成长"。经济成长当然与技术、人口、资源合理配置等因素密切相关，所以我就从这个角度开始探索，越做越觉得有意思。而且国内改革开放以后，风气也有所转变，但是做这方面研究的学者还是不太多，所以我想尝试一下新的问题和新的方法。我的硕士论文做的就是与生产力相关的问题，虽然现在看来比较幼稚，但是我觉得能够从此开始一个新的道路那就很好。

当然，生产力的研究有它的局限性，我们还是要从"经济成长"的角度，把经济当作一个系统进行研究。过去我们把"经济成长"划分为"生产力""生产关系"两个范畴，我觉得还是应该更全面地来看。古典经济学以及之后经济学的发展，为我们还是提供了一个比较好的研究框架。所以我后来逐渐不再强调"生产力"，而是更关注"经济成长"。

**周琳：**在这本书涉及的三十五年中，您的研究课题、研究方法和写作风格一直在转变，请您谈一下这是一个怎样的过程？促使您这样做的动力是什么？

**李伯重：**这的确是一个很长的过程。我1986年第一次到美国去参加罗斯基教授和李明珠教授组织的工作坊。这个工作坊的目的是让经济学家和经济史学家对话，经济学家能向经济史学家学什么，经济史学家需要经济学家提供什么？当时我英文很差，开会也不怎么听得懂，所以带着一个很简陋的录音机，录下来反复地听。之后，我去美国教书、做研究，一开始接触的大多是汉学家，后来接触研究欧洲史的学者越来越多。接触越多，眼界越宽，风格也就会改变。而且作为一个学者，你写东西要让人家看得懂，不单是语言的问题，整个思维和表述方式，必须是能够进入主流，才能与大家一起讨论问题，加入争论，提出新观点。如果仅仅是把国内照样翻译过去，是不会有多少人注意的。因为想看这些著作的人，如果是汉学家，他们看你的原文就行了，而不是汉学家，人家就很难理解你所说的东西。所以我的转变是一个很长的过程，从1986年算起，大概也有几十年了吧，风格一直在改变。像《中国的早期近代经济——1820年代华亭–娄县地区GDP研究》那本书，风格就和早期截然不同了。

中国的现代史学是从国外引进来的，经济史学更是这样。中国传统中没有经济史学，只有"食货学"。像欧洲过去有"政治算术"，但那也不是真正的经济史学。经济史学是从亚当·斯密时代开始出现的。经济史研究必须有一套理论体系、分期构架、丰富的史料，对历史有比较深切的了解，做出来的成果才能算做真正的经济史，从而也才能真正用中国的情况去参加更广泛的讨论。如果一个中国学者不太肯花时间去了解外面的动态，闭门造车，这是对自己很不利的。

这本 New Perspectives on Chinese Economic History 所收文章，以中国经济史（特别是明清江南经济史）为主，因为这是我毕生治学的重点。但是随着见识增长，我越来越深地体会到要做好经济史，绝不可把眼光仅只盯着自己有限的研究领域。英国经济史学者克里吉（Eric Kerridge）说："经济史是从通史或总体史中抽取出来的，而农业史、工业史、商业史等又是从经济史中抽取出来的。这种专门化的目标只有一个,那就是集中思考总体史的某一具体方面,以揭示整体的发展。其他诸如政治史、宪政史、宗教史、法律史、药物史、海洋史、军事史、教育史等等,其目标都是这样。但现在各门专业壁垒高筑,互不理会,经济史也沾上了这种毛病。首先,经济学家渗入经济史学带来了一种非历史的观念(unhistorical cast of mind)。其次,统计学家的侵入也使经济史变得面目可憎。最后,经济史也受到'历史假设'的困扰,'历史假设'不仅违背事实,也违反最基本的常识。要摆脱这些困扰,经济史家与社会史家应该联合起来,开始新的综合。只有整合的历史才能使我们穿越现时,看到那已逝去的我们不熟悉的世界,更重要的是运用这种对那个已逝世界的知识,与当今世界做出对比,从而加深我们对现实的认识,这才是历史学家最伟大、最崇高的目标。"我觉得他说得很好,道出了今天许多学者的共同心声。因此,我一直不断扩大自己的研究领域,努力从社会史、生态环境史、自然地理史、文化史、政治史、全球史等方面,来观察中国历史上的经济变化。作为结果,我也用英文写作了一些用这种新眼光引导的文章,收入了本书。我希望年轻学者也体会克里吉上面那段话中说的"整体的历史"的意涵,并将其作为自己治学的一个目标。

**周琳**:您的英文写作是怎么练出来的,这个过程中要经历些什么?

**李伯重**:我自己的体验是:熟能生巧,用一种外语写作,必须常读、常写,才能写好。前面说到,我学习英文写作得益最大的就是德怀特·珀金斯教授那本《中国农业的发展(1368—1968)》,那是我最早读的英文书,我很喜欢那本书,后来和珀金斯教授的关系也很好,我的《中国的早期近代经济:19世纪20年代的长江三角洲》英文版(*An Early Modern Economy in China: The Yangzi Delta in the 1820s*,Cambridge University Press,2020),也多蒙珀金斯教授惠作序。我把他的《中国农业的发展(1368—1968)》这本书读得很熟,从而模仿他的风格来写,那本书的写法是非常正宗的经济史写法。

我认为,学习任何东西,必须要先模仿,然后才能慢慢建立自己的风格。如果年轻学者向我问点英文写作的经验,我建议找一两本分量也不太大、写得很好的英文专业著作,读得很熟,模仿着写。当然也不需要完全模仿,在这个过程中可以渐渐地把自己的风格加进去。珀金斯教授的那本书,我当时读得熟到这样的地步:书中的一个句子,我大概能记得它出现在哪一页。这样,写作时遇到表达同样意思时,自己没有好的表达方式,就可以翻开看看珀金斯教授是怎么写的,然后调整自己的表述。先父李埏先生是一位经济史学家,他从前写过一篇谈读书的文章,说读书一定要有主次轻重之分,就像古代的大将打仗都有自己的亲兵,就是在身边最得力的一个小部队。读书也是这样,需要熟读几本书,将其作为自己的"亲兵"。[①]

每个人的兴趣和研究方向不同,所以你需要自己去发现这样一两本书,你喜欢的,值得你花很大的力气去学的书。

**周琳**:在为New Perspectives on Chinese Economic History写书评的过程中我专门数了一下,到现在为止您自己写的书(不包括被翻

---

[①] 李埏:《读书和灌园》,收入《李埏文集》第五卷《札记与杂文》,云南大学出版社,2018。

译的）已经有十六本了，这着实让我很吃惊。因为我自己常常遭遇写作时的卡顿和自我质疑，所以我很想知道您的写作速度和流畅程度是怎样锻炼出来的？

**李伯重**：其实我虽然写了十来本书，但我的写作已经持续了近半个世纪，我的第一本书是1975年出版的。[①]半个世纪写十来本书，平均四五年才写一本，这个速度已经不算快了，对不对？

俗话说万事开头难。我在这半个世纪中的写作，一开始很慢，到了后来写作速度也有所加快。首先，写作与积累的关系很大。如果你心目中有一个主线，那么你做的每一步工作都是一个积累。这样积累下来，到了一定的时候就会发生变化，就像水烧到一百摄氏度就会沸腾。那个时候你头脑中涌现出来的新想法，就会相对来说比较成熟，因为持续的研究和思考可以为你新的想法提供支撑。如果没有这个积累，哪怕你有很多好想法，找不到支撑，要把它用学术的方式表现出来，当然就会比较费劲。

其次，就是我刚才说的，心目中一定要有一个主线。我从做研究生开始，心中关切的主线就是"近代化"的问题。我最早是做唐代经济史研究，过去对唐代的评价，多半是从"大唐帝国的辉煌""安史之乱后藩镇割据、民不聊生"这些角度来谈。这些当然是非常重要的课题，但是如果从经济史的角度来看，唐代留下的遗产与我们今天有什么关系？为了搞清楚这个问题，我选择的就是"江南"。这个地区相对受战乱影响比较少，经济相对比较稳定，它特有的一些秉赋也使它成为一个可以靠自己的力量发展的地区。

---

① 千里、延之：《北宋方腊起义》，云南人民出版社，1975。

宋代江南的历史我没有专门研究，但是我讨论过"13、14世纪转折"的问题，也可以视为对唐代江南经济研究的一个延续。这些都为我后来的明清江南经济史研究提供了一个基础，因为任何重大历史变化，都是长期发展的结果。我从攻读博士学位开始就研究明清江南经济史，一直到今天。这样一步一步的积累，都是围绕着"近代化"这条主线的。

明代中期以前的经济史，基本上可以视为"近代化"的前史，但是到明代后期，"近代化"的端倪就开始显现出来了。以往学界长期争论不休的"资本主义萌芽"问题，现在经常讨论的"晚明社会转型""晚明大变局"问题，实际上都是在告诉我们，应该把明代后期看成中国近代化的起点，虽然它有"前史"，还有一个曲折的发展过程，但它确实是开始。后来到了清代，一般认为清代中国经济受了很大的挫折，这是事实。但是另一方面，清朝也为中国创立了一个空前统一、长期安定的局面，并形成了全国性的市场体系。江南因为各方面的因素，在这个市场体系中是受惠最大的，所以在"斯密动力"的推动下，江南市场经济就更向前走了一步。所以从我最初的经济史研究，一直到2020年出版的《中国的早期近代经济：19世纪20年代的长江三角洲》英文版，实际上就是一步一步地往这个方向深入。

另外我一直有一个感觉，要研究中国近代化的问题，就中国谈中国，就江南谈江南，是不行的。你说江南出现了近代化，他说没有出现，关键是"近代化"一定要有一个标准，否则公说公有理，婆说婆有理，讨论就不能继续下去。这个标准是什么呢？只能是其他地区得出的一些比较重要的共同规律。这个共同规律最典型地显现在英国的近代化过程中。这是因为，在世界历史上，英国在近代化过程中走在最前面。因此，对于近代化的历史而言，研究英国的经验具有特殊的意义。马克思在《资本论》第一卷中说："物理学家是在自然过程表现得最确实、最少受干扰的地方考察自然过程的，或者，如有可能，是在保证过程以其纯粹形态进行的条件下从事实验的。我要在本书研究的，是资本主义生产方式以及和它相适应的生产关系和交换关系。到现在为止，这种生产方式的典型地点是英国。因此，我在理论阐述上主要用英国作为例证。"由于英国的这种特殊地位，所以成为世界近代化研究的重点。而作为曾经长期存在的世界第一经济强国，英国可以为英国经济史研究提供最好的条件，马克思最重要的著作《资本论》就是在英国写成的。到了20世纪，美国取代英国成为世界第一经济强国和文化中心，汇集了众多各国优秀学者，因此在近代化研究方面取得了更大的成就。英文是我用得比较多的一种语言，改革开放后有了条件，我就大量阅读英国经济史的文章和著作，特别是工业革命前后的研究，这就改变了我的视野。心里面有了一个"什么是近代化"的概念，再回过头来看看江南，哪些是对江南适用的，哪些是不适用的？这样的话，就更加能够思考江南的近代化究竟有哪些特点了。

当然，和英国比较只是第一步，第二步还要看到世界格局的改变对江南的影响。马克思、恩格斯在《共产党宣言》里对全球化做了非常好的论述，所以刘明华等马克思主义研究者认为，《共产党宣言》中的全球化思想非常重要，对今天也有很大意义。如果有了全球史的知识背景，就不会只是单纯地看英国，或者看某一个其他国家，而是将问题扩展到：16至19世纪中国的外部环境发生了什么样的变化？产生了什么样的影响？这个时候阅读范围就更加扩大，一步一步走下来。

但是在尝试使用全球史视野来研究中国的过程中，我始终坚持经济史的问题主线是"近代化"。到今天我们还在这条路上走，我觉得这对于我们了解中国的昨天、今天、明天是至关重要的，就像诺贝尔经济学奖得主诺斯（Douglass C. North）说的："历史是联结过去和未来之间的桥梁。"不把历史研究清楚，我们对今天的很多情况也是看不清的。改革开放以前，由于对历史认识的偏差，我们已经吃了很大的苦头，走了很多的弯路。所以以近代化为主线，把中国经济史放在更大的空间范围中进行研究，是我长期的学术研究主旨。有了这个主线，就不会东一榔头西一棒子，一下子搞这个，一下子搞那个。一个人的精力有限，所有人的聪明程度差别也不会太大。但是在一条路上，用半个世纪的力量去做，总还是可以做出一点事的。

**周琳**：在 New Perspectives on Chinese Economic History 这本书中，有一些文章批评了既有的研究，质疑一些具有共识性的说法，比如"选精、集粹""13、14世纪转折""丝绸之路"等。其实学术批评怎么说都是一件沉重的事，您是怎么去做的？

**李伯重**：这与个人性格有关，我自己学问浅薄，所以非常尊重其他学者的研究，但我也不迷信权威。对于其他学者的看法，我认为正确的就接受，不正确的就质疑、批评。另外，学者之间的批评应该是，而且也可以是友善、积极的，就像我在《"何伟亚事件"和"亚伯拉罕案件"——从"人口史风波"谈学术规范、学术纪律与学术批评》（刊于《中华读书报》，1998年10月7日）一文中所说的那样。我自己力求这样做，就像我在"选精、集粹"那一篇文章中，针对我非常敬重而且和我关系非常密切的斯波义信先生、伊懋可（Mark Elvin）先生，还有我很尊重的梁庚尧先生的观点都做了批评。文章发表之后，我寄给他们看，请他们批评指正。他们读了我的文章后，都有积极的回应。伊懋可先生原来认为中国历史上技术的发展到明清就基本停止了，而我不同意他的看法，他后来写了一封很长的信给我，提出了他在对我的文章做了思考之后的新看法。我觉得他的新看法非常好，也使我对技术进步问题的认识有了很大提高，所以在我在后来的文章里几次引用他的信。斯波义信先生认为我谈的是对的，而梁庚尧先生不同意我的批评，我就说那请您最好写一篇文章和我辩驳，这样让读者更加了解他的思路。他真的写了一篇文章，文章中首先就提到，这是我鼓励他写的。

我觉得学术就是要大家一起通过讨论甚至争论，才能进步。像傅衣凌先生、吴承明先生、斯波义信先生都是我非常景仰的前辈学术大家，我一向把他们视为自己的老师。而作为史学大家，他们都不会固守自己的观点。傅先生在晚年改变了学术观点，认为中国不应该是一个"封建社会"，而是一个多元结构的"传统社会"；吴先生在晚年也放弃了"资本主义萌芽"的观点，认为应该是"市场经济萌芽"。我也曾写文章讨论"资本主义萌芽问题"，对吴先生先前关于资本主义萌芽的看法提出了不同的意见，但是吴先生并不因此就感到不快，相反还会接受我说的合理的部分，进一步去做积极的讨论。这种真正的大家风范，我觉得是值得我们学习和效仿的。

**周琳**：在您五十年的研究生涯中，有没有觉得遗憾的部分？

**李伯重**：遗憾当然是太多了，比如外语的能力。由于时代的特点，我从小学开始学俄语，学了两年停了，中学又学了四年，俄语水平已经可以读一些原著，像《钢铁是怎样炼成的》这类的书。但是后来六十多年不再接触，几乎全都忘了。现在我也看当年在"国际经济史学会"开会时认识的一些俄罗斯经济史学家的作品，比如鲍里斯·米罗诺夫。原文我现在也读不了，但我偶然看到中译本，①觉得写得很好，不仅与苏联时期的研究风格完全不同，而且使用了丰富的文献资料，做了很好的量化分析，讲俄罗斯帝国时期人民的生活、经济发展。像这样的著作，对于我们认识我国最大的邻国、且对我国近代历史有重大影响的俄国，会有很大帮助。但是限于语言能力，我已无法从他的其他著作中获取知识了。

我读研究生的时候，学日语比较多，在当年的学习班里还考第一名，我的硕士论文所引用的文献，日文文献占了很大分量。我也曾翻译过日文的论文，如日本的中国农史大家天野元之助先生《中国农业史上的耕具及其作用》（译文刊于《农业考古》1990年第1期，第239—259页）。但是后来日文也生疏了。原来读过的东西还勉强可以读，新的东西却已经读不了了。

日本学者在日本经济史研究方面做了非常好的工作，像速水融、斋藤修等学者的研究，都是一流的。在中国的近代化历史研究方面，日本的近代化经验是一个非常重要的对照物。同时，中日两国是一衣带水的邻邦，在经济、文化方面联系非常紧密。不了解日本的经济史，就不能更深入地看到中国在近代化历程中的特点。日本学者在研究东亚经济史方面，也做得非常好。比如16世纪以后

---

① Б.Н.米罗诺夫：《帝俄时代生活史：历史人类学研究（1700—1917年）》，张广翔等译，商务印书馆，2013。

日本和中国、东南亚之间贸易的研究。其中有一个问题让我感触很深，就是关于东亚海域的金属贸易问题。中国是日本最大的金属出口对象国，但是中国在这方面的资料远比日本少。而且此外，日本商人、武士在东南亚也非常活跃，与中国商人也有很密切的合作，这也是从全球史视野出发来研究中国经济史所需要掌握的。但我现在只能翻翻这些研究，大致了解一下，自己要认真来读这些著作已经比较困难。所以觉得是很大的遗憾。

另外，虽然自己也认真地读了一些经济学、政治学、社会学的著作，但是没有受过系统的训练，我也觉得挺遗憾的。

**周琳**：您可否谈一下您最近正在进行的工作？

**李伯重**：最近有两本书稿即将完成。一本是《什么是经济史》，讲经济史研究的各种模式、范式，经济史学与社会科学的关系等等。书稿已经基本完成了，还需要查阅一些引文和出处。另外一本是《16—19世纪中期中国的对外贸易》，这本书涉及明清政府对中国海外贸易抱持的态度以及背后的原因，也涉及现在学界的一些争论。做这个研究，不仅需要看许多中国的材料，还要看许多国外的材料。我写这本书的出发点还是"近代化"，我认为这是中国近期历史中最重要的事。在这个时期中，有许许多多事情发生，都对中国"近代化"过程的艰难曲折起了作用。除去各种外部原因外，当然更有内部的原因。因此一个需要回答的问题是：在近代化的过程中，中国人自己是不是都做得很好？

# 李伯重著作目录

自1974年以来，在国内外出版学术专著16部（独著），在中国、美国、英国、日本、韩国等地发表中英文论文多篇，并有合著史学作品4部，合作翻译学术作品3部，合作主编史学论文集2部。此处仅列已出版之书，论文从略。

## 中文专著

1.《唐代江南农业的发展》，农业出版社，1990；再版：北京大学出版社，2009。

2.《江南农业的发展，1620—1850年》，上海古籍出版社，2007，获第六届北京哲学社会科学优秀科研成果奖（2001）。

3.《江南的早期工业化，1550—1850》，社会科学文献出版社，2000，获第二届郭沫若中国历史学奖（2002）；修订版：中国人民大学出版社，2010。

4.《发展与制约：明清江南生产力研究》，（台北）联经出版事业有限公司，2002。

5.《理论、方法与发展趋势：中国经济史研究新探》，清华大学出版社，2002，获第四届中国高校人文社会科学研究优秀成果奖

（2006）。增订版更名为《理论、方法、发展、趋势：中国经济史研究新探》，浙江大学出版社，2013。

6.《多视角看江南经济史（1250—1850）》，生活·读书·新知三联书店，2003，增补版：商务印书馆，2022。

7.《千里史学文存》，杭州出版社，2004。

8.《中国的早期近代经济——1820年代华亭—娄县地区GDP研究》，中华书局，2010，获第四届郭沫若中国历史学奖（2012）和第六届中国高校人文社会科学研究优秀成果（2013）。

9.《史潮与学风》，中国人民大学出版社，2014。

10.《新史观新视野新历史》，香港城市大学出版社，2018。

11.《火枪与账簿：早期经济全球化时代的中国与东亚世界》，生活·读书·新知三联书店，2017，获教育部第八届高等学校科学研究优秀成果奖（2020）；繁体字版：（台北）联经出版事业有限公司，2019。本书于2017年获第六届坡州亚洲图书奖（Paju Book Awards）。（坡州图书奖包括著作奖、策划奖、书籍设计奖和特别奖。著作奖评选范围来自中、日、韩的母语原创作品，每年选一种）

12.《李伯重文集》（四卷本），四川人民出版社，2024。

## 英文专著

1. *Agricultural Development in the Yangzi Delta, 1620−1850*, The Macmillan Press Ltd., Houndmills, UK & St. Martin's Press& Inc., New York, USA, 1998, 获北京市第六届哲学社会科学优秀成果奖一等奖（2000）。

2. *An Early Modern Economy in China: The Yangzi Delta in the 1820s*, Cambridge University Press, Cambridge, UK, 2020.

3. *New Perspectives on Chinese Economic History*, Tsinghua University Press, Beijing, China, 2023.

4. *Guns and Ledgers: China and the East Asian World in the Age of Early Economic Globalization*, Palgrave Macmillan, UK, 2023.

## 韩文版著作

1.《理论、方法与发展趋势：中国经济史研究新探》，韩国Chaek Se Sang出版社，2005。

2.《火枪与账簿》，韩国Geul Hang A Ri出版社，2018。

## 合著

1. 千里（李伯重）、延之（李埏）:《北宋方腊起义》，云南人民出版社，1975。

2. 李埏、李伯重、李伯杰:《走出书斋的史学》，浙江大学出版社，2012。

3. 李埏、李伯重:《良史与良师——学生眼中的八位著名学者》，清华大学出版社，2012。增补版易名为《良史与良师——学生眼中的十位著名学者》，北京大学出版社，2012。

4. 李伯重、韦森、刘怡:《枪炮、经济与霸权》，现代出版社，2020。

## 主编作品

1. 李伯重、周生春编《江南的城市工业与地方文化（960—1850年）》，清华大学出版社，2004。
2. 李伯重、董经胜编《海上丝绸之路：全球史视野下的考察》，社会科学文献出版社，2021。

## 翻译作品

1. 王国斌（R. Bin Wong）:《转变的中国：历史变迁与欧洲经验的局限》，李伯重、连琳琳译，江苏人民出版社，1998。
2. 斯波义信:《宋代江南经济史研究》，李伯重、方健等合译，江苏古籍出版社，2001。
3. 伊懋可:《中国的历史之路》，李伯重、王湘云、张天虹、陈怡行合译，浙江大学出版社，2023。

壹卷
YE BOOK

洞 见 人 和 时 代

官方微博：@壹卷YeBook
官方豆瓣：壹卷YeBook
微信公众号：壹卷YeBook
媒体联系：yebook2019@163.com

壹卷工作室
微信公众号